漢蘭臺令史　班固　撰
唐祕書少監　顏師古　注

書

第十二册

卷九六至卷一〇〇(傳六)

中華書局

漢書卷九十六上

西域傳第六十六上

師古曰：「自烏孫國已後分爲下卷。」

西域以孝武時始通，本三十六國，其後稍分至五十餘，〔一〕皆在匈奴之西，烏孫之南。南北有大山，中央有河，東西六千餘里，南北千餘里。東則接漢，阸以玉門、陽關，〔二〕西則限以葱嶺。〔三〕其南山，東出金城，與漢南山屬焉。〔四〕其河有兩原：一出葱嶺山，一出于闐。〔五〕于闐在南山下，其河北流，與葱嶺河合，東注蒲昌海。蒲昌海，一名鹽澤者也，去玉門、陽關三百餘里，廣袤三百里。〔六〕其水亭居，冬夏不增減，皆以爲潛行地下，南出於積石，爲中國河云。

〔一〕師古曰：「司馬彪續漢書云至于哀、平，有五十五國也。」

〔二〕孟康曰：「（陽）〔二〕關皆在敦煌西界。」師古曰：「阸，塞也。」

〔三〕師古曰：「西河舊事云葱嶺其山高大，上悉生葱，故以名焉。」

〔四〕師古曰：「屬，聯也，音之欲反。」

〔五〕師古曰：「闐字與寘同，音徒賢反，又音徒見反。」

〔六〕師古曰：「袤，長也，音茂。」

自玉門、陽關出西域有兩道。從鄯善傍南山北，波河西行至莎車，爲南道；〔一〕南道西踰葱嶺則出大月氏、安息。〔二〕自車師前王廷隨北山，波河西行至疏勒，爲北道；北道西踰葱嶺則出大宛、康居、奄蔡焉（耆）。

〔一〕師古曰：「波河，循河也。鄯音上扇反。傍音步浪反。波音彼義反。此下皆同也。」

〔二〕師古曰：「氏音支。」

西域諸國大率土著，〔一〕有城郭田畜，與匈奴、烏孫異俗，故皆役屬匈奴。〔二〕匈奴西邊日逐王置僮僕都尉，使領西域，常居焉耆、危須、尉黎閒，賦稅諸國，取富給焉。〔三〕

〔一〕師古曰：「言著土地而有常居，不隨畜牧移徙也。著音直略反。」

〔二〕師古曰：「服屬於匈奴，爲其所役使也。」

〔三〕師古曰：「給，足也。」

自周衰，戎狄錯居涇渭之北。〔一〕及秦始皇攘卻戎狄，築長城，界中國，〔二〕然西不過臨洮。〔三〕

〔一〕師古曰：「錯，雜也。」

〔二〕師古曰：「爲中國之竟界也。」

〔三〕師古曰：「洮音土高反。」

漢興至于孝武，事征四夷，廣威德，而張騫始開西域之迹。其後驃騎將軍擊破匈奴右地，降渾邪、休屠王，〔一〕遂空其地，始築令居以西，〔二〕初置酒泉郡，後稍發徙民充實之，分置武威、張掖、敦煌，〔三〕列四郡，據兩關焉。自貳師將軍伐大宛之後，西域震懼，多遣使來貢獻，漢使西域者益得職。〔四〕於是自敦煌西至鹽澤，往往起亭，而輪臺、渠犂皆有田卒數百人，置使者校尉領護，〔五〕以給使外國者。〔六〕

〔一〕師古曰：「屠音除。」

〔二〕師古曰：「令音鈴。」

〔三〕師古曰：「敦音徒門反。」

〔四〕師古曰：「賞其勤勞，皆得拜職也。」

〔五〕師古曰：「統領保護營田之事也。」

〔六〕師古曰：「收其所種五穀以供之。」

至宣帝時，遣衞司馬使護鄯善以西數國。及破姑師，未盡殄，〔一〕分以爲車師前後王及山北六國。時漢獨護南道，未能盡幷北道也，然匈奴不自安矣。其後日逐王畔單于，將衆來降，護鄯善以西使者鄭吉迎之。既至漢，封日逐王為歸德侯，吉為安遠侯。是歲，神爵三年也。乃因使吉并護北道，故號曰都護。都護之起，自吉置矣。〔二〕僮僕都尉由此罷，匈奴益弱，不得近西域。於是徙屯田，田於北胥鞬，〔三〕披莎車之地，〔四〕屯田校尉始屬都護。都護督察烏孫、康居諸外國〔五〕動靜，有變以聞。可安輯，安輯之；可擊，擊之。〔六〕都護治烏壘城，去陽關二千七百三十八里，與渠犂田官相近，土地肥饒，於西域為中，故都護治焉。

〔一〕師古曰：「雖破其國，未能滅之。」
〔二〕師古曰：「都猶總也，言總護南北之道。」
〔三〕師古曰：「胥鞬，地名也。胥音先餘反。鞬音居言反。」
〔四〕師古曰：「披，分也。」
〔五〕師古曰：「督，視也。」
〔六〕師古曰：「輯與集同。」

至元帝時，復置戊己校尉，屯田車師前王庭。是時匈奴東蒲類王茲力支將人衆千七百餘人降都護，都護分車師後王之西為烏貪訾離地以處之。

自宣、元後，單于稱藩臣，西域服從，其土地山川王侯戶數道里遠近翔實矣。〔一〕

〔一〕師古曰：「翔與詳同，假借用耳。」

出陽關，自近者始，曰婼羌。〔一〕婼羌國王號去胡來王。〔二〕去陽關千八百里，去長安六千三百里，辟在西南，不當孔道。〔三〕戶四百五十，口千七百五十，勝兵者五百人。西與且末接。〔四〕隨畜逐水草，不田作，仰鄯善、且末穀。〔五〕山有鐵，自作兵，兵有弓、矛、服刀、劍、甲。〔六〕西北至鄯善，乃當道云。

〔一〕孟康曰：「婼音兒。」師古曰：「音而遮反。」

〔二〕師古曰：「言去離胡戎來附漢也。」

〔三〕師古曰：「辟讀曰僻。孔道者，穿山險而爲道，猶今言穴徑耳。」

〔四〕師古曰：「且音子餘反。」

〔五〕師古曰：「賴以自給也。仰音牛向反。」

〔六〕劉德曰：「服刀，拍髀也。」師古曰：「拍音貊。髀音俾，又音陛。」

鄯善國，本名樓蘭，王治扜泥城，〔一〕去陽關千六百里，去長安六千一百里。戶千五百七十，口萬四千一百，勝兵二千九百十二人。輔國侯、卻胡侯、〔二〕鄯善都尉、擊車師都尉、左右且渠、擊車師君各一人，譯長二人。西北去都護治所千七百八十五里，至山國千三百六十五里，〔三〕西北至車師千八百九十里。地沙鹵，少田，寄田仰穀旁國。〔四〕國出玉，多葭葦、檉柳、胡桐、白草。〔五〕民隨畜牧逐水草，有驢馬，多橐它。〔六〕能作兵，與婼羌同。

〔一〕師古曰：「扜音一胡反。」

〔二〕師古曰：「卻音丘略反，其字從卩。卩音節。下皆類此。」

〔三〕師古曰：「此國山居，故名山國也。」

〔四〕師古曰：「寄於它國種田，又糴旁國之穀也。仰音牛向反。」

〔五〕孟康曰：「白草，草之白者。胡桐似桑而多曲。」師古曰：「檉柳，河柳也，今謂之赤檉。白草似莠而細，無芒，其乾熟時正白色，牛馬所嗜也。胡桐亦似桐，不類桑也。蟲食其樹而沫出下流者，俗名爲胡桐淚，言似眼淚也，可以汙金銀也，今工匠皆用之。流俗語訛呼淚爲律。檉音丑成反。」

〔六〕師古曰：「它，古他字也，音徒何反。」

初，武帝感張騫之言，甘心欲通大宛諸國，使者相望於道，一歲中多至十餘輩。樓蘭、姑師當道，苦之，〔一〕攻劫漢使王恢等，又數爲匈奴耳目，令其兵遮漢使。漢使多言其國有城邑，兵弱易擊。於是武帝遣從票侯趙破奴將屬國騎〔二〕及郡兵數萬擊姑師。王恢數爲樓蘭所苦，上令恢佐破奴將兵。破奴與輕騎七百人先至，虜樓蘭王，遂破姑師，因暴兵威以動烏孫、大宛之屬。〔三〕還，封破奴爲浞野侯，恢爲浩侯。〔四〕於是漢列亭障至玉門矣。

〔一〕師古曰：「每供給使者受其勞費，故厭苦之。」

〔二〕師古曰：「屬國謂諸外國屬漢也。」

〔三〕師古曰：「暴謂顯揭也。」

〔四〕蘇林曰：「浩音昊。」

樓蘭既降服貢獻，匈奴聞，發兵擊之。於是樓蘭遣一子質匈奴，一子質漢。後貳師軍擊大宛，匈奴欲遮之，貳師兵盛不敢當，卽遣騎因樓蘭候漢使後過者，欲絕勿通。時漢軍正任文將兵屯玉門關，爲貳師後距，〔一〕捕得生口，知狀以聞。上詔文便道引兵捕樓蘭王。將詣闕，簿責王，〔二〕對曰：「小國在大國閒，不兩屬無以自安。願徙國入居漢地。」上直其言，遣歸國，〔三〕亦因使候司匈奴。匈奴自是不甚親信樓蘭。

〔一〕師古曰：「後距者，居後以距敵。」

〔二〕師古曰：「以文簿一一責之。簿音（簿）〔步〕戶反。」

〔三〕師古曰：「以其言爲直。」

征和元年，樓蘭王死，國人來請質子在漢者，欲立之。質子常坐漢法，下蠶室宮刑，故不遣。報曰：「侍子，天子愛之，不能遣。其更立其次當立者。」樓蘭更立王，漢復責其質子，亦遣一子質匈奴。後王又死，匈奴先聞之，遣質子歸，得立爲王。〔一〕漢遣使詔新王，令入朝，天子將加厚賞。樓蘭王後妻，故繼母也，謂王曰：「先王遣兩子質漢皆不還，奈何欲往朝乎？」王用其計，謝使曰：「新立，國未定，願待後年入見天子。」然樓蘭國最在東垂，近漢，當白龍堆，乏水草，常主發導，負水儋糧，送迎漢使，又數爲吏卒所寇，懲艾不便與漢通。〔二〕後復爲匈奴反間，〔三〕數遮殺漢使。其弟尉屠耆降漢，具言狀。

〔一〕師古曰：「匈奴在漢前聞樓蘭王死，故即遣質子還也。」

〔二〕師古曰：「艾讀曰乂。」

〔三〕師古曰：「閒音居莧反。」

元鳳四年，大將軍霍光白遣平樂監傅介子往刺其王。介子輕將勇敢士，齎金幣，揚言以賜外國爲名。既至樓蘭，詐其王欲賜之，王喜，與介子飲，醉，將其王屏語，壯士二人從後刺殺之，貴人左右皆散走。介子告諭以「王負漢罪，天子遣我誅王，當更立王弟尉屠耆在漢者。漢兵方至，毋敢動，自令滅國矣！」介子遂斬王嘗歸首，〔一〕馳傳詣闕，〔二〕縣首北闕下。封介子爲義陽侯。乃立尉屠耆爲王，更名其國爲鄯善，爲刻印章，賜以宮女爲夫人，備車騎輜重，〔三〕丞相〔將軍〕率百官送至橫門外，〔四〕祖而遣之。〔五〕王自請天子曰：「身在漢久，今歸，單弱，而前王有子在，恐爲所殺。國中有伊循城，其地肥美，願漢遣(二)〔一〕將屯田積穀，令臣得依其威重。」於是漢遣司馬一人、吏士四十人，田伊循以填撫之。〔六〕其後更置都尉。伊循官置始此矣。

〔一〕師古曰：「嘗歸者，其王名也。昭紀言安歸，今此作嘗歸，紀傳不同，當有誤者。」

〔二〕師古曰：「傳音張戀反。」

〔三〕師古曰：「重音直用反。」

〔四〕孟康曰：「橫音光。」

〔五〕師古曰：「爲設祖道之禮也。」

〔六〕師古曰：「塡音竹刃反。」

鄯善當漢道衝，西通且末七百二十里。自且末以往皆種五穀，土地草木，畜產作兵，略與漢同，有異乃記云。

且末國，王治且末城，去長安六千八百二十里。戶二百三十，口千六百一十，勝兵三百二十人。輔國侯、左右將、譯長各一人。西北至都護治所二千二百五十八里，北接尉犂，南至小宛可三日行。有蒲陶諸果。西通精絕二千里。

小宛國，王治扜零城，〔一〕去長安七千二百一十里。戶百五十，口千五十，勝兵二百人。輔國侯、左右都尉各一人。西北至都護治所二千五百五十八里，東與婼羌接，辟南不當道。〔二〕

〔一〕師古曰：「扜音烏。」

〔二〕師古曰：「辟讀曰僻。下皆類此。」

精絕國，王治精絕城，去長安八千八百二十里。戶四百八十，口三千三百六十，勝兵五百人。精絕都尉、左右將、譯長各一人。北至都護治所二千七百二十三里，南至戎盧國四日行，地阸陿，西通扜彌四百六十里。〔一〕

〔一〕師古曰：「扜音烏。」

戎盧國，王治卑品城，去長安八千三百里。戶二百四十，口千六百一十，勝兵三百人。東北至都護治所二千八百五十八里，東與小宛、南與婼羌、西與渠勒接，辟南不當道。

扜彌國，王治扜彌城，去長安九千二百八十里。戶三千三百四十，口二萬四十，勝兵三千五百四十人。輔國侯、左右將、左右都尉、左右騎君各一人，譯長二人。東北至都護治所三千五百五十三里，南與渠勒、東北與龜茲、西北與姑墨接，〔一〕西通于闐三百九十里。今名寧彌。

〔一〕師古曰：「龜音丘。茲音慈。」

渠勒國，王治鞬都城，〔一〕去長安九千九百五十里。戶三百一十，口二千一百七十，勝兵三百人。東北至都護治所三千八百五十二里，東與戎盧、西與婼羌、北與扜彌接。

〔一〕師古曰：「鞬音居言反。」

于闐國，王治西城，去長安九千六百七十里。戶三千三百，口萬九千三百，勝兵二千四百人。輔國侯、左右將、左右騎君、東西城長、譯長各一人。東北至都護治所三千九百四十七里，南與婼羌接，北與姑墨接。于闐之西，水皆西流，注西海；其東，水東流，注鹽澤，河原出焉。〔一〕多玉石。〔二〕西通皮山三百八十里。

〔一〕蘇林曰：「即中國河也。」

〔二〕師古曰：「玉石，玉之璞也。一曰石之似玉也。」

皮山國，王治皮山城，去長安萬五十里。戶五百，口三千五百，勝兵五百人。左右將、左右都尉、騎君、譯長各一人。東北至都護治所四千二百九十二里，西南至烏秅國千三百四十里，〔一〕南與天篤接，北至姑墨千四百五十里，西南當罽賓、烏弋山離道，西北通莎車三百八十里。

〔一〕鄭氏曰：「烏秅音鷃拏。」師古曰：「烏音一加反。秅音直加反。急言之聲如鷃拏耳，非正音也。」

烏秅國，王治烏秅城，去長安九千九百五十里。戶四百九十，口二千七百三十三，勝兵七百四十人。東北至都護治所四千八百九十二里，北與子合、蒲犂，西與難兜接。山居，田石間。有白草。累石爲室。民接手飲。〔一〕出小步馬，〔二〕有驢無牛。其西則有縣度，〔三〕去陽關五千八百八十八里，去都護治所五千二(百)〔十〕里。縣度者，石山也，谿谷不通，以繩索相引而度云。

〔一〕師古曰：「自高山下谿澗中飲水，故接連其手，如蝯之爲。」

〔二〕孟康曰：「種小能步也。」師古曰：「此說非也。小，細也。細步，(言其)能蹀足，卽今所謂百步千跡者也。豈謂其小種乎？」

〔三〕師古曰：「縣繩而度也。縣，古懸字耳。」

西夜國，王號子合王，治呼犍谷，〔一〕去長安萬二百五十里。戶三百五十，口四千，勝兵千人。東北到都護治所五千四十六里，東與皮山、西南與烏秅、北與莎車、西與蒲犂接。蒲犂（反）〔及〕依耐、無雷國〔二〕皆西夜類也。西夜與胡異，其種類羌氐行國，〔三〕隨畜逐水草往來。而子合土地出玉石。

〔一〕師古曰：「犍音鉅言反。」

〔二〕師古曰：「耐音奴代反。」

〔三〕師古曰：「言不土著也。」

蒲犂國，王治蒲犂谷，去長安九千五百五十里。戶六百五十，口五千，勝兵二千人。東北至都護治所五千三百九十六里，東至莎車五百四十里，北至疏勒五百五十里，南與西夜子合接，西至無雷五百四十里。侯、都尉各一人。寄田莎車。種俗與子合同。

依耐國，王治去長安萬一百五十里。戶一百二十五，口六百七十，勝兵三百五十人。東北至都護治所二千七百三十里，至莎車五百四十里，至無雷五百四十里，北至疏勒六百五十里，南與子合接，俗相與同。〔一〕少穀，寄田疏勒、莎車。

〔一〕師古曰：「與子合同風俗也。」

無雷國，王治盧城，去長安九千九百五十里。戶千，口七千，勝兵三千人。東北至都護治所二千四百六十五里，南至蒲犂五百四十里，南與烏秅、北與捐毒、西與大月氏接。〔一〕衣服類烏孫，俗與子合同。

〔一〕師古曰：「捐毒即身毒、天篤也，本皆一名，語有輕重耳。」

難兜國，王治去長安萬一百五十里。戶五千，口三萬一千，勝兵八千人。東北至都護治所二千八百五十里，西至無雷三百四十里，西南至罽賓三百三十里，南與婼羌、北與休循、西與大月氏接。種五穀、蒲陶諸果。有銀銅鐵，作兵與諸國同，屬罽賓。

罽賓國，王治循鮮城，去長安萬二千二百里。不屬都護。戶口勝兵多，大國也。東北至都護治所六千八百四十里，東至烏秅國二千二百五十里，東北至難兜國九日行，西北與大月氏、西南與烏弋山離接。

昔匈奴破大月氏，大月氏西君大夏，而塞王南君罽賓。〔一〕塞種分散，往往為數國。〔二〕自疏勒以西北，休循、捐毒之屬，皆故塞種也。

〔一〕師古曰：「君謂爲之君也。塞音先得反。」

〔二〕師古曰：「即所謂釋種者也，亦語有輕重耳。」

罽賓地平，溫和，有目宿，雜草奇木，檀、櫰、梓、竹、漆。〔一〕種五穀、蒲陶諸果，糞治園田。地下溼，生稻，冬食生菜。其民巧，雕文刻鏤，治宮室，織罽，刺文繡，好治食。有金銀銅錫，以爲器。市列。〔二〕以金銀爲錢，文爲騎馬，幕爲人面。〔三〕出封牛、水牛、象、大狗、沐猴、孔爵、〔四〕珠璣、珊瑚、虎魄、璧流離。〔五〕它畜與諸國同。

〔一〕師古曰：「櫰音懷。即槐之類也，葉大而黑也。」

〔二〕師古曰：「市有列肆，亦如中國也。」

〔三〕張晏曰：「錢文面作騎馬形，漫面作人面目也。」如淳曰：「幕音漫。」師古曰：「幕即漫耳，無勞借音。今所呼幕皮者，亦謂其平而無文也。」

〔四〕師古曰：「封牛，項上隆起者也。郭義恭廣志云罽賓大狗大如驢，赤色，數里搖鞉以呼之。沐猴即獼猴也。」

〔五〕孟康曰：「流離青色如玉。」師古曰：「魏略云大秦國出赤、白、黑、黃、青、綠、縹、紺、紅、紫十種流離。孟言青色，不博通也。此蓋自然之物，采澤光潤，踰於衆玉，其色不恆。今俗所用，皆銷(洽)〔冶〕石汁，加以衆藥，灌而爲之，尤虛脆不貞，實非眞物。」

自武帝始通罽賓，自以絕遠，漢兵不能至，其王烏頭勞數剽殺漢使。〔一〕烏頭勞死，子代立，遣使奉獻。漢使關都尉文忠送其使。王復欲害忠，忠覺之，乃與容屈王子陰末赴共合謀，攻罽賓，殺其王，立陰末赴爲罽賓王，授印綬。後軍候趙德使罽賓，與陰末赴相失，〔二〕陰末赴鎖琅當德，〔三〕殺副已下七十餘人，遣使者上書謝。孝元帝以絕域不錄，放其使者於縣度，絕而不通。

〔一〕師古曰：「剽，劫也，音頻妙反。」

〔二〕師古曰：「相失意也。」

〔三〕師古曰：「琅當，長鎖也，若今之禁繫人鎖矣。琅音郎。」

成帝時，復遣使獻，謝罪，漢欲遣使者報送其使，杜欽說大將軍王鳳曰：「前罽賓王陰末赴本漢所立，後卒畔逆。〔一〕夫德莫大於有國子民，罪莫大於執殺使者，所以不報恩，不懼誅者，自知絕遠，兵不至也。有求則卑辭，無欲則嬌嫚，終不可懷服。凡中國所以爲通厚蠻夷，愜快其求者，爲壤比而爲寇也。〔二〕今縣度之阸，非罽賓所能越也。其鄉慕，不足以安西域；〔三〕雖不附，不能危城郭。〔四〕前親逆節，惡暴西域，〔五〕故絕而不通；今悔過來，而無親屬貴人，奉獻者皆行賈賤人，欲通貨市買，以獻爲名，故煩使者送至縣度，恐失實見欺。凡遣使送客者，欲爲防護寇害也。起皮山南，更不屬漢之國四五，〔六〕斥候士百餘人，五分夜擊刀斗自守，〔七〕尚時爲所侵盜。驢畜負糧，須諸國稟食，得以自贍。〔八〕國或貧小不能食，或桀黠不肯給，擁彊漢之節，餒山谷之間，〔九〕乞匄無所得，〔一〇〕離一二旬則人畜棄捐曠野而不反。〔一一〕又歷大頭痛、小頭痛之山，赤土、身熱之阪，令人身熱無色，頭痛嘔吐，驢畜盡然。〔一二〕又有三池、盤石阪，道陿者尺六七寸，長者徑三十里。臨峥嶸不測之深，〔一三〕行者騎步相持，繩索相引，二千餘里乃到縣度。畜隊，未半阬谷盡靡碎；〔一四〕人墮，勢不得相收視。險阻危害，不可勝言。聖王分九州，制五服，〔一五〕務盛內，不求外。今遣使者承至尊之命，送蠻夷之賈，勞吏士之衆，涉危難之路，罷弊所恃以事無用，〔一六〕非久長計也。使者業已受節，可至皮山而還。」〔一七〕於是鳳白從欽言。罽賓實利賞賜賈市，其使數年而壹至云。

〔一〕師古曰：「卒，終也。」

〔二〕師古曰：「比，近也。為其土壤接近，能為寇也。歷音苦頰反。比音頻寐反。」

〔三〕師古曰：「鄉讀曰嚮。」

〔四〕師古曰：「城郭，總謂西域諸國也。」

〔五〕師古曰：「暴謂章露也。」

〔六〕師古曰：「言經歷不屬漢者凡四五國也。更音工衡反。」

〔七〕師古曰：「夜有五更，故分而持之也。刁斗，解在李廣傳。」

〔八〕師古曰：「稟，給也。贍，足也。食讀曰飤。次下並同。」

〔九〕師古曰：「餧，飢也，音能賄反。」

〔一〇〕師古曰：「匄亦乞也，音工大反。」

〔一〕師古曰：「離亦歷也。曠，空也。」

〔二〕師古曰：「嘔音一口反。」

〔三〕師古曰：「崢嶸，深險之貌也。崢音仕耕反。嶸音宏。」

〔四〕師古曰：「隊亦墮也。靡，散也。隊音直類反。靡音糜。」

〔五〕師古曰：「九州：冀、兗、豫、青、徐、荆、揚、梁、雍也。五服：侯、甸、綏、要、荒。」

〔六〕師古曰：「罷讀曰疲。所恃，謂中國之人也。無用，謂遠方蠻夷之國。」

〔七〕師古曰：「言已立計遣之，不能即止，可至皮山也。」

烏弋山離國，王去長安萬二千二百里。不屬都護。戶口勝兵，大國也。東北至都護治所六十日行，東與罽賓、北與撲挑、西與犂靬、條支接。〔一〕

〔一〕師古曰：「撲音布木反。犂讀與驪同。靬音鉅連反，又鉅言反。」

行可百餘日，乃至條支。國臨西海，暑溼，田稻。有大鳥，卵如甕。〔一〕人衆甚多，往往有小君長，安息役屬之，以爲外國。〔二〕善眩。〔三〕安息長老傳聞條支有弱水、西王母，亦未嘗見也。〔四〕自條支乘水西行，可百餘日，近日所入云。

〔一〕師古曰：「甕，汲水瓶也，音於龍反。」

〔二〕師古曰：「安息以條支爲外國，如言蕃國也。」

〔三〕師古曰：「眩讀與幻同，解在張騫傳。」

〔四〕師古曰：「玄中記云『崑崙之弱水，鴻毛不能起』也。爾雅曰『觚竹、北戶、西王母、日下，謂之四荒』也。」

烏弋地暑熱莽平，〔一〕其草木、畜產、五穀、果菜、食飲、宮室、市列、錢貨、兵器、金珠之屬皆與罽賓同，而有桃拔、師子、犀牛。〔二〕俗重妄殺。〔三〕其錢獨文爲人頭，幕爲騎馬。以金銀飾杖。〔四〕絕遠，漢使希至。自玉門、陽關出南道，歷鄯善而南行，至烏弋山離，南道極矣。轉北而東得安息。

〔一〕師古曰：「言有草莽而平坦也。一曰莽莽平野之貌。」

〔二〕孟康曰：「桃拔一名符拔，似鹿，長尾，一角者或爲天鹿，（者）兩角〔者〕或爲辟邪。師子似虎，正黃有頓耏，尾端茸毛大如斗。」師古曰：「師子即爾雅所謂狻猊也。狻音酸。猊音倪。拔音步葛反。耏亦頰旁毛也，音而。茸音人庸反。」

〔三〕師古曰：「重，難也。言其仁愛不妄殺也。」

〔四〕師古曰：「杖謂所持兵器也，音直亮反。」

安息國，王治番兜城，〔一〕去長安萬一千六百里。不屬都護。北與康居、東與烏弋山離、西與條支接。土地風氣，物類所有，民俗與烏弋、罽賓同。亦以銀爲錢，文獨爲王面，幕爲夫人面。王死輒更鑄錢。有大馬爵。〔二〕其屬小大數百城，地方數千里，最大國也。臨嬀

水，商賈車船行旁國。書革，旁行爲書記。〔三〕

〔一〕蘇林曰：「番音盤。」

〔二〕師古曰：「廣志云『大爵，頸及膺身，蹄似橐駝，色蒼，舉頭高八九尺，張翅丈餘，食大麥』。」

〔三〕服虔曰：「橫行爲書記也。」師古曰：「今西方胡國及南方林邑之徒，書皆橫行，不直下也。革爲皮之不柔者。」

武帝始遣使至安息，王令將將二萬騎迎於東界。東界去王都數千里，行比至，過數十城，人民相屬。〔一〕因發使隨漢使者來觀漢地，以大鳥卵及犂靬眩人獻於漢，天子大說。〔二〕安息東則大月氏。

〔一〕師古曰：「屬，聯也，音之欲反。」

〔二〕師古曰：「說讀曰悅。」

大月氏國，治監氏城，去長安萬一千六百里。不屬都護。戶十萬，口四十萬，勝兵十萬人。東至都護治所四千七百四十里，西至安息四十九日行，南與罽賓接。土地風氣，物類所有，民俗錢貨，與安息同。出一封橐駝。〔一〕

〔一〕師古曰：「脊上有一封也。封言其隆高，若封土也。今俗呼爲封牛。封音峯。」

大月氏本行國也，隨畜移徙，與匈奴同俗。控弦十餘萬，故彊輕匈奴。〔一〕本居敦煌、祁連閒，至冒頓單于攻破月氏，而老上單于殺月氏，以其頭爲飮器，月氏乃遠去，過大宛，西擊大夏而臣之，〔一〕都嬀水北爲王庭。其餘小衆不能去者，保南山羌，號小月氏。

〔一〕師古曰：「自恃其彊盛，而輕易匈奴也。」

〔二〕師古曰：「解在張騫傳。」

大夏本無大君長，城邑往往置小長，民弱畏戰，故月氏徙來，皆臣畜之，共稟漢使者。〔一〕有五翖侯：〔二〕一曰休密翖侯，治和墨城，去都護二千八百四十一里，去陽關七千八百二里；二曰雙靡翖侯，治雙靡城，去都護三千七百四十一里，去陽關七千七百八十二里；三曰貴霜翖侯，治護澡城，〔三〕去都護五千九百四十里，去陽關七千九百八十二里；四曰肹頓翖侯，〔四〕治薄茅城，去都護五千九百六十二里，去陽關八千二百二里；五曰高附翖侯，治高附城，去都護六千四十一里，去陽關九千二百八十三里。凡五翖侯，皆屬大月氏。

〔一〕師古曰：「同受節度也。」

〔二〕師古曰：「翖卽翕字。」

〔三〕師古曰：「澡音藻。」

〔四〕師古曰：「肹音許乙反。」

康居國，王冬治樂越匿地。〔一〕到卑闐城。〔二〕去長安萬二千三百里。不屬都護。至越匿地馬行七日，至王夏所居蕃內九千一百四里。〔三〕戶十二萬，口六十萬，勝兵十二萬人。東至都護治所五千五百五十里。與大月氏同俗。東羈事匈奴。〔四〕

〔一〕師古曰：「樂音來各反。」

〔二〕師古曰：「闐音徒千反。」

〔三〕師古曰：「王每冬寒夏暑，則徙別居不一處。」

〔四〕師古曰：「爲匈奴所羈牽也。」

宣帝時，匈奴乖亂，五單于並爭，漢擁立呼韓邪單于，而郅支單于怨望，殺漢使者，西阻康居。〔一〕其後都護甘延壽、副校尉陳湯發戊己校尉西域諸國兵至康居，誅滅郅支單于，語在甘延壽、陳湯傳。是歲，元帝建昭三年也。

〔一〕師古曰：「依其險阻，以自保固也。」

至成帝時，康居遣子侍漢，貢獻，然自以絕遠，獨驕嫚，不肯與諸國相望。都護郭舜數上言：「本匈奴盛時，非以兼有烏孫、康居故也；及其稱臣妾，非以失二國也。漢雖皆受其質子，然三國內相輸遺，交通如故，亦相候司，見便則發；合不能相親信，離不能相臣役。以今言之，結配烏孫竟未有益，反爲中國生事。然烏孫既結在前，今與匈奴俱稱臣，義不可距。而康居驕黠，訖不肯拜使者。〔一〕都護吏至其國，坐之烏孫諸使下，王及貴人先飲食已，乃飲啗都護吏，〔二〕故爲無所省以夸旁國。〔三〕以此度之，何故遣子入侍？其欲賈市爲好，辭之詐也。匈奴百蠻大國，〔四〕今事漢甚備，聞康居不拜，且使單于有自下之意，〔五〕宜歸其侍子，絕勿復使，〔六〕以章漢家不通無禮之國。敦煌、酒泉小郡及南道八國，給使者往來人馬驢槖駝食，皆苦之。〔七〕空罷耗所過，送迎驕黠絕遠之國，〔八〕非至計也。」漢爲其新通，重致遠人，〔九〕終羈縻而未絕。

〔一〕師古曰：「訖，竟也。」

〔二〕師古曰：「飲音於禁反。啗音徒濫反。」

〔三〕師古曰：「言故不省視漢使也。」

〔四〕師古曰：「於百蠻之中，最大國也。」

〔五〕師古曰：「言單于見康居不事漢，以之爲高，自以事漢爲太卑，而欲改志也。」

〔六〕師古曰：「不通使於其國也。」

〔七〕師古曰：「言二郡八國皆以此事爲困苦。」

〔八〕師古曰：「所過，所經過之處。驕黠謂康居使也。罷讀曰疲。耗音呼到反。」

〔九〕師古曰：「以此聲名爲重也。」

其康居西北可二千里，有奄蔡國。控弦者十餘萬(大)〔人〕。與康居同俗。臨大澤，無崖，蓋北海云。

康居有小王五：一曰蘇䪥王，治蘇䪥城，〔一〕去都護五千七百七十六里，去陽關八千二十五里；二曰附墨王，治附墨城，去都護五千七百六十七里，去陽關八千二十五里；三曰窳匿王，〔二〕治窳匿城，去都護五千二百六十六里，去陽關七千五百二十五里；四曰罽王，治罽城，去都護六千二百九十六里，去陽關八千五百五十五里；五曰奧鞬王，〔三〕治奧鞬城，去都護六千九百六里，去陽關八千三百五十五里。凡五王，屬康居。

〔一〕師古曰：「䪥音下戒反。」
〔二〕師古曰：「窳音庾。」
〔三〕師古曰：「奧音於六反。鞬音居言反。」

大宛國，王治貴山城，去長安萬二千(二)〔五〕百五十里。戶六萬，口三十萬，勝兵六萬人。副王、輔國王各一人。東至都護治所四千三十一里，北至康居卑闐城千五百一十里，西南至大月氏六百九十里。北與康居、南與大月氏接，土地風氣物類民俗與大月氏、安息同。大宛左右以蒲陶爲酒，富人藏酒至萬餘石，久者至數十歲不敗。俗耆酒，馬耆目宿。〔一〕

〔一〕師古曰：「耆讀曰嗜。」

宛別邑七十餘城，多善馬。馬汗血，言其先天馬子也。〔二〕

〔一〕（師古）〔孟康〕曰：「言大宛國有高山，其上有馬不可得，因取五色母馬置其下與集，生駒，皆汗血，因號曰天馬子云。」

張騫始爲武帝言之，上遣使者持千金及金馬，以請宛善馬。宛王以漢絕遠，大兵不能至，愛其寶馬不肯與。漢使妄言，〔一〕宛遂攻殺漢使，取其財物。於是天子遣貳師將軍李廣利將兵前後十餘萬人伐宛，連四年。宛人斬其王毋寡首，獻馬三千匹，漢軍乃還，語在張騫傳。貳師既斬宛王，更立貴人素遇漢善者名昧蔡爲宛王。〔二〕後歲餘，宛貴人以爲昧蔡讇，使我國遇屠，〔三〕相與（兵）〔共〕殺昧蔡，立毋寡弟蟬封爲王，遣子入侍，質於漢，漢因使使賂賜鎭撫之。又發（數）〔使〕十餘輩，抵宛西諸國〔四〕求（其）〔奇〕物，因風諭以（代）〔伐〕宛之威。〔五〕宛王蟬封與漢約，歲獻天馬二匹。漢使采蒲陶、目宿種歸。天子以天馬多，又外國使來衆，益種蒲陶、目宿離宮館旁，極望焉。〔六〕

〔一〕師古曰：「謂詈辱宛王。」

〔二〕師古曰：「昧音秣。蔡音千曷反。」

〔三〕師古曰：「讇，古諂字。」

〔四〕師古曰：「抵，至也。」

〔五〕師古曰：「風讀曰諷。」

〔六〕師古曰：「今北道諸州舊安定、北地之境往往有目宿者，皆漢時所種也。」

自宛以西至安息國，雖頗異言，然大同，自相曉知也。其人皆深目，多須頿。善賈市，爭分銖。貴女子；女子所言，丈夫乃決正。其地（皆）〔無〕絲漆，不知鑄鐵器。及漢使亡卒降，教鑄作它兵器。〔一〕得漢黃白金，輒以爲器，不用爲幣。

〔一〕師古曰：「漢使至其國及有亡卒降其國者，皆教之也。」

自烏孫以西至安息，近匈奴。匈奴嘗困月氏，〔一〕故匈奴使持單于一信到國，國傳送食，〔二〕不敢留苦。〔三〕及至漢使，非出幣物不得食，不市畜不得騎，所以然者，以遠漢，而漢多財物，〔四〕故必市乃得所欲。及呼韓邪單于朝漢，後咸尊漢矣。

〔一〕師古曰：「困，苦也。」

〔二〕師古曰：「言畏之甚也。食讀曰飤。」

〔三〕師古曰：「不敢留連及困苦之也。」

〔四〕師古曰：「遠音于萬反。」

桃槐國，王去長安萬一千八十里。〔一〕戶七百，口五千，勝兵千人。

〔一〕師古曰：「槐音回。」

休循國，王治鳥飛谷，在蔥嶺西，去長安萬二百一十里。戶三百五十八，口千三十，勝兵四百八十人。東至都護治所三千一百二十一里，至捐毒衍敦谷二百六十里，西北至大宛國九百二十里，西至大月氏千六百一十里。民俗衣服類烏孫，因畜隨水草，本故塞種也。

捐毒國，王治衍敦谷，去長安九千八百六十里。戶三百八十，口千一百，勝兵五百人。東至都護治所二千八百六十一里。至疏勒。南與葱領屬，〔一〕無人民。西上葱領，則休循也。西北至大宛千三十里，北與烏孫接。衣服類烏孫，隨水草，依葱領，本塞種也。

〔一〕師古曰：「屬，聯也，音之欲反。」

莎車國，王治莎車城，去長安九千九百五十里。戶二千三百三十九，口萬六千三百七十三，勝兵三千四十九人。輔國侯、左右將、左右騎君、備西夜君各一人，都尉二人，譯長四人。東北至都護治所四千七百四十六里，西至疏勒五百六十里，西南至蒲犂七百四十里。有鐵山，出青玉。

宣帝時，烏孫公主小子萬年，莎車王愛之。莎車王無子死，死時萬年在漢。莎車國人計欲自託於漢，又欲得烏孫心，即上書請萬年為莎車王。漢許之，遣使者奚充國送萬年。萬年初立，暴惡，國人不說。〔一〕莎車王弟呼屠徵殺萬年，并殺漢使者，自立為王，約諸國背漢。會衞候馮奉世使送大宛客，即以便宜發諸國兵擊殺之，更立它昆弟子爲莎車王。還，拜奉世爲光祿大夫。是歲，元康元年也。

〔一〕師古曰：「說讀曰悅。」

疏勒國，王治疏勒城，去長安九千三百五十里。戶千五百一十，口萬八千六百四十七，勝兵二千人。疏勒侯、擊胡侯、輔國侯、都尉、左右將、左右騎君、左右譯長各一人。東至都護治所二千二百一十里，南至莎車五百六十里。有市列，西當大月氏、大宛、康居道也。

尉頭國，王治尉頭谷，去長安八千六百五十里。戶三百，口二千三百，勝兵八百人。左右都尉各一人，左右騎君各一人。東至都護治所千四百一十一里，南與疏勒接，山道不通，西至捐毒千三百一十四里，徑道馬行二日。田畜隨水草，衣服類烏孫。

校勘記

三八七二頁一一行　（陽）〔二〕關皆在敦煌西界。　景祐、殿本都作「二」，此誤。

三八七二頁五行　北道西踰葱嶺則出大宛、康居、奄蔡焉（耆）。　景祐本無「耆」字。王念孫說景祐本是，

「焉」字絕句，「者」字後人妄加之。

三八七七頁一〇行　薄音(簿)〔步〕戶反。　景祐、殿本都作「步」，此誤。

三八七八頁一二行　丞相〔將軍〕率百官送至橫門外，　景祐、殿本都有「將軍」二字。

三八七八頁一三行　願漢遣(二)〔一〕將屯田積穀，　景祐、殿本都作「一」。王先謙說作「一」是。

三八八二頁七行　去都護治所五千一(百)〔十〕里。　景祐、殿本都作「十」。

三八八二頁一〇行　細步，〔言其〕能蹀足，　景祐、殿本都有「言其」二字。

三八八三頁二行　蒲犂(反)〔及〕依耐、　景祐、殿本都作「及」，此誤。

三八八五頁一三行　皆銷(治)〔冶〕石汁，　景祐、殿本都作「冶」。王先謙說疑是「冶」字。

三八八九頁八行　(者)兩角〔者〕或為辟邪。　景祐、殿本都作「兩角者」，此誤倒。

三八九三頁一五行　控弦者十餘萬(大)〔人〕。　殿本作「人」，景祐本作「大」。王先謙說作「人」是。

三八九四頁九行　去長安萬二千(二)〔五〕百五十里。　景祐、殿本都作「五」。

三八九五頁一行　(師古)〔孟康〕曰：　景祐、殿本都作「孟康」。

三八九五頁七行　相與(兵)〔共〕殺昧蔡，　景祐、殿本都作「共」，此誤。

三八九五頁八行　又發(數)〔使〕十餘輩，抵宛西諸國(四)求(其)〔奇〕物，因風諭以(代)〔伐〕宛之威。　景祐、殿本「數」都作「使」，「其」都作「奇」，「代」都作「伐」。

三八九六頁二行　其地(皆)〔無〕絲漆，王念孫說「皆」當爲「無」，通典正作「無絲漆」。按史記大宛傳作「皆無絲漆」。

漢書卷九十六下

西域傳第六十六下

烏孫國，大昆彌治赤谷城，〔一〕去長安八千九百里。戶十二萬，口六十三萬，勝兵十八萬八千八百人。相，大祿，左右大將二人，侯三人，大將、都尉各一人，大監二人，大吏一人，舍中大吏二人，騎君一人。東至都護治所千七百二十一里，西至康居蕃內地五千里。地莽平。多雨，寒。山多松樠。〔二〕不田作種樹，〔三〕隨畜逐水草，與匈奴同俗。國多馬，富人至四五千匹。民剛惡，貪（狠）〔狼〕無信，多寇盜，最爲彊國。故服匈奴，〔四〕後盛大，取羈屬，不肯往朝會。〔五〕東與匈奴、西北與康居、西與大宛、南與城郭諸國相接。本塞地也，大月氏西破走塞王，塞王南越縣度，大月氏居其地。後烏孫昆莫擊破大月氏，大月氏徙西臣大夏，而烏孫昆莫居之，故烏孫民有塞種、大月氏種云。

〔一〕師古曰：「烏孫於西域諸戎其形最異。今之胡人青眼、赤須，狀類彌猴者，本其種也。」

〔二〕師古曰：「莽平謂有草莽而平坦也。一曰莽莽平野之貌。樠，木名，其心似松，音武元反。」

〔三〕師古曰：「樹，植也。」

〔四〕師古曰：「故謂舊時也。服，屬於匈奴也。」

〔五〕師古曰：「言羈縻屬之而已。」

始張騫言烏孫本與大月氏共在敦煌間，今烏孫雖彊大，可厚賂招，令東居故地，妻以公主，與爲昆弟，以制匈奴。語在張騫傳。武帝即位，令騫齎金幣往。昆莫見騫如單于禮，〔一〕騫大慙，謂曰：「天子致賜，王不拜，則還賜。」〔二〕昆莫起拜，其它如故。

〔一〕師古曰：「昆莫自比於單于。」

〔二〕師古曰：「還賜，謂將賜物還歸漢也。」

初，昆莫有十餘子，中子大祿彊，善將，〔一〕將衆萬餘騎別居。大祿兄太子，太子有子曰岑陬。〔二〕太子蚤死，〔三〕謂昆莫曰：「必以岑陬爲太子。」昆莫哀許之。大祿怒，乃收其昆弟，將衆畔，謀攻岑陬。昆莫與岑陬萬餘騎，令別居，昆莫亦自有萬餘騎以自備。國分爲三，大總羈屬昆莫。騫既致賜，諭指曰：「烏孫能東居故地，則漢遣公主爲夫人，結爲昆弟，共距匈奴，不足破也。」烏孫遠漢，未知其大小，〔四〕又近匈奴，服屬日久，其大臣皆不欲徙。昆莫年老國分，不能專制，乃發使送騫，因獻馬數十匹報謝。其使見漢人衆富厚，歸其國，其國後乃益重漢。

〔一〕師古曰：「言其材力優彊，能爲將。」

〔二〕師古曰：「岑音仕林反。陬音子侯反。」

〔三〕師古曰：「蚤，古早字。」

〔四〕師古曰：「遠音于萬反。」

匈奴聞其與漢通，怒欲擊之。又漢使烏孫，乃出其南，抵大宛、月氏，相屬不絕。〔一〕烏孫於是恐，使使獻馬，願得尚漢公主，爲昆弟。天子問羣臣，議許，曰：「必先內聘，然後遣女。」烏孫以馬千匹聘。〔二〕漢元封中，遣江都王建女細君爲公主，以妻焉。賜乘輿服御物，爲備官屬宦官侍御數百人，贈送甚盛。烏孫昆莫以爲右夫人。匈奴亦遣女妻昆莫，昆莫以爲左夫人。

〔一〕師古曰：「抵，至也。屬音之欲反。」

〔二〕師古曰：「入聘財。」

公主至其國，自治宮室居，歲時一再與昆莫會，置酒飲食，以幣帛賜王左右貴人。昆莫年老，語言不通，公主悲愁，自爲作歌曰：「吾家嫁我兮天一方，遠託異國兮烏孫王。穹廬爲室兮旃爲牆，以肉爲食兮酪爲漿。〔一〕居常土思兮心內傷，〔二〕願爲黃鵠兮歸故鄉。」〔三〕天子聞而憐之，間歲遣使者持帷帳錦繡給遺焉。〔四〕

〔一〕師古曰：「食謂飯，音飤。」

〔二〕師古曰：「土思，謂憂思而懷本土。」

〔三〕師古曰：「鵠音下督反。」

〔四〕師古曰：「間歲者，謂每隔一歲而往也。」

昆莫年老，欲使其孫岑陬尚公主。公主不聽，上書言狀，天子報曰：「從其國俗，欲與烏孫共滅胡。」岑陬遂妻公主。昆莫死，岑陬代立。岑陬者，官號也，名軍須靡。昆莫，王號也，名獵驕靡。後書「昆彌」云。〔一〕岑陬尚江都公主，生一女少夫。〔二〕公主死，漢復以楚王戊之孫解憂爲公主，妻岑陬。岑陬胡婦子泥靡尚小，岑陬且死，以國與季父大祿子翁歸靡，曰：「泥靡大，以國歸之。」

〔一〕師古曰：「昆莫本是王號，而其人名獵驕靡，故書云昆彌。昆取昆莫，彌取驕靡。彌、靡音有輕重耳，蓋本一也。後遂以昆彌爲其王號也。」

〔二〕師古曰：「名少夫。」

翁歸靡既立，號肥王，復尚楚主解憂，生三男兩女：長男曰元貴靡；次曰萬年，爲莎車王；次曰大樂，爲左大將；長女弟史爲龜茲王絳賓妻；小女素光爲若呼翖侯妻。〔一〕

〔一〕師古曰：「弟史、素光皆女名。」

昭帝時，公主上書，言「匈奴發騎田車師，車師與匈奴爲一，共侵烏孫，唯天子幸救之！」漢養士馬，議欲擊匈奴。會昭帝崩，宣帝初卽位，公主及昆彌皆遣使上書，言「匈奴復連發大兵侵擊烏孫，取車延、惡師地，收人民去，使使謂烏孫趣持公主來，〔一〕欲隔絕漢。昆彌願發國半精兵，自給人馬五萬騎，盡力擊匈奴。唯天子出兵以救公主、昆彌。」漢兵大發十五萬騎，五將軍分道並出。語在匈奴傳。遣校尉常惠使持節護烏孫兵，昆彌自將翖侯以下五萬騎從西方入，至右谷蠡王庭，獲單于父行及嫂、居次、名王、犂汙都尉、千長、騎將以下四萬級，馬牛羊驢橐駝七十餘萬頭，烏孫皆自取所虜獲。還，封惠爲長羅侯。是歲，本始三年也。漢遣惠持金幣賜烏孫貴人有功者。

〔一〕師古曰：「趣讀曰促。」

元康二年，烏孫昆彌因惠上書：「願以漢外孫元貴靡爲嗣，得令復尚漢公主，結婚重親，畔絕匈奴，願聘馬贏各千匹。」詔下公卿議，大鴻臚蕭望之以爲「烏孫絕域，變故難保，不可許。」上美烏孫新立大功，又重絕故業，〔一〕遣使者至烏孫，先迎取聘。昆彌及太子、左右大將、都尉皆遣使，凡三百餘人，入漢迎取少主。上乃以烏孫主解憂弟子相夫爲公主，置官屬侍御百餘人，舍上林中，學烏孫言。〔二〕天子自臨平樂觀，會匈奴使者、外國君長大角抵，設樂而遣之。使長(盧)〔羅〕侯光祿大夫惠爲副，凡持節者四人，送少主至敦煌。未出塞，聞烏孫昆彌翁歸靡死，烏孫貴人共從本約，立岑陬子泥靡代爲昆彌，號狂王。惠上書：「願留少主敦煌，惠馳至烏孫責讓不立元貴靡爲昆彌，還迎少主。」事下公卿，望之復以爲「烏孫持兩端，難約結。前公主在烏孫四十餘年，恩愛不親密，邊竟未得安，〔三〕此已事之驗也。今少主以元貴靡不立而還，信無負於夷狄，中國之福也。少主不止，繇役將興，其原起此。」天子從之，徵還少主。

〔一〕師古曰：「重，難也。故業，謂先與烏孫婚親也。」

〔二〕師古曰：「舍，止也。」

〔三〕師古曰：「竟讀曰境。」

狂王復尚楚主解憂，生一男鴟靡，不與主和，又暴惡失衆。漢使衞司馬魏和意、副候任昌送侍子，公主言狂王爲烏孫所患苦，易誅也。遂謀置酒會，罷，使士拔劍擊之。劍旁下，〔一〕狂王傷，上馬馳去。其子細沈瘦〔二〕會兵圍和意、昌及公主於赤谷城。數月，都護鄭吉發諸國兵救之，乃解去。漢遣中郎將張遵持醫藥治狂王，賜金二十斤，采繒。因收和意、昌係瑣，從尉犂檻車至長安，斬之。車騎將軍長史張翁留驗公主與使者謀殺狂王狀，主不服，叩頭謝，張翁捽主頭罵詈。〔三〕主上書，翁還，坐死。副使季都別將醫養視狂王，狂王從十餘騎送之。都還，坐知狂王當誅，見便不發，下蠶室。

〔一〕師古曰：「不正下（之）。」

〔二〕師古曰：「瘦音搜。」

〔三〕師古曰：「捽，持其頭，音材兀反。」

初，肥王翁歸靡胡婦子烏就屠，狂王傷時驚，與諸翖侯俱去，居北山中，揚言母家匈奴兵來，故衆歸之。後遂襲殺狂王，自立爲昆彌。漢遣破羌將軍辛武賢將兵萬五千人至敦煌，遣使者案行表，穿卑鞮侯井以西，〔一〕欲通渠轉穀，積居廬倉以討之。

〔一〕孟康曰：「大井六通渠也，下泉流湧出，在白龍堆東土山下。」

初，楚主侍者馮嫽〔一〕能史書，習事，嘗持漢節爲公主使，行賞賜於城郭諸國，敬信之，號曰馮夫人。爲烏孫右大將妻，右大將與烏就屠相愛，都護鄭吉使馮夫人說烏就屠，以漢兵方出，必見滅，不如降。烏就屠恐，曰：「願得小號。」宣帝徵馮夫人，自問狀。遣謁者竺次、期門甘延壽爲副，送馮夫人。馮夫人錦車持節，〔二〕詔（焉）烏就屠詣長羅侯赤谷城，立元貴靡爲大昆彌，烏就屠爲小昆彌，皆賜印綬。破羌將軍不出塞還。後烏就屠不盡歸諸翖侯民衆，漢復遣長羅侯惠將三校屯赤谷，因爲分別其人民地界，大昆彌戶六萬餘，小昆彌戶四萬餘，然衆心皆附小昆彌。

〔一〕師古曰：「音了。嫽者，慧也，故以爲名。」

〔三〕服虔曰：「錦車，以錦衣車也。」

元貴靡、鴟靡皆病死，公主上書言年老土思，願得歸骸骨，葬漢地。天子閔而迎之，公主與烏孫男女三人俱來至京師。是歲，甘露三年也。時年且七十，賜以公主田宅奴婢，奉養甚厚，朝見儀比公主。後二歲卒，三孫因留守墳墓云。

元貴靡子星靡代為大昆彌，弱，〔一〕馮夫人上書，願使烏孫鎮撫星（彌）〔靡〕。漢遣之，卒百人送（烏孫）焉。都護韓宣奏，烏孫大吏、大祿、大監皆可以賜金印紫綬，以尊輔大昆彌，漢許之。後都護韓宣復奏，星靡怯弱，可免，更以季父左大將樂代為昆彌，漢不許。後段會宗為都護，招還亡畔，安定之。〔二〕

〔一〕師古曰：「言其尚幼少。」

〔二〕師古曰：「有人衆亡畔者，皆招而還之，故安定也。」

星靡死，子雌栗靡代。小昆彌烏就屠死，子拊離代立，〔一〕為弟日貳所殺。漢遣使者立拊離子安日為小昆彌。日貳亡，阻康居。漢徙己校屯姑墨，〔二〕欲候便討焉。安日使貴人姑莫匿等三人詐亡從日貳，刺殺之。〔三〕都護廉褒賜姑莫匿等金人二十斤，繒三百匹。

〔一〕師古曰：「拊讀與撫同。」

〔二〕師古曰：「有戊己兩校兵，此直徙己校也。」

〔三〕師古曰：「詐畔亡而投之，因得以刺殺。」

後安日爲降民所殺，漢立其弟末振將代。時大昆彌雌栗靡健，翖侯皆畏服之，告民牧馬畜無使入牧，〔一〕國中大安和翁歸靡時。〔二〕小昆(靡)〔彌〕末振將恐爲所并，使貴人烏日領詐降刺殺雌栗靡。漢欲以兵討之而未能，遣中郎將段會宗持金幣與都護圖方略，立雌栗靡季父公主孫伊秩靡爲大昆彌。漢沒入小昆彌侍子在京師者。久之，大昆彌翖侯難栖殺末振將，末振將兄安日子安犂靡代爲小昆彌。〔三〕漢恨不自(責)誅末振將，復使段會宗即斬其太子番丘。〔四〕還，賜爵關內侯。是歲，元延二年也。

〔一〕師古曰：「勿入昆彌牧中，恐其相擾也。」

〔二〕師古曰：「勝於翁歸靡時也。」

〔三〕師古曰：「末振將之兄名安日，安日之子名安犂靡。」

〔四〕師古曰：「番音盤。」

會宗以翖侯難栖殺末振將，雖不指爲漢，合於討賊，奏以爲堅守都尉。責大祿、大吏、大監以雌栗靡見殺狀，奪金印紫綬，更與銅墨云。末振將弟卑爰疐〔一〕本共謀殺大昆彌，將衆八萬餘口北附康居，謀欲藉兵〔二〕兼并兩昆彌。兩昆彌畏之，親倚都護。〔三〕

〔一〕師古曰：「疐音竹二反。」

〔三〕師古曰：「藉，借也。」

〔三〕師古曰：「倚，依附也，音於綺反。」

哀帝元壽二年，大昆彌伊秩靡與單于並入朝，漢以爲榮。至元始中，卑爰疐殺烏日領以自效，漢封爲歸義侯。兩昆彌皆弱，卑爰疐侵陵，都護孫建襲殺之。自烏孫分立兩昆彌後，漢用憂勞，且無寧歲。〔一〕

〔一〕師古曰：「言或鎮撫，或威制之，故多事也。」

姑墨國，王治南城，去長安八千一百五十里。戶三千五百，口二萬四千五百，勝兵四千五百人。姑墨侯、輔國侯、都尉、左右將、左右騎君各一人，譯長二人。東至都護治所〔二〕〔二〕千二十一里，南至（於）〔于〕闐馬行十五日，北與烏孫接。出銅、鐵、雌黃。東通龜茲六百七十里。王莽時，姑墨王丞殺溫宿王，并其國。

溫宿國，王治溫宿城，〔一〕去長安八千三百五十里。戶二千二百，口八千四百，勝兵千五百人。輔國侯、左右將、左右都尉、左右騎君、譯長各二人。東至都護治所二千三百八十里，西至尉頭三百里，北至烏孫赤谷六百一十里。土地物類所有與鄯善諸國同。東通姑墨二百七十里。

〔一〕師古曰：「今雍州醴泉縣北有山名溫宿嶺者，本因漢時得溫宿國人令居此地田牧，因以爲名。」

龜茲國，王治延城，去長安七千四百八十里。戶六千九百七十，口八萬一千三百一十七，勝兵二萬一千七十六人。大都尉丞、輔國侯、安國侯、擊胡侯、卻胡都尉、擊車師都尉、左右將、左右都尉、左右騎君、左右力輔君各一人，東西南北部千長各二人，卻胡君三人，譯長四人。南與精絕、東南與且末、西南與杅彌、北與烏孫、西與姑墨接。〔一〕能鑄冶，有鉛。東至都護治所烏壘城三百五十里。

〔一〕師古曰：「杅音烏。」

烏壘，戶百一十，口千二百，勝兵三百人。城都尉、譯長各一人。與都護同治。其南三百三十里至渠犂。

渠犂，城都尉一人，戶百三十，口千四百八十，勝兵百五十人。東北與尉犂、東南與且末、南與精絕接。西有河，至龜茲五百八十里。

自武帝初通西域，置校尉，屯田渠犂。是時軍旅連出，師行三十二年，海內虛耗。征和中，貳師將軍李廣利以軍降匈奴。上既悔遠征伐，而搜粟都尉桑弘羊與丞相御史奏言：「故輪臺（以）東捷枝、渠犂皆故國，地廣，饒水草，有溉田五千頃以上，處溫和，田美，可益通溝渠，種五穀，與中國同時孰。其旁國少錐刀，貴黃金采繒，可以易穀食，宜給足不（可）乏。〔一〕臣愚以為可遣屯田卒詣故輪臺以東，置校尉三人分護，各舉圖地形，通利溝渠，務使以時益種五穀。〔二〕張掖、酒泉遣騎假司馬為斥候，屬校尉，事有便宜，因騎置以聞。〔三〕田一歲，有積穀，募民壯健有累重敢徙者詣田所，〔四〕就畜積為本業，〔五〕益墾溉田，稍築列亭，連城而西，以威西國，輔烏孫，為便。臣謹遣徵事臣昌分部行邊，〔六〕嚴敕太守都尉明㷭火，選士馬，謹斥候，蓄茭草。願陛下遣使使西國，以安其意。臣昧死請。」

〔一〕師古曰：「言以錐刀及黃金綵繒與此旁國易穀食，可以給田卒，不憂乏糧也。」

〔二〕師古曰：「益，多也。」

〔三〕師古曰：「騎置即今之驛馬也。」

〔四〕師古曰：「累重謂妻子家屬也。累音力瑞反。重音直用反。」

〔五〕師古曰：「畜讀曰蓄。」

〔六〕師古曰：「分音扶問反。行音下更反。」

上乃下詔，深陳既往之悔，曰：「前有司奏，欲益民賦三十助邊用，〔一〕是重困老弱孤獨也。〔二〕而今又請遣卒田輪臺。輪臺西於車師千餘里，前開陵侯擊車師時，〔三〕危須、尉犁、樓蘭六國子弟在京師者皆先歸，發畜食迎漢軍，〔四〕又自發兵，凡數萬人，王各自將，共圍車師，降其王。諸國兵便罷，力不能復至道上食漢軍。〔五〕漢軍破城，食至多，然士自載不足以竟師，〔六〕彊者盡食畜產，羸者道死數千人。朕發酒泉驢橐駝負食，出玉門迎軍。吏卒起張掖，不甚遠，然尚廝留甚衆。〔七〕曩者，朕之不明，以軍候弘上書言『匈奴縛馬前後足，置城下，馳言「秦人，我匄若馬」』，〔八〕又漢使者久留不還，故興（師）遣貳師將軍，〔九〕欲以爲使者威重也。古者卿大夫與謀，〔一〇〕參以蓍龜，不吉不行。〔一一〕乃者以縛馬書徧視丞相御史二千石諸大夫郎爲文學者，〔一二〕乃至郡屬國都尉成忠、趙破奴等，皆以『虜自縛其馬，不祥甚哉！』或以爲『欲以見彊，〔一三〕夫不足者視人有餘。』〔一四〕易之，卦得大過，爻在九五，〔一五〕匈奴困敗。公車方士、太史治星望氣，及太卜龜蓍，皆以爲吉，匈奴必破，時不可再得也。〔一六〕又曰『北伐行將，於鬴山必克。』〔一七〕卦諸將，貳師最吉。〔一八〕故朕親發貳師下鬴山，詔之必毋深入。今計謀卦兆皆反繆。〔一九〕重合侯（毋）〔得〕虜候者，言『聞漢軍當來，匈奴使巫埋羊牛所出諸道及水上以詛軍。〔二〇〕單于遺天子馬裘，常使巫祝之。縛馬者，詛軍事也。』又卜『漢軍一將不吉』。匈奴常言『漢極大，然不能飢渴，〔二一〕失一狼，走千羊。』乃者貳師敗，軍士死略離散，〔二二〕悲痛常在朕心。今請遠田輪臺，欲起亭隧，〔二三〕是擾勞天下，非所以優民也。今朕不忍聞。大鴻臚等又議，欲募囚徒送匈奴使者，明封侯之賞以報忿，五伯所弗能爲也。〔二四〕且匈奴得漢降者，常提掖搜索，問以所聞。〔二五〕今邊塞未正，闌出不禁，障候長吏使卒獵獸，以皮肉爲利，卒苦而烽火乏，失亦上集不得，〔二六〕後降者來，若捕生口虜，乃知之。〔二七〕當今務在禁苛暴，止擅賦，力本農，脩馬復令，〔二八〕以補缺，毋乏武備而已。郡國二千石各上進畜馬方略補邊狀，與計對。」〔二九〕由是不復出軍。而封丞相車千秋爲富民侯，以明休息，思富養民也。

〔一〕師古曰：「三十者，每口轉增三十錢也。」

〔二〕師古曰：「重音直用反。」

〔三〕晉灼曰：「開陵侯，匈奴介和王來降者。」

〔四〕師古曰：「畜謂馬牛羊等也。」

〔五〕師古曰：「食讀曰飤。」

〔六〕師古曰：「士雖各自載糧，而在道已盡。至於歸塗，尚苦乏食不足，不能終師旅之事也。」

〔七〕師古曰：「乖剌言其前後離厮，不相逮及也。厮音斯。」

〔八〕師古曰：「謂中國人爲秦人，習故言也。匄，乞與也。若，汝也。乞音氣。」

〔九〕師古曰：「與軍而遺之。」

〔一〇〕師古曰：「與讀曰豫。」

〔一一〕師古曰：「謂共卿大夫謀事，尚不專決，猶雜問蓍龜也。」

〔二〕師古曰：「覛讀曰示。爲文學，謂學經書之人。」

〔三〕師古曰：「見，顯示。」

〔四〕師古曰：「言其夸張也。覛亦讀曰示。」

〔五〕孟康曰：「其繇曰『枯楊生華』，象曰『枯楊生華，何可久也！』謂匈奴破不久也。」

〔六〕師古曰：「今便利之時，後不可再得也。」

〔七〕師古曰：「行將謂遣將率行也。鬴山，山名也。鬴，古釜字。」

〔八〕師古曰：「上遣諸將，而於卦中貳師最吉也。」

〔九〕師古曰：「言不效也。繆，妄也。」

〔一〇〕師古曰：「於軍所行之道及水上埋牛羊。」

〔一一〕師古曰：「能音耐。」

〔一二〕師古曰：「言死及被虜略，并自離散也。」

〔一三〕師古曰：「隧者，依深險之處開通行道也。」

〔一四〕師古曰：「伯讀曰霸。五霸尚恥不爲，況今大漢也。」

〔一五〕師古曰：「搜索者，恐其或私齎文書也。」

〔一六〕師古曰：「言邊塞有闌出逃亡之人，而（止）〔主〕者不禁。又長吏利於皮肉，多使障候之卒獵獸，故令烽火有乏。又其人勞苦，因致奔亡。凡有此失，皆不集於所（亡）〔上〕文書。」

〔一七〕師古曰：「既不上書，所以當時不知，至有降者來，及捕生口，或虜得匈奴人言之，乃知此事。」

〔二八〕孟康曰：「先是令長吏各以秩養馬，亭有牝馬，民養馬皆復不事。後馬多絕之，至此復修之也。」師古曰：「此說非也。馬復，因養馬以免徭賦也。復音方目反。」

〔二九〕師古曰：「與上計者同來赴對也。」

初，貳師將軍李廣利擊大宛，還過杅彌，杅彌遣太子賴丹爲質於龜茲。廣利責龜茲曰：「外國皆臣屬於漢，龜茲何以得受杅彌質？」即將賴丹入至京師。昭帝乃用桑弘羊前議，以杅彌太子賴丹爲校尉，將軍田輪臺，輪臺與渠犂地皆相連也。龜茲貴人姑翼謂其王曰：「賴丹本臣屬吾國，今佩漢印綬來，迫吾國而田，必爲害。」王即殺賴丹，而上書謝漢，漢未能征。

宣帝時，長羅侯常惠使烏孫還，便宜發諸國兵，〔一〕合五萬人攻龜茲，責以前殺校尉賴丹。龜茲王謝曰：「乃我先王時爲貴人姑翼所誤，我無罪。」執姑翼詣惠，惠斬之。時烏孫公主遣女來至京師學鼓琴，漢遣侍郎樂奉送主女，過龜茲。龜茲前遣人至烏孫求公主女，未還。會女過龜茲，龜茲王留不遣，復使使報公主，主許之。後公主上書，願令女比宗室入朝，而龜茲王絳賓亦愛其夫人，上書言得尚漢外孫爲昆弟，願與公主女俱入朝。元康元年，遂來朝賀。王及夫人皆賜印綬。夫人號稱公主，賜以車騎旗鼓，歌吹數十人，綺繡雜繒琦珍凡數千萬。〔二〕留且一年，厚贈送之。後數來朝賀，樂漢衣服制度，歸其國，治宮室，作徼道周衞，出入傳呼，撞鐘鼓，如漢家儀。外國胡人皆曰：「驢非驢，馬非馬，若龜茲王，所謂贏也。」絳賓死，其子丞德自謂漢外孫，成、哀帝時往來尤數，漢遇之亦甚親密。

〔一〕師古曰：「以便宜擅發兵也。」

〔二〕師古曰：「琦音奇。」

東通尉犂六百五十里。

尉犂國，王治尉犂城，去長安六千七百五十里。戶千二百，口九千六百，勝兵二千人。尉犂侯、安世侯、左右將、左右都尉、擊胡君各一人，譯長二人。西至都護治所三百里，南與鄯善、且末接。

危須國，王治危須城，去長安七千二百九十里。戶七百，口四千九百，勝兵二千人。擊胡侯、擊胡都尉、左右將、左右都尉、左右騎君、擊胡君、譯長各一人。西至都護治所五百里，至焉耆百里。

焉耆國，王治員渠城，〔一〕去長安七千三百里。戶四千，口三萬二千一百，勝兵六千人。

擊胡侯、卻胡侯、輔國侯、左右將、左右都尉、擊胡左右君、擊車師君、歸義車師君各一人，擊胡都尉、擊胡君各二人，譯長三人。西南至都護治所四百里，南至尉犂百里，北與烏孫接。近海水多魚。

〔一〕師古曰：「員音于權反。」

烏貪訾離國，王治于婁谷，去長安萬三百三十里。戶四十一，口二百三十一，勝兵五十七人。輔國侯、左右都尉各一人。東與單桓、南與且彌、西與烏孫接。〔一〕

〔一〕師古曰：「且音子余反。」

卑陸國，王治天山東乾當國，〔一〕去長安八千六百八十里。戶二百二十七，口千三百八十七，勝兵四百二十二人。輔國侯、左右將、左右都尉、左右譯長各一人。西南至都護治所千二百八十七里。

〔一〕師古曰：「乾音干。」

卑陸後國，王治番渠類谷，〔一〕去長安八千七百一十里。戶四百六十二，口千一百三十七，勝兵三百五十人。輔國侯、都尉、譯長各一人，將二人。東與郁立師、北與匈奴、西與劫國、南與車師接。

〔一〕師古曰：「番音盤。」

郁立師國，王治內咄谷，〔一〕去長安八千八百三十里。戶百九十，口千四百四十五，勝兵三百三十一人。輔國侯、左右都尉、譯長各一人。東與車師後城長、西與卑陸、北與匈奴接。

〔一〕師古曰：「咄音丁忽反。」

單桓國，王治單桓城，去長安八千八百七十里。戶二十七，口百九十四，勝兵四十五人。輔國侯、將、左右都尉、譯長各一人。

蒲類國，王治天山西疏榆谷，去長安八千三百六十里。戶三百二十五，口二千三十二，勝兵七百九十九人。輔國侯、左右將、左右都尉各一人。西南至都護治所千三百八十七里。

蒲類後國，王去長安八千六百三十里。戶百，口千七十，勝兵三百三十四人。輔國侯、將、左右都尉、譯長各一人。

西且彌國，王治天山東于大谷，〔一〕去長安八千六百七十里。戶三百三十二，口千九百二十六，勝兵七百三十八人。西且彌侯、左右將、左右騎君各一人。西南至都護治所千四百八十七里。

〔一〕師古曰：「且音子余反。」

東且彌國，王治天山東兌虛谷，去長安八千二百五十里。戶百九十一，口千九百四十八，勝兵五百七十二人。東且彌侯、左右都尉各一人。西南至都護治所千五百八十七里。

劫國，王治天山東丹渠谷，去長安八千五百七十里。戶九十九，口五百，勝兵百一十五人。輔國侯、都尉、譯長各一人。西南至都護治所千四百八十七里。

狐胡國，王治車師柳谷，去長安八千二百里。戶五十五，口二百六十四，勝兵四十五人。輔國侯、左右都尉各一人。西至都護治所千一百四十七里，至焉耆七百七十里。

山國，王去長安七千一百七十里。〔一〕戶四百五十，口五千，勝兵千人。輔國侯、左右將、左右都尉、譯長各一人。西至尉犂二百四十里，西北至焉耆百六十里，西至危須二百六十里，東南與鄯善、且末接。山出鐵，民山居，寄田糴穀於焉耆、危須。

〔一〕師古曰：「常在山下居，不爲城治也。」

車師前國，王治交河城。河水分流繞城下，故號交河。去長安八千一百五十里。戶七百，口六千五十，勝兵千八百六十五人。輔國侯、安國侯、左右將、都尉、歸漢都尉、車師君、通善君、鄉善君各一人，〔一〕譯長二人。西南至都護治所千八百七里，至焉耆八百三十五里。

〔一〕師古曰：「鄉讀曰嚮。」

車師後（王）國，〔王〕治務塗谷，去長安八千九百五十里。戶五百九十五，口四千七百七十四，勝兵千八百九十人。擊胡侯、左右將、左右都尉、道民君、譯長各一人。〔一〕西南至都護治所千二百三十七里。

〔一〕師古曰：「道讀曰導。」

車師都尉國，戶四十，口三百三十三，勝兵八十四人。

車師後城長國，戶百五十四，口九百六十，勝兵二百六十人。

武帝天漢二年，以匈奴降者介和王為開陵侯，將樓蘭國兵始擊車師，匈奴遣右賢王將數萬騎救之，漢兵不利，引去。征和四年，遣重合侯馬通將四萬騎擊匈奴，道過車師北，復遣開陵侯將樓蘭、尉犂、危須凡六國兵別擊車師，勿令得遮重合侯。諸國兵共圍車師，車師王降服，臣屬漢。

昭帝時，匈奴復使四千騎田車師。宣帝即位，遣五將將兵擊匈奴，〔一〕車師田者驚去，車師復通於漢。匈奴怒，召其太子軍宿，欲以為質。軍宿，焉耆外孫，不欲質匈奴，亡走焉耆。車師王更立子烏貴為太子。及烏貴立為王，與匈奴結婚姻，教匈奴遮漢道通烏孫者。

〔一〕師古曰：「謂本始二年御史大夫田廣明為祁連將軍，後將軍趙充國為蒲類將軍，雲中太守田順為虎牙將軍，及度遼將軍范明友、前將軍韓增，凡五將也。」

地節二年，漢遣侍郎鄭吉、校尉司馬憙〔一〕將免刑罪人田渠犂，積穀，欲以攻車師。至秋收穀，吉、憙發城郭諸國兵萬餘人，自與所將田士千五百人共擊車師，攻交河城，破之。王尚在其北石城中，未得，會軍食盡，吉等且罷兵，歸渠犂田。（秋收）〔收秋〕畢，復發兵攻車師王於石城。王聞漢兵且至，北走匈奴求救，匈奴未為發兵。王來還，與貴人蘇猶議欲降漢軍後盜車師，車師王復自請擊破金附。

漢，恐不見信。蘇猶教王擊匈奴邊國小蒲類，斬首，略其人民，以降吉。車師旁小金附國隨

〔一〕師古曰：「憙音許吏反。」

匈奴聞車師降漢，發兵攻車師，吉、憙引兵北逢之，匈奴不敢前。吉、憙即留一候與卒二十人留守王，吉等引兵歸渠犂。車師王恐匈奴兵復至而見殺也，乃輕騎奔烏孫，吉即迎其妻子置渠犂。東奏事，至酒泉，有詔還田渠犂及車師，益積穀以安西國，侵匈奴。吉還，傳送車師王妻子詣長安，賞賜甚厚，每朝會四夷，常尊顯以示之。於是吉始使吏卒三百人別田車師。得降者言，單于大臣皆曰「車師地肥美，近匈奴，使漢得之，多田積穀，必害人國，不可不爭也。」果遣騎來擊田者，吉乃與校尉盡將渠犂田士千五百人往田，匈奴復益遣騎來，漢田卒少不能當，保車師城中。匈奴將即其城下謂吉曰：〔一〕「單于必爭此地，不可田也。」圍城數日乃解。後常數千騎往來守車師，吉上書言：「車師去渠犂千餘里，間以河山，〔二〕北近匈奴，漢兵在渠犂者勢不能相救，願益田卒。」公卿議以爲道遠煩費，可且罷車師田者。詔遣長羅侯〔三〕將張掖、酒泉騎出車師北千餘里，揚威武車師旁。胡騎引去，吉乃得出，歸渠犂，凡三校尉屯田。

〔一〕師古曰：「即，就也。」

〔二〕師古曰：「閒，隔也，音居莧反。」

〔三〕師古曰：「常惠也。」

車師王之走烏孫也，烏孫留不遣，遣使上書，願留車師王，備國有急，可從西道以擊匈奴。漢許之。於是漢召故車師太子軍宿在焉耆者，立以爲王，盡徙車師國民令居渠犂，遂以車師故地與匈奴。車師王得近漢田官，與匈奴絕，亦安樂親漢。後漢使侍郎殷廣德責烏孫，求車師王烏（孫）貴，將詣闕，〔一〕賜第與其妻子居。是歲，元康四年也。其後置戊己校尉屯田，居車師故地。

〔一〕師古曰：「烏孫遣其將之貴者入漢朝。」

元始中，車師後王國有新道，出五船北，通玉門關，往來差近，戊己校尉徐普欲開以省道里半，避白龍堆之阸。車師後王姑句〔一〕以道當爲拄置，〔二〕心不便也。地又頗與匈奴南將軍地接，普欲分明其界然後奏之，召姑句使證之，不肯，繫之。姑句數以牛羊賕吏，求出不得。姑句家矛端生火，其妻股紫陬〔三〕謂姑句曰：「矛端生火，此兵氣也，利以用兵。前車師前王爲都護司馬所殺，今久繫必死，不如降匈奴。」即馳突出高昌壁，入匈奴。

〔一〕師古曰：「句音鉤。」

〔二〕師古曰：「拄者，支拄也。言有所置立，而支拄於己，故心不便也。拄音竹羽反，又音竹具反。其字從手，而讀之者或不曉，以拄爲梁柱之柱，及分破其句，言置柱於心，皆失之矣。」

〔三〕師古曰：「陬音子侯反。」

又去胡來王唐兜，國比大種赤水羌，〔一〕數相寇，不勝，告急都護。都護但欽不以時救助，唐兜困急，怨欽，東守玉門關。玉門關不內，即將妻子人民千餘人亡降匈奴。匈奴受之，而遣使上書言狀。是時，新都侯王莽秉政，遣中郎將王昌等使匈奴，告單于西域內屬，不當得受。單于謝罪，執二王以付使者。莽使中郎王萌待西域惡都奴界上逢受。〔二〕單于遣使送，因請其罪。〔三〕使者以聞，莽不聽，詔下會西域諸國王，陳軍斬姑句、唐兜以示之。

〔一〕師古曰：「比，近也，音頻寐反。」

〔二〕師古曰：「逢受謂先至待之，逢見即受取也。」

〔三〕師古曰：「請免其罪也。」

至莽篡位，建國二年，以廣新公甄豐爲右伯，當出西域。車師後王須置離聞之，與其右將股鞮、左將尸泥支謀曰：〔一〕「聞甄公爲西域太伯，當出，故事給使者牛羊穀芻茭，導譯，前五威將過，所給使尚未能備。今太伯復出，國益貧，恐不能稱。」〔二〕欲亡入匈奴。戊己校尉刀護聞之，〔三〕召置離驗問，辭服，乃械致都護但欽在所埒婁城。〔四〕置離人民知其不還，皆哭而送之。至，欽則斬置離。置離兄輔國侯狐蘭支將置離衆二千餘人，驅畜產，舉國亡降

匈奴。〔五〕

〔一〕師古曰：「鞮音丁奚反。」

〔二〕師古曰：「不副所求也。」

〔三〕師古曰：「刀音彫。」

〔四〕師古曰：「埒婁，城名。埒音劣。婁音樓。」

〔五〕師古曰：「盡率一國之衆也。」

是時，莽易單于璽，單于恨怒，遂受狐蘭支降，遣兵與共寇擊車師，殺後城長，傷都護司馬，及狐蘭兵復還入匈奴。時戊己校尉刀護病，遣史陳良屯桓且谷備匈奴寇，〔一〕史終帶取糧食，司馬丞韓玄領諸壁，右曲候任商領諸壘，相與謀曰：「西域諸國頗背叛，匈奴欲大侵，要死。可殺校尉，將人衆降匈奴。」〔二〕即將數千騎至校尉府，脅諸亭令燔積薪，〔三〕分告諸壁曰：「匈奴十萬騎來入，吏士皆持兵，後者斬！」得三〔百四〕〔四百〕人，去校尉府數里止，晨火爇。〔四〕校尉開門擊鼓收吏士，良等隨入，遂殺校尉刀護及子男四人、諸昆弟子男，獨遺婦女小兒。〔五〕止留戊己校尉城，遣人與匈奴南將軍相聞，南將軍以二千騎迎良等。良等盡脅略戊己校尉吏士男女二千餘人入匈奴。單于以良、帶爲烏賁都尉。〔六〕

〔一〕師古曰：「且音子余反。」

〔二〕如淳曰：「言匈奴來侵，會當死耳，可降匈奴也。」師古曰：「要音一妙反。」

〔三〕師古曰：「示爲燹火也。」

〔四〕師古曰：「古然字。」

〔五〕師古曰：「遺，留置不殺也。」

〔六〕師古曰：「賁音奔。」

後三歲，單于死，弟烏絫單于咸立，〔一〕復與莽和親。莽遣使者多齎金幣賂單于，購求陳良、終帶等。單于盡收四人及手殺刀護者芝音妻子以下二十七人，皆械檻車付使者。到長安，莽皆燒殺之。其後莽復欺詐單于，和親遂絕。匈奴大擊北邊，而西域亦瓦解。焉耆國近匈奴，先叛，殺都護但欽，莽不能討。

〔一〕師古曰：「絫音力追反。」

天鳳（二）〔三〕年，乃遣五威將王駿、西域都護李崇將戊己校尉出西域，諸國皆郊迎，送兵穀。焉耆詐降而聚兵自備。駿等將莎車、龜茲兵七千餘人，分爲數部入焉耆，焉耆伏兵要遮駿。及姑墨、尉犂、危須國兵爲反間，還共襲擊駿等，皆殺之。唯戊己校尉郭欽別將兵，後至焉耆。焉耆兵未還，欽擊殺其老弱，引兵還。莽封欽爲劋胡子。〔一〕李崇收餘士，還保龜茲。數年莽死，崇遂沒，西域因絕。

〔一〕鄧展曰：「剼音衫。」師古曰：「剼，絕也，音子小反。字本作剿，轉寫誤耳。」

最凡國五十。自譯長、城長、君、監、吏、大祿、百長、千長、都尉、且渠、當戶、將、相至侯、王，皆佩漢印綬，凡三百七十六人。而康居、大月氏、安息、罽賓、烏弋之屬，皆以絕遠不在數中，其來貢獻則相與報，不督錄總領也。

贊曰：孝武之世，圖制匈奴，患其兼從西國，結黨南羌，〔一〕乃表河（曲）〔西〕，列（西）〔四〕郡，開玉門，通西域，以斷匈奴右臂，隔絕南羌、月氏。單于失援，由是遠遁，而幕南無王庭。

〔一〕師古曰：「圖，謀也。從音子容反。」

遭值文、景玄默，養民五世，天下殷富，財力有餘，士馬彊盛。故能睹犀布、瑇瑁則建珠崖七（部）〔郡〕，〔一〕感枸醬、竹杖則開牂柯、越巂，〔二〕聞天馬、蒲陶則通大宛、安息。自是之後，明珠、文甲、通犀、翠羽之珍盈於後宮，〔三〕蒲梢、龍文、魚目、汗血之馬充於黃門，〔四〕鉅象、師子、猛犬、大雀之羣食於外囿。〔五〕殊方異物，四面而至。於是廣開上林，穿昆明池，營千門萬戶之宮，立神明通天之臺，興造甲乙之帳，〔六〕落以隨珠和璧，〔七〕天子負黼依，襲翠被，馮玉几，而處其中。〔八〕設酒池肉林以饗四夷之客，作巴俞都盧、海中碭極、漫衍魚龍、角抵之戲以觀視之。〔九〕及賂遺贈送，萬里相奉，師旅之費，不可勝計。至於用度不足，乃榷酒酤，筦鹽鐵，鑄白金，造皮幣，算至車船，租及六畜。民力屈，財用竭，〔一〇〕因之以凶年，寇盜並起，道路不通，直指之使始出，衣繡杖斧，斷斬於郡國，然後勝之。是以末年遂棄輪臺之地，而下哀痛之詔，豈非仁聖之所悔哉！且通西域，近有龍堆，遠則葱嶺，身熱、頭痛、縣度之阸。淮南、杜欽、揚雄之論，皆以爲此天地所以界別區域，絕外內也。書曰「西戎即序」，〔一一〕禹既就而序之，非上威服致其貢物也。

〔一〕師古曰：「瑇音代。瑁音妹。」

〔二〕師古曰：「枸音矩。」

〔三〕如淳曰：「文甲即瑇瑁也。通犀，中央色白，通兩頭。」

〔四〕孟康曰：「四駿馬名也。」師古曰：「梢馬音所交反。」

〔五〕師古曰：「鉅亦大。」

〔六〕師古曰：「其數非一，以甲乙次第名之也。」

〔七〕師古曰：「落與絡同。」

〔八〕師古曰：「依讀曰扆。扆如小屏風，而畫爲黼文也。白與黑謂之黼，又爲斧形。襲，重衣也。被音皮義反。」

〔九〕晉灼曰：「都盧，國名也。」李奇曰：「都盧，體輕善緣者也。碭極，樂名也。」師古曰：「巴人，巴州人也。俞，水名，今渝州也。巴俞之人，所謂賨人也，勁銳善舞，本從高祖定三秦有功，高祖喜觀其舞，因令樂人習之，故有巴俞之樂。漫衍者，即張衡西京賦所云『巨獸百尋，是爲漫延』者也。魚龍者，爲舍利之獸，先戲於庭極，畢乃入殿前激水，化成比目魚，跳躍漱水，作霧障日，畢，化成黃龍八丈，出水敖戲於庭，炫燿日光。西京賦云『海鱗變而成龍』，即爲此色也。俞音踰。碭音大浪反。衍音弋戰反。視讀曰示。觀示者，視之令觀也。」

〔一〇〕師古曰：「屈音其勿反。」

〔一一〕師古曰：「禹貢之辭也。序，次也。」

西域諸國，各有君長，兵衆分弱，無所統一，雖屬匈奴，不相親附。匈奴能得其馬畜旃罽，而不能統率與之進退。與漢隔絕，道里又遠，得之不爲益，棄之不爲損。盛德在我，無取於彼。故自建武以來，西域思漢威德，咸樂內屬。唯其小邑鄯善、車師，界迫匈奴，尚爲所拘。而其大國莎車、于闐之屬，數遣使置質于漢，願請屬都護。聖上遠覽古今，因時之宜，羈縻不絕，辭而未許。雖大禹之序西戎，周公之讓白雉，太宗之卻走馬，義兼之矣，亦何以尚茲！〔一〕

〔一〕師古曰：「『西戎即序』，說已在前。昔周公相成王，越裳氏重九譯而獻白雉。至，王問周公，公曰：『德不加焉，則君子不饗其質；政不施焉，則君子不臣其遠。吾何以獲此物也？』譯曰：『吾受命國之黃耇曰「久矣天之無烈風雨雷也，意中國有聖人乎？盍往朝之，然後歸之。」』王稱先王之神所致，以薦宗廟。太宗，漢文帝也。卻走馬，謂有人獻千里馬，不受，還之，賜道路費也。老子德經曰『天下有道，卻走馬以糞』，故贊引也。」

校勘記

三九〇二頁七行　貪(狼)〔狠〕無信，　景祐、殿本都作「狠」。

三九〇五頁一五行 使長（盧）〔羅〕侯光祿大夫惠爲副， 錢大昭說「盧」當作「羅」。 按景祐、殿本都作「羅」。

三九〇七頁一行 不正下（之）。 景祐本無「之」字。 殿本「之」作「也」。

三九〇七頁一二行 詔（焉）烏就屠詣長羅侯赤谷城， 錢大昭說「焉」字衍。 按景祐、殿本都無「焉」字。

三九〇八頁五行 願使烏孫鎮撫星（彌）〔靡〕， 景祐、殿、局本都作「靡」，此誤。

三九〇八頁六行 卒百人送（烏孫）焉。 景祐本無「烏孫」二字。

三九〇九頁三行 小昆（靡）〔彌〕末振將恐爲所并， 景祐、殿本都作「彌」。 王先謙說作「彌」是。

三九〇九頁六行 漢恨不自（責）誅末振將， 景祐本無「責」字。

三九一〇頁八行 東至都護治所（一）〔二〕千二十一里，南至（於）〔于〕闐 景祐、殿本「一」都作「二」，「於」都作「于」。

三九一二頁三行 故輪臺（以）東捷枝、渠犂皆故國， 景祐本無「以」字。

三九一二頁四行 宜給足不（可）乏。 王念孫說「可」字衍。

三九一二頁五行 務使以時益種五穀。〔二〕 張掖、酒泉 注〔二〕原在「張掖酒泉」下。 齊召南說「張掖酒泉」當連下讀。 茲從殿本。

三九一三頁六行 故興（師）遣貳師將軍， 景祐本無「師」字。 錢大昭說無「師」字是。 按通鑑亦無。

三九一三頁一三行 重合侯（毋）〔得〕虜侯者， 錢大昭說「毋」當作「得」。 按景祐、殿本都作「得」。

三九一五頁一五行　而(止)〔主〕者不禁。　景祐、殿本都作「主」，此誤。

三九一五頁一六行　皆不集於所(亡)〔上〕文書。　景祐、殿、局本都作「上」，此誤。

三九二二頁一〇行　車師後(王)國，〔王〕　錢大昭說，依前後例當作「車師後國，王」。按殿本不誤。

三九二三頁一四行　(秋收)〔收秋〕畢，　景祐、殿本都作「收秋」。

三九二四頁六行　求車師王烏(孫)貴，將詣闕，　錢大昕說此誤衍「孫」字，顏曲爲之說。

三九二六頁一一行　得三(百四)〔四百〕人，　景祐、殿本都作「四百」。

三九二七頁一一行　天鳳(二)〔三〕年，　景祐、殿本都作「三」。

三九二八頁五行　乃表河(曲)〔西〕，列(西)〔四〕郡，　王念孫說「曲」當爲「西」字之誤。下「西」字景祐本作「四」。　錢大昭說作「四」是。

三九二八頁九行　七(部)〔郡〕，　景祐、殿本都作「郡」。

漢書卷九十七上

外戚傳第六十七上

自古受命帝王及繼體守文之君，〔一〕非獨內德茂也，蓋亦有外戚之助焉。夏之興也以塗山，〔二〕而桀之放也用末喜；〔三〕殷之興也以有娀〔及〕有㜪，〔四〕而紂之滅也嬖妲己；〔五〕周之興也以姜嫄及太任、太姒，〔六〕而幽王之禽也淫褒姒。〔七〕故易基乾坤，詩首關雎，〔八〕書美釐降，〔九〕春秋譏不親迎。〔一〇〕夫婦之際，人道之大倫也。〔一一〕禮之用，唯昏姻爲兢兢。〔一二〕夫樂調而四時和，陰陽之變，萬物之統也，可不慎與！〔一三〕人能弘道，末如命何。〔一四〕甚哉妃匹之愛，君不能得之臣，父不能得之子，況卑下乎！〔一五〕既驩合矣，或不能成子姓，〔一六〕成子姓矣，而不能要其終，豈非命也哉！孔子罕言命，蓋難言之。〔一七〕非通幽明之變，惡能識乎性命！〔一八〕

〔一〕師古曰：「繼體謂嗣位也。守文，言遵成法，不用武功也。」

〔二〕師古曰：「禹娶塗山氏之女而生啓也。」

〔三〕師古曰：「末喜，桀之妃，有施氏女也，美於色，薄於德，女子行，丈夫心。桀常置末喜於膝上，聽用其言，昏亂失道。於是湯伐之，遂放桀，與末喜死於南巢。」

〔四〕師古曰：「有娀，國名，其女簡狄吞燕卵而生禼，爲殷始祖。有㜪氏女，湯妃也。娀音嵩。㜪音詵。」

〔五〕師古曰：「妲己，紂之妃，有蘇氏女也，美好辯辭，興於姦宄，嬖幸於紂。紂用其言，毒虐衆庶。於是武王伐紂，戰於牧野，紂師倒戈，不爲之戰。武王克殷，致天之罰，斬妲己頭，縣之於小白旗，以爲紂之亡者，由此女也。」

〔六〕師古曰：「姜嫄，有邰氏之女，帝嚳之妃也，履大人迹而生后稷，爲周始祖。太任，文王母；太姒，武王母也。嫄音原。」

〔七〕師古曰：「謂黜申后而致犬戎，舉僞烽而諸侯莫救也。」

〔八〕師古曰：「基亦始。」

〔九〕師古曰：「釐，理也。尚書堯典稱舜之美，云『釐降二女于嬀汭』，言堯欲觀舜治迹，以己二女妻之，舜能以治降下二女，以成其德。」

〔一〇〕師古曰：「春秋公羊經：『隱二年，紀履須來逆女。』傳曰：『外逆女不書，此何以書？譏也。何譏爾？始不親迎也。』」

〔一一〕師古曰：「倫，理也。」

〔一二〕師古曰：「兢兢，戒慎也。」

〔一三〕師古曰：「與讀曰歟。」

〔一四〕師古曰：「末，無也。論語載孔子曰：『人能弘道，非道弘人。』又稱子路曰：『道之將興，命也；道之將廢，命也。公伯寮如命何？』故引之。」

〔三〕師古曰：「言雖君父之尊，不能奪其所好而移其本意。」

〔二六〕師古曰：「姓，生也。」

〔二七〕師古曰：「論語曰『子罕言利與命與仁』。罕者，希也。」

〔二八〕師古曰：「惡音烏，謂於何也。論語稱子貢曰：『夫子之文章可得而聞也，夫子之言性與天道不可得而聞也已矣！』謂孔子不言性命及天道。而學者誤讀，謂孔子之言自然與天道合，非唯失於文句，實乃大乖意旨。」

漢興，因秦之稱號，帝母稱皇太后，祖母稱太皇太后，適稱皇后，〔一〕妾皆稱夫人。又有美人、良人、八子、七子、長使、少使之號焉。〔二〕至武帝制倢伃、娙娥、傛華、充依，各有爵位，〔三〕而元帝加昭儀之號，〔四〕凡十四等云。〔五〕昭儀位視丞相，爵比諸侯王。倢伃視上卿，比列侯。娙娥視中二千石，比關內侯。〔六〕傛華視眞二千石，比大上造。〔七〕美人視二千石，比少上造。〔八〕八子視千石，比中更。〔九〕充依視千石，比左更。〔一〇〕七子視八百石，比右庶長。〔一一〕良人視八百石，比左庶長。〔一二〕長使視六百石，比五大夫。〔一三〕少使視四百石，比公乘。〔一四〕五官視三百石。〔一五〕順常視二百石。無涓、共和、娛靈、保林、良使、夜者皆視百石。〔一六〕上家人子、中家人子視有秩斗食云。〔一七〕五官以下，葬司馬門外。〔一八〕

〔一〕師古曰：「適讀曰嫡。后亦君也。天曰皇天，地曰后土，故天子之妃，以后爲稱，取象二儀。」

〔二〕師古曰：「良，善也。八、七，祿秩之差也。長使、少使，主供使者。」

〔三〕師古曰：「倢，言接幸於上也。伃，美稱也。娙娥，皆美貌也。傛傛猶言奕奕也，便習之意也。充依，言充後庭而依秩序也。倢音接。伃音予，字或從女，其音同耳。娙音五經反。傛音容。」

〔四〕師古曰：「昭顯其儀，示隆重也。」

〔五〕師古曰：「除皇后，自昭儀以下至秩百石，十四等。」

〔六〕師古曰：「中二千石，實得二千石也。中之言滿也。月得百八十斛，是爲一歲凡得二千一百六十石。言二千者，舉成數耳。」

〔七〕師古曰：「眞二千石，月得百五十斛，一歲凡得千八百石耳。大上造，第十六爵。」

〔八〕師古曰：「二千石，月得百二十斛，一歲凡得一千四百四十石耳。少上造，第十五爵。」

〔九〕師古曰：「中更，第十三爵也。更，公衡反，其下亦同。」

〔一〇〕師古曰：「左更，第十二爵。」

〔一一〕師古曰：「右庶長，第十一爵。」

〔一二〕師古曰：「左庶長，第十爵。」

〔一三〕師古曰：「五大夫，第九爵。」

〔一四〕師古曰：「公乘，第八爵。」

〔一五〕師古曰：「五官，所掌亦象外之五官也。」

〔一六〕師古曰：「涓，絜也。無涓，言無所不絜也。共讀曰恭，言恭順而和柔也。娛靈，可以娛樂情靈也。保，安也。保林，言其可安衆如林也。良使，使令之善者也。夜者，主職夜事。令音力成反。」

〔一七〕師古曰：「家人子者，言採擇良家子以入宮，未有職號，但稱家人子也。斗食謂佐史也。謂之斗食者，言一歲不滿百石，日食一斗二升。

〔六〕服虔曰：「陵上司馬門之外。」

高祖呂皇后，父呂公，單父人也，〔一〕好相人。高祖微時，呂公見而異之，乃以女妻高祖，生惠帝、魯元公主。高祖爲漢王，元年封呂公爲臨泗侯，二年立孝惠爲太子。

〔一〕師古曰：「單音善。父音甫。」

後漢王得定陶戚姬，愛幸，生趙隱王如意。太子爲人仁弱，高祖以爲不類己，常欲廢之而立如意，「如意類我」。戚姬常從上之關東，日夜啼泣，欲立其子。呂后年長，常留守，希見，益疏。如意且立爲趙王，留長安，幾代太子者數。〔一〕賴公卿大臣爭之，及叔孫通諫，用留侯之策，得無易。

〔一〕師古曰：「幾音鉅依反。數音所角反。」

呂后爲人剛毅，佐高帝定天下，兄二人皆爲列將，從征伐。長兄澤爲周呂侯，次兄釋之爲建成侯，逮高祖而侯者三人。高祖四年，臨泗侯呂公薨。

高祖崩，惠帝立，呂后爲皇太后，乃令永巷囚戚夫人，髡鉗衣赭衣，令舂。戚夫人舂且歌曰：「子爲王，母爲虜，終日舂薄暮，常與死爲伍！〔一〕相離三千里，當誰使告女？」〔二〕太后聞之大怒，曰：「乃欲倚女子邪？」〔三〕乃召趙王誅之。使者三反，〔四〕趙相周昌不遣。太后召趙相，相徵至長安。使人復召趙王，王來。惠帝慈仁，知太后怒，自迎趙王霸上，入宮，挾與起居飲食。數月，帝晨出射，趙王不能蚤起，太后伺其獨居，使人持鴆飲之。遲帝還，趙王死。〔五〕太后遂斷戚夫人手足，去眼熏耳，飲瘖藥，〔六〕使居鞠域中，〔七〕名曰「人彘」。居數月，乃召惠帝視「人彘」。帝視而問知其戚夫人，乃大哭，因病，歲餘不能起。使人請太后曰：「此非人所爲。臣爲太后子，終不能復治天下！」〔八〕以此日飲爲淫樂，不聽政，七年而崩。

〔一〕師古曰：「與死罪者爲伍也。」

〔二〕師古曰：「女讀曰汝。此下皆同。」

〔三〕師古曰：「乃亦汝。」

〔四〕師古曰：「反，還也。三還猶今言三回也。」

〔五〕師古曰：「遲音直二反，解在高紀。」

〔六〕師古曰：「去其眼精，以藥熏耳令聾也。瘖，不能言也，以瘖藥飲之也。飲音於禁反。瘖音於今反。」

〔七〕師古曰：「鞠域，如蹋鞠之域，謂窟室也。鞠音巨六反。」

〔八〕師古曰：「令太后視事，己自如太子然。」

太后發喪，哭而泣不下。〔一〕留侯子張辟彊爲侍中，年十五，謂丞相陳平曰：「太后獨有帝，今哭而不悲，君知其解未？」〔二〕陳平曰：「何解？」辟彊曰：「帝無壯子，太后畏君等。今請拜呂台、呂產爲將，將兵居南北軍，及諸呂皆官，居中用事。如此則太后心安，君等幸脫禍矣！」〔三〕丞相如辟彊計請之，太后說，其哭乃哀。〔四〕呂氏權由此起。乃立孝惠後宮子爲帝，太后臨朝稱制。復殺高祖子趙幽王友、共王恢〔五〕及燕（靈）王建〔子〕。遂立周呂侯子台爲呂王，〔六〕台弟產爲梁王，建城侯釋之子祿爲趙王，台子通爲燕王，又封諸呂凡六人皆爲列侯，追尊父呂公爲呂宣王，兄周呂侯爲悼武王。

〔一〕師古曰：「泣謂淚也。」
〔二〕師古曰：「解猶解說其意。」
〔三〕師古曰：「脫，免也。」
〔四〕師古曰：「說讀曰悅。」
〔五〕師古曰：「共讀曰恭。」
〔六〕師古曰：「台音土來反。」

太后持天下八年，病犬禍而崩，語在五行志。病困，以趙王祿爲上將軍居北軍，梁王產爲相國居南軍，戒產、祿曰：「高祖與大臣約，非劉氏王者天下共擊之，今王呂氏，大臣不平。我即崩，恐其爲變，必據兵衞宮，愼毋送喪，爲人所制。」太后崩，太尉周勃、丞相陳平、朱虛侯劉章等共誅產、祿，悉捕諸呂男女，無少長皆斬之。而迎立代王，是爲孝文皇帝。

孝惠張皇后。宣平侯敖尚帝姊魯元公主，有女。惠帝即位，呂太后欲爲重親，以公主女配帝爲皇后。欲其生子，萬方終無子，乃使陽爲有身，取後宮美人子名之，〔一〕殺其母，立所名子爲太子。

〔一〕師古曰：「名爲皇后子。」

惠帝崩，太子立爲帝，四年，乃自知非皇后子，出言曰：「太后安能殺吾母而名我！我壯即爲所爲。」〔一〕太后聞而患之，恐其作亂，乃幽之永巷，言帝病甚，左右莫得見。太后下詔廢之，語在高后紀。遂幽死，更立恆山王弘爲皇帝，而以呂祿女爲皇后。欲連根固本牢甚，〔二〕然而無益也。呂太后崩，大臣正之，卒滅呂氏。少帝恆山、淮南、濟川王，皆以非孝惠子誅。獨置孝惠皇后，廢處北宮，〔三〕孝文後元年薨，葬安陵，不起墳。

〔一〕師古曰：「爲其所爲，謂所生之母也。並音于僞反。」

〔二〕師古曰：「牢，堅也。」

〔三〕師古曰：「置，留也。北宮，在未央宮之北。」

高祖薄姬，文帝母也。父吳人，秦時與故魏王宗女魏媼通，生薄姬。而薄姬父死山陰，因葬焉。〔一〕及諸侯畔秦，魏豹立爲王，而魏媼內其女於魏宮。許負相薄姬，當生天子。是時項羽方與漢王相距滎陽，天下未有所定。豹初與漢擊楚，及聞許負言，心喜，因背漢而中立，與楚連和。〔二〕漢使曹參等虜魏王豹，以其國爲郡，而薄姬輸織室。豹已死，漢王入織室，見薄姬，有詔內後宮，歲餘不得幸。

〔一〕師古曰：「山陰，會稽之縣。」

〔二〕師古曰：「自謂當得天下。」

始姬少時，與管夫人、趙子兒相愛，約曰：「先貴毋相忘！」已而管夫人、趙子兒先幸漢王。漢王四年，坐河南成皋靈臺，此兩美人侍，相與笑薄姬初時約。漢王問其故，兩人俱以實告。漢王心悽然憐薄姬，是日召，欲幸之。對曰：「昨暮夢龍據妾胸。」上曰：「是貴徵也，吾爲汝成之。」遂幸，有身。歲中生文帝，年八歲立爲代王。自有子後，希見。高祖崩，諸幸姬戚夫人之屬，呂后怒，皆幽之不得出宮。而薄姬以希見故，得出從子之代，爲代太后。太后弟薄昭從如代。〔一〕

〔一〕師古曰：「如，往也。」

代王立十七年，高后崩。大臣議立後，疾外家呂氏彊暴，皆稱薄氏仁善，故迎立代王爲皇帝，尊太后爲皇太后，封弟昭爲軹侯。〔一〕太后母亦前死，葬櫟陽北。乃追尊太后父爲靈文侯，會稽郡致園邑三百家，長丞以下使奉守寢廟，上食祠如法。櫟陽亦置靈文夫人園，令如靈文侯園儀。太后蚤失父，其奉太后外家魏氏有力，〔二〕乃召復魏氏，〔三〕賞賜各以親疏受之。薄氏侯者一人。

〔一〕師古曰：「軹音只。」
〔二〕師古曰：「言太后爲外家所養也。」
〔三〕師古曰：「優復之也。復音方目反。」

太后後文帝二歲，孝景前二年崩，〔一〕葬南陵。〔二〕用呂后不合葬長陵，〔三〕故特自起陵，近文帝。

〔一〕師古曰：「言文帝崩後二歲，太后乃崩。」
〔二〕師古曰：「薄太后陵在霸陵之南，故稱南陵，即今所謂薄陵。」
〔三〕師古曰：「以呂后是正嫡，故薄不得合葬也。」

孝文竇皇后，景帝母也，呂太后時以良家子選入宮。太后出宮人以賜諸王各五人，竇姬與在行中。〔一〕家在清河，願如趙，近家，〔二〕請其主遣宦者吏「必置我籍趙之伍中」。〔三〕宦者忘之，誤置籍代伍中。籍奏，詔可。當行，竇姬涕泣，怨其宦者，不欲往，相彊乃肯行。至代，代王獨幸竇姬，生女嫖。〔四〕孝惠七年，生景帝。

〔一〕師古曰：「與讀曰豫。」

〔二〕師古曰：「如，往也。」

〔三〕師古曰：「主遣宦者吏，謂宦者爲吏而主發遣宮人者也。籍謂名簿也。伍猶列也。」

〔四〕師古曰：「嫖音匹昭反。」

代王王后生四男，先代王未入立爲帝而王后卒，及代王爲帝後，王后所生四男更病死。〔一〕文帝立數月，公卿請立太子，而竇姬男最長，立爲太子。竇姬爲皇后，女爲館陶長公主。〔二〕明年，封少子武爲代王，後徙梁，〔三〕是爲梁孝王。

〔一〕師古曰：「更，互也，音公衡反。」

〔二〕師古曰：「年最長，故謂長公主。」

〔三〕師古曰：「初封代王，後更爲梁王。」

竇皇后親蚤卒，葬觀津。〔一〕於是薄太后乃詔有司追封竇后父爲安成侯，母曰安成夫人，令清河置園邑二百家，長丞奉守，比靈文園法。

〔一〕師古曰：「觀津，清河之縣也。觀音工喚反。」

竇后兄長君。弟廣國字少君，年四五歲時，家貧，爲人所略賣，其家不知處。傳十餘家至宜陽，爲其主人入山作炭。暮臥岸下百餘人，岸崩，盡厭殺臥者，〔一〕少君獨脫不死。〔二〕自卜，數日當爲侯。從其家之長安，〔三〕聞皇后新立，家在觀津，姓竇氏。廣國去時雖少，識其縣名及姓，又嘗與其姊采桑，墮，〔四〕用爲符信，上書自陳。皇后言帝，召見問之，具言其故，果是。復問其所識，〔五〕曰：「姊去我西時，與我決傳舍中，匄沐沐我，已，飯我，乃去。」〔六〕於是竇皇后持之而泣，侍御左右皆悲。乃厚賜之，家於長安。絳侯、灌將軍等曰：「吾屬不死，命乃且縣此兩人。〔七〕此兩人所出微，不可不爲擇師傅，又復放呂氏大事也。」〔八〕於是乃選長者之有節行者與居。竇長君、少君由此爲退讓君子，不敢以富貴驕人。

〔一〕師古曰：「厭音一甲反。」

〔二〕師古曰：「脫，免也。」

〔三〕師古曰：「從其主家也。之，往也。」

〔四〕師古曰：「墮謂墮樹。」

〔五〕師古曰：「識，記也，音式志反。」

〔六〕師古曰：「乞沐具而爲之沐，沐訖又飯食之也。飯音扶晚反。」

〔七〕師古曰：「恐其後擅權，則將相大臣當被害。」

〔八〕師古曰：「放音甫往反。」

竇皇后疾，失明。文帝幸邯鄲慎夫人、尹姬，皆無子。文帝崩，景帝立，皇后爲皇太后，乃封廣國爲章武侯。長君先死，封其子彭祖爲南皮侯。吳楚反時，太后從昆弟子竇嬰俠，喜士，〔一〕爲大將軍，破吳楚，封魏其侯。竇氏侯者凡三人。

〔一〕師古曰：「喜音許吏反。」

竇太后好黃帝、老子言，景帝及諸竇不得不讀老子尊其術。太后後景帝六歲，凡立五十一年，元光六年崩，〔一〕合葬霸陵。遺詔盡以東宮金錢財物賜長公主嫖。〔二〕至武帝時，魏其侯竇嬰爲丞相，後誅。

〔一〕師古曰：「武紀建元六年，太皇太后崩。此傳云後景帝六歲是也。而以建元爲元光，則是參錯。又當言凡立四十五年，而云五十一。再三乖謬，皆是此傳誤。」

〔二〕師古曰：「東宮，太后所居。」

孝景薄皇后，孝文薄太后家女也。景帝爲太子時，薄太后取以爲太子妃。景帝立，立薄妃爲皇后，無子無寵。立六年，薄太后崩，皇后廢。廢後四年薨，葬長安城東平望亭南。

孝景王皇后，武帝母也。父王仲，槐里人也。母臧兒，故燕王臧荼孫也，爲仲妻，生男信與兩女。而仲死，臧兒更嫁爲長陵田氏婦，生男蚡、勝。臧兒長女嫁爲金王孫婦，生一女矣，而臧兒卜筮曰兩女當貴，欲倚兩女，〔一〕奪金氏。金氏怒，不肯與決，乃內太子宮。太子幸愛之，生三女一男。男方在身時，王夫人夢日入其懷，以告太子，太子曰：「此貴徵也。」未生而文帝崩，景帝卽位，王夫人生男。是時，薄皇后無子。後數歲，景帝立齊栗姬男爲太子，而王夫人男爲膠東王。

〔一〕師古曰：「冀其貴而依倚之得尊寵也。倚音於綺反。」

長公主嫖有女，欲與太子爲妃，栗姬妒，而景帝諸美人皆因長公主見得貴幸，栗姬日怨怒，謝長主，不許。長主欲與王夫人，王夫人許之。會薄皇后廢，長公主日譖栗姬短。景帝嘗屬諸姬子，〔一〕曰：「吾百歲後，善視之。」栗姬怒不肯應，言不遜，景帝心銜之而未發也。

〔一〕師古曰：「諸姬子，諸姬所生之子也。屬音之欲反。此下皆同。」

長公主日譽王夫人男之美，帝亦自賢之。又耳曩者所夢日符，〔一〕計未有所定。王夫人又陰使人趣大臣立栗姬爲皇后。〔二〕大行奏事，文曰：「『子以母貴，母以子貴。』今太子母號宜爲皇后。」帝怒曰：「是乃所當言邪！」〔三〕遂案誅大行，而廢太子爲臨江王。栗姬愈恚，不得見，以憂死。卒立王夫人爲皇后，〔四〕男爲太子。封皇后兄信爲蓋侯。

〔一〕師古曰：「耳常聽聞而記之也。符猶瑞應。」

〔二〕師古曰：「趣音曰促。」

〔三〕師古曰：「乃，汝也。言此事非汝所當得言。」

〔四〕師古曰：「卒，終也。」

初，皇后始入太子家，後女弟兒姁亦復入，〔一〕生四男。兒姁蚤卒，四子皆爲王。〔二〕皇后長女爲平陽公主，次南宮公主，次隆慮公主。〔三〕

〔一〕師古曰：「姁音許于反。諸婦人之名字，音皆同。」

〔二〕師古曰：「謂廣川惠王越，膠東康王寄，清河哀王乘，常山憲王舜。」

〔三〕師古曰：「慮音廬。」

皇后立九年，景帝崩。武帝卽位，爲皇太后，尊太后母臧兒爲平原君，封田蚡爲武安侯，勝爲周陽侯。王氏、田氏侯者凡三人。蓋侯信好酒，田蚡、勝貪，巧於文辭。蚡至丞相，追尊王仲爲共侯，〔一〕槐里起園邑二百家，長丞奉守。及平原君薨，從田氏葬長陵，亦置園邑如共侯法。

〔一〕師古曰：「共讀曰恭。」

初，皇太后微時所（謂）〔爲〕金王孫生女俗，在民間，蓋諱之也。〔一〕武帝始立，韓嫣白之。〔二〕帝曰：「何爲不蚤言？」乃車駕自往迎之。其家在長陵小市，直至其門，使左右入求之。家人驚恐，女逃匿。扶將出拜，帝下車立曰：「大姊，何藏之深也？」載至長樂宮，與俱謁太后，太后垂涕，女亦悲泣。帝奉酒，前爲壽。錢千萬，奴婢三百人，公田百頃，甲第，以賜姊。太后謝曰：「爲帝費。」因賜湯沐邑，號修成君。男女各一人，女嫁諸侯，男號修成子仲，以太后故，橫於京師。〔三〕太后凡立二十五年，後景帝十五歲，元朔三年崩，合葬陽陵。

〔一〕師古曰：「言隨流俗而在閭巷，未顯貴。」

〔二〕師古曰：「嫣音偃。」

〔三〕師古曰：「橫音胡孟反。」

孝武陳皇后，長公主嫖女也。曾祖父陳嬰與項羽俱起，後歸漢，爲堂邑侯。傳子至孫午，午尙長公主，生女。

初，武帝得立爲太子，長主有力，取主女爲妃。及帝卽位，立爲皇后，擅寵驕貴，十餘年而無子，聞衞子夫得幸，幾死者數焉。〔一〕上愈怒。后又挾婦人媚道，頗覺。元光五年，上遂窮治之，女子楚服等坐爲皇后巫蠱祠祭祝詛，大逆無道，相連及誅者三百餘人。楚服梟首於市。使有司賜皇后策曰：「皇后失序，惑於巫祝，〔二〕不可以承天命。其上璽綬，罷退居長門宮。」

〔一〕師古曰：「幾音鉅依反。數音所角反。」

〔二〕師古曰：「言失德義之序，而妄祝詛也。」

明年，堂邑侯午薨，主男須嗣侯。主寡居，私近董偃。十餘年，主薨。須坐淫亂，兄弟爭財，當死，自殺，國除。後數年，廢后乃薨，葬霸陵郎官亭東。

孝武衞皇后字子夫，生微也。其家號曰衞氏，出平陽侯邑。子夫爲平陽主謳者。〔一〕武帝即位，數年無子。平陽主求良家女十餘人，飾置家。帝祓霸上，〔二〕還過平陽主。主見所偫美人，〔三〕帝不說。既飲，謳者進，帝獨說子夫。〔四〕帝起更衣，子夫侍尙衣〔五〕軒中，得幸。〔六〕還坐驩甚，賜平陽主金千斤。主因奏子夫送入宮。子夫上車，主拊其背曰：「行矣！〔七〕彊飯勉之。〔八〕即貴，願無相忘！」入宮歲餘，不復幸。武帝擇宮人不中用者斥出之，子夫得見，涕泣請出。上憐之，復幸，遂有身，尊寵。召其兄衞長君、弟青侍中。而子夫生三女，元朔元年生男據，遂立爲皇后。

〔一〕師古曰：「齊歌曰謳，音一侯反。」

〔二〕孟康曰：「祓，除也。於霸水上自祓除，今三月上巳祓禊也。」師古曰：「祓音廢。禊音系。」

〔三〕師古曰：「偫，儲偫也。偫音丈紀反。」

〔四〕師古曰：「說皆讀曰悅。」

〔五〕如淳曰：「以帷帳障尊者也。」晉灼曰：「代侍五尙之衣。」師古曰：「二說皆非也。尙，主也。時於軒中侍帝，權主衣裳。」

〔六〕師古曰：「軒謂軒車，卽今車之施幰者。」

〔七〕師古曰：「拊謂摩循之也。行矣，猶今言好去。」

〔八〕師古曰：「彊音其兩反。飯音扶晩反。」

先是衞長君死，乃以青爲將軍，擊匈奴有功，封長平侯。青三子（皆）〔在〕襁褓中，皆爲列侯。及皇后姊子霍去病亦以軍功爲冠軍侯，至大司馬票騎將軍。青爲大司馬大將軍。衞氏支屬侯者五人。青還，尙平陽主。

皇后立七年，而男立爲太子。後色衰，趙之王夫人、中山李夫人有寵，皆蚤卒。後有尹倢伃、鉤弋夫人更幸。〔一〕衞后立三十八年，遭巫蠱事起，江充爲姦，太子懼不能自明，遂與皇后共誅充，發兵，兵敗，太子亡走。詔遣宗正劉長樂、執金吾劉敢奉策收皇后璽綬，自殺。黃門蘇文、姚定漢輿置公車令空舍，盛以小棺，瘞之城南桐柏。〔二〕衞氏悉滅。宣帝立，乃改葬衞后，追諡曰思后，置園邑三百家，長丞周衞奉守焉。〔三〕

〔一〕師古曰：「更，互也，音工衡反。」

〔二〕師古曰：「瘞，薶也。桐柏，亭名也。瘞音於例反。」

〔三〕師古曰：「葬在杜門外大道東，以倡優雜伎千人樂其園，故號千人聚。其地在今長安城內金城坊西北隅是。」

孝武李夫人，本以倡進。〔一〕初，夫人兄延年性知音，善歌舞，武帝愛之。每為新聲變曲，聞者莫不感動。延年侍上起舞，歌曰：「北方有佳人，絕世而獨立，一顧傾人城，再顧傾人國。寧不知傾城與傾國，佳人難再得！」〔二〕上歎息曰：「善！世豈有此人乎？」平陽主因言延年有女弟，上乃召見之，實妙麗善舞。由是得幸，生一男，是為昌邑哀王。李夫人少而蚤卒，上憐閔焉，圖畫其形於甘泉宮。及衞思后廢後四年，武帝崩，大將軍霍光緣上雅意，以李夫人配食，〔三〕追上尊號曰孝武皇后。

〔一〕師古曰：「倡，樂人，音昌。」

〔二〕師古曰：「非不吝惜城與國也，但以佳人難得，愛悅之深，不覺傾覆。」

〔三〕師古曰：「緣，因也。雅意，素舊之意。」

初，李夫人病篤，上自臨候之，夫人蒙被謝曰：「妾久寢病，形貌毀壞，不可以見帝。願以王及兄弟為託。」上曰：「夫人病甚，殆將不起，一見我屬託王及兄弟，豈不快哉？」夫人曰：「婦人貌不修飾，不見君父。妾不敢以燕媠見帝。」〔一〕上曰：「夫人弟一見我，〔二〕將加賜千金，而予兄弟尊官。」夫人曰：「尊官在帝，不在一見。」上復言欲必見之，夫人遂轉鄉歔欷而不復言。〔三〕於是上不說而起。〔四〕夫人姊妹讓之曰：〔五〕「貴人獨不可一見上屬託兄弟邪？何爲恨上如此？」夫人曰：「所以不欲見帝者，乃欲以深託兄弟也。我以容貌之好，得從微賤愛幸於上。夫以色事人者，色衰而愛弛，〔六〕愛弛則恩絕。上所以攣攣顧念我者，乃以平生容貌也。〔七〕今見我毀壞，顏色非故，必畏惡吐棄我，意尚肯復追思閔錄其兄弟哉！」及夫人卒，上以后禮葬焉。其後，上以夫人兄李廣利爲貳師將軍，封海西侯，延年爲協律都尉。

〔一〕師古曰：「嫷與惰同。謂不嚴飾。」

〔二〕師古曰：「弟，但也。」

〔三〕師古曰：「鄉讀曰嚮，轉面而嚮裏也。歔音虛。欷音許既反。」

〔四〕師古曰：「說讀曰悅。」

〔五〕師古曰：「讓，責也。」

〔六〕師古曰：「弛，解也，音式爾反。」

〔七〕師古曰：「攣音力全反，又讀曰戀。」

上思念李夫人不已，方士齊人少翁言能致其神。乃夜張燈燭，設帷帳，陳酒肉，而令上居他帳，遙望見好女如李夫人之貌，還幄坐而步。〔一〕又不得就視，上愈益相思悲感，爲作詩曰：「是邪，非邪？〔二〕立而望之，偏何姍姍其來遲！」〔三〕令樂府諸音家絃歌之。上又自爲作賦，以傷悼夫人，其辭曰：

〔一〕師古曰：「夫人之神於幄中坐，又出而徐步。」

〔二〕師古曰：「言所見之狀定是夫人以否。」

〔三〕師古曰：「姍姍，行貌，音先安反。」

美連娟以脩嫮兮，〔一〕命樔絕而不長，〔二〕飾新宮以延貯兮，泯不歸乎故鄉。〔三〕慘鬱鬱其蕪穢兮，隱處幽而懷傷，釋輿馬於山椒兮，奄修夜之不陽。〔四〕秋氣(潛)〔憯〕以淒淚兮，桂枝落而銷亡，〔五〕神煢煢以遙思兮，精浮游而出畺。託沈陰以壙久兮，惜蕃華之未央，〔六〕念窮極之不還兮，惟幼眇之相羊。〔七〕函菱荴以俟風兮，芳雜襲以彌章，〔八〕的容與以猗靡兮，縹飄姚虖愈莊。〔九〕燕淫衍而撫楹兮，連流視而娥揚，〔一〇〕既激感而心逐兮，包紅顏而弗明。〔一一〕讙接狎以離別兮，宵寤夢之芒芒，〔一二〕忽遷化而不反兮，魄放逸以飛揚。何靈魂之紛紛兮，哀裴回以躊躇，〔一三〕勢路日以遠兮，遂荒忽而辭去。〔一四〕超兮西征，屑兮不見。〔一五〕寖淫敞克，寂兮無音，〔一六〕思若流波，怛兮在心。〔一七〕

〔一〕師古曰：「嫮，美也。連娟，纖弱也。嫮音互。娟音一全反。」

〔二〕師古曰：「樔，截也，音子小反。」

〔三〕師古曰：「新宮，待神之處。貯與佇同。佇，待也。泯然，滅絕意。」

〔四〕孟康曰：「山椒，山陵也，置輿馬於山陵也。」師古曰：「自慘鬱鬱以下，皆言夫人身處墳墓而隱翳也。修，長也。

陽，明也。」

〔五〕師古曰：「淒淚，寒涼之意也。桂枝芳香，亦喻夫人也。憯音千感反。淚音戾。」

〔六〕師古曰：「沈陰，言在地下也。壙與曠同。未央猶未半也。言年歲未半，而早落蕃華，故痛惜之。蕃音扶元反。」

〔七〕師古曰：「惟，思也。幼眇猶窈窕也。相羊，翺翔也。幼音一小反。相音襄。」

〔八〕李奇曰：「扶音敷。」孟康曰：「茇音紱，華中齊也。夫人之色如春華含茇敷散，以待風也。」師古曰：「雜襲，重積也。」

〔九〕孟康曰：「言夫人之顏色的然盛美，雖在風中縹姚，愈益端嚴也。」師古曰：「縹音匹妙反。」

〔一〇〕師古曰：「追述平生歡宴之時也。娥揚，揚其娥眉。」

〔一一〕晉灼曰：「包，藏也。謂夫人藏其顏色，不肯見帝屬其家室也。」師古曰：「此說非也。心逐者，帝自言中心追逐夫人不能已也。包紅顏者，言在墳墓之中不可見也。」

〔一二〕師古曰：「言絕接狎之驩，而遂離別也。宵，夜也。芒芒，無知之貌也。芒音莫郎反。」

〔一三〕師古曰：「躊躇，住足也。躊音疇。躇合韻音丈預反。」

〔一四〕師古曰：「荒音呼廣反。」

〔一五〕師古曰：「屑然，疾意也。以日為喻，故言西征。」

〔一六〕師古曰：「兌，古悅字。」

〔一七〕師古曰：「流波，言恩寵不絕也。怛，悼也，音丁曷反。」

亂曰：〔一〕佳俠函光，隕朱榮兮，〔二〕嫉妒闒（葺）〔茸〕，將安程兮！〔三〕方時隆盛，年夭傷兮，〔四〕弟子增欷，洿沫悵兮。〔五〕悲愁於邑，喧不可止兮。〔六〕嚮不虛應，亦云己兮。〔七〕嫶妍太息，嘆稚子兮，〔八〕懰慄不言，倚所恃兮。〔九〕仁者不誓，豈約親兮？〔一〇〕既往不來，申以信兮。〔一一〕去彼昭昭，就冥冥兮，既下新宮，不復故庭兮。〔一二〕嗚呼哀哉，想魂靈兮！

〔一〕師古曰：「亂，理也，總理賦中之意。」

〔二〕孟康曰：「佳俠猶佳麗。」

〔三〕師古曰：「言嫉妒闒茸之徒不足與夫人爲程品也。闒茸，衆賤之稱也。闒音吐獵反。茸音人勇反。」

〔四〕師古曰：「傷合韻音式向反。」

〔五〕應劭曰：「弟，夫人弟兄也。子，昌邑王也。」孟康曰：「洿沫，涕洟也。」晉灼曰：「沬音水沬面之沬。言涕淚洿集覆面下也。」師古曰：「沬，晉說是也。悵，惆悵也。洿音烏。洿，下也。沬音呼內反，字從午未之未也。」

〔六〕師古曰：「朝鮮之間謂小兒泣不止名爲喧，音許遠反。」

〔七〕師古曰：「嚮讀曰響。響之隨聲，必當有應，而今涕泣(從)〔徒〕自己耳，夫人不知之，是虛其應。」

〔八〕孟康曰：「夫人蒙被，歔欷不見，帝哀其子小而孤也。」晉灼曰：「三輔謂憂愁面省瘦曰嫶冥。嫶冥猶嫶妍也。」師古曰：「嫶音在消反。」

〔九〕孟康曰：「恃平日之恩，知上必感念之也。」師古曰：「懰慄，哀愴之意也。懰音劉。慄音栗。」

〔一〇〕如淳曰：「仁者之行惠倘一不以爲恩施，豈有親親而反當以言約乎？」

〔一〕師古曰：「死者一往不返，情念酷痛，重以此心爲信，不有忽忘也。信合韻音新。」

〔二〕師古曰：「故庭謂平生所居室之庭也。復音扶目反。」

其後李延年弟季坐姦亂後宮，廣利降匈奴，家族滅矣。

孝武鉤弋趙倢伃，昭帝母也，家在河間。武帝巡狩過河間，望氣者言此有奇女，天子亟使使召之。既至，女兩手皆拳，上自披之，手卽時伸。由是得幸，號曰拳夫人。先是其父坐法宮刑，爲中黃門，死長安，葬雍門。〔一〕

〔一〕師古曰：「雍門在長安西北孝里西南，去長安三十里。廣記云趙父冢在門西也。」

拳夫人進爲倢伃，居鉤弋宮，〔一〕大有寵，(元)〔太〕始三年生昭帝，號鉤弋子。任身十四月乃生，上曰：「聞昔堯十四月而生，今鉤弋亦然。」乃命其所生門曰堯母門。後衞太子敗，而燕王旦、廣陵王胥多過失，寵姬王夫人男齊懷王、李夫人男昌邑哀王皆蚤薨，鉤弋子年五六歲，壯大多知，〔二〕上常言「類我」，又感其生與衆異，甚奇愛之，心欲立焉，以其年穉母少，恐女主顓恣亂國家，猶與久之。〔三〕

〔一〕師古曰：「黃圖鉤弋宮在城外，漢武故事曰在直門南也。」

〔二〕師古曰：「壯大者，言其形體偉大。」

〔三〕師古曰：「與讀曰豫。」

鉤弋倢伃從幸甘泉，有過見譴，以憂死，〔一〕因葬雲陽。〔二〕後上疾病，乃立鉤弋子爲皇太子。拜奉車都尉霍光爲大司馬大將軍，輔少主。明日，帝崩。昭帝卽位，追尊鉤弋倢伃爲皇太后，發卒二萬人起雲陵，邑三千戶。追尊外祖趙父爲順成侯，詔右扶風置園邑二百家，長丞奉守如法。順成侯有姊君姁，賜錢二百萬，奴婢第宅以充實焉。諸昆弟各以親疏受賞賜。趙氏無在位者，唯趙父追封。

〔一〕師古曰：「譴，責也，音口羨反。」

〔二〕師古曰：「在甘泉宮南，今土俗人嘑爲女陵。」

孝昭上官皇后。祖父桀，隴西上邽人也。少時爲羽林期門郎，從武帝上甘泉，天大風，車不得行，解蓋授桀。桀奉蓋，雖風常屬車；〔一〕雨下，蓋輒御。上奇其材力，遷未央廏令。上嘗體不安，及愈，見馬，〔二〕馬多瘦，上大怒：「令以我不復見馬邪！」欲下吏，桀頓首曰：「臣聞聖體不安，日夜憂懼，意誠不在馬。」〔三〕言未卒，泣數行下。上以爲忠，由是親近，爲侍中，稍遷至太僕。武帝疾病，以霍光爲大將軍，太僕桀爲左將軍，皆受遺詔輔少主。以前捕斬反者莽通功，封桀爲安陽侯。

〔一〕師古曰：「屬，連也，音之欲反。」

〔二〕師古曰：「見謂呈見之，音胡電反。」

〔三〕師古曰：「誠，實也。」

初，桀子安取霍光女，結婚相親，光每休沐出，桀常代光入決事。昭帝始立，年八歲，帝長姊鄂邑蓋長公主居禁中，共養帝。〔一〕蓋主私近子客河間丁外人。〔二〕上與大將軍聞之，不絕主驩，有詔外人侍長主。長主內周陽氏女，令配耦帝。時上官安有女，卽霍光外孫，安因光欲內之。光以爲尚幼，不聽。安素與丁外人善，說外人曰：「聞長主內女，安子容貌端正，誠因長主時得入爲后，〔三〕以臣父子在朝而有椒房之重，〔四〕成之在於足下，漢家故事常以列侯尚主，足下何憂不封侯乎？」外人喜，言於長主。長主以爲然，詔召安女入爲倢伃，安爲騎都尉。月餘，遂立爲皇后，年甫六歲。〔五〕

〔一〕師古曰：「共音居用反。養音弋亮反。」

〔二〕師古曰：「子客，子之賓客也。外人，其名也。」

〔三〕師古曰：「以時得入。」

〔四〕師古曰：「椒房，殿名，在未央宮，皇后所居。」

〔五〕師古曰：「甫，始也。」

安以后父封桑樂侯，食邑千五百戶，遷車騎將軍，日以驕淫。受賜殿中，出對賓客言：

「與我婿飲，大樂！」見其服飾，使人歸，欲自燒物。安醉則裸行內，與後母及父諸良人、侍御皆亂。〔一〕子病死，仰而罵天。數守大將軍光，爲丁外人求侯，〔二〕及桀欲妄官祿外人，〔三〕光執正，皆不聽。又桀妻父所幸充國爲太醫監，闌入殿中，下獄當死。冬月且盡，蓋主爲充國入馬二十匹贖罪，乃得減死論。於是桀、安父子深怨光而重德蓋主。知燕王旦帝兄，不得立，亦怨望，桀、安卽記光過失予燕王，令上書告之，又爲丁外人求侯。燕王大喜，上書稱：「子路喪姊，朞而不除，孔子非之。子路曰：『由不幸寡兄弟，不忍除之。』〔四〕故曰『觀過知仁』。〔五〕今臣與陛下獨有長公主爲姊，陛下幸使丁外人侍之，外人宜蒙爵號。」書奏，上以問光，光執不許。及告光罪過，上又疑之，愈親光而疏桀、安。桀、安寖恚，〔六〕遂結黨與謀殺光，誘徵燕王至而誅之，因廢帝而立桀。或曰：「當如皇后何？」安曰：「逐麋之狗，當顧菟邪！〔七〕且用皇后爲尊，一旦人主意有所移，雖欲爲家人亦不可得，〔八〕此百世之一時也。」事發覺，燕王、蓋主皆自殺。語在霍光傳。桀、安宗族既滅，皇后以年少不與謀，〔九〕亦光外孫，故得不廢。皇后母前死，葬茂陵郭東，追尊曰敬夫人，置園邑二百家，長丞奉守如法。皇后自使私奴婢守桀、安冢。〔一〇〕

〔一〕師古曰：「良人謂妾也。侍御則兼婢矣。」

〔二〕師古曰：「守，求請之。」

〔三〕師古曰：「不由材德，故云妄。」

〔四〕師古曰：「事見禮記。由，子路之名。」

〔五〕師古曰：「論語云孔子曰：『人之過也，各於其黨，觀過斯知仁矣。』引此言者，謂子路厚於骨肉，雖違禮制，是其仁愛。」

〔六〕師古曰：「濅，漸也。」

〔七〕師古曰：「言所求者大，不顧小也。」

〔八〕師古曰：「家人，言凡庶匹夫。」

〔九〕師古曰：「與讀曰豫。」

〔一〇〕師古曰：「廟記云上官桀、安冢並在霍光冢東，東去夏侯勝冢二十步。」

光欲皇后擅寵有子，帝時體不安，左右及醫皆阿意，言宜禁內，雖宮人使令皆爲窮絝，多其帶，〔一〕後宮莫有進者。

〔一〕服虔曰：「窮絝，有前後當，不得交通也。」師古曰：「使令，所使之人也。絝，古袴字也。窮絝即今之緄襠袴也。令音力征反。緄音下昆反。」

皇后立十歲而昭帝崩，后年十四五云。昌邑王賀徵即位，尊皇后爲皇太后。光與太后共廢王賀，立孝宣帝。宣帝即位，爲太皇太后。凡立四十七年，年五十二，建昭二年崩，合葬平陵。

衞太子史良娣，宣帝祖母也。太子有妃，有良娣，有孺子，妻妾凡三等，子皆稱皇孫。史良娣家本魯國，有母貞君，兄恭。以元鼎四年入爲良娣，生男進，號史皇孫。〔一〕

〔一〕師古曰：「進者，皇孫之名。」

武帝末，巫蠱事起，衞太子及良娣、史皇孫皆遭害。史皇孫有一男，號皇曾孫，時生數月，猶坐太子繫獄，積五歲乃遭赦。治獄使者邴吉憐皇曾孫無所歸，載以（附）〔付〕史恭。恭母貞君年老，見孫孤，甚哀之，自養視焉。

後曾孫收養於掖庭，遂登至尊位，是爲宣帝。而貞君及恭已死，恭三子皆以舊恩封。長子高爲樂陵侯，曾爲將陵侯，玄爲平臺侯，及高子丹以功德封武陽侯，侯者凡四人。高至大司馬車騎將軍，丹左將軍，自有傳。

史皇孫王夫人，宣帝母也，名翁須，太始中得幸於史皇孫。皇孫妻妾無號位，皆稱家人子。征和二年，生宣帝。帝生數月，衞太子、皇孫敗，家人子皆坐誅，莫有收葬者，唯宣帝得全。卽尊位後，追尊母王夫人謚曰悼后，祖母史良娣曰戾后，皆改葬，起園邑，長丞奉守。語在戾太子傳。地節三年，求得外祖母王媼，媼男無故，無故弟武皆隨使者詣闕。時乘黃牛車，故百姓謂之黃牛嫗。

初，上即位，數遣使者求外家，久遠，多似類而非是。既得王嫗，令太中大夫任宣與丞相御史屬雜考問鄉里識知者，皆曰王嫗。嫗言名妄人，家本涿郡蠡吾平鄉。〔一〕年十四嫁爲同鄉王更得妻。更得死，嫁爲廣望王迺始婦，〔二〕產子男無故、武，女翁須。翁須年八九歲時，寄居廣望節侯子劉仲卿宅，仲卿謂迺始曰：「予我翁須，自養長之。」嫗爲翁須作縑單衣，〔三〕送仲卿家。仲卿教翁須歌舞，往來歸取冬夏衣。居四五歲，翁須來言「邯鄲賈長兒求歌舞者，仲卿欲以我與之。」嫗即與翁須逃走，之平鄉。〔四〕仲卿載迺始共求嫗，嫗惶急，將翁須歸，曰：「兒居君家，非受一錢也，〔五〕奈何欲予它人？」仲卿詐曰：「不也。」後數日，翁須乘長兒車馬過門，呼曰：「我果見行，〔六〕當之柳宿。」〔七〕嫗與迺始之柳宿，見翁須相對涕泣，謂曰：「我欲爲汝自言。」〔八〕翁須曰：「母置之，〔九〕何家不可以居？〔一〇〕自言無益也。」嫗與迺始還求錢用，隨逐至中山盧奴，見翁須與歌舞等比五人同處，〔一一〕嫗與翁須共宿。明日，迺始留視翁須，嫗還求錢，欲隨至邯鄲。嫗歸，糴買未具，迺始來歸曰：「翁須已去，我無錢用隨也。」因絕至今，不聞其問。賈長兒妻貞及從者師遂辭：〔一二〕「往二十歲，太子舍人侯明從長安來求歌舞者，請翁須等五人。長兒使遂送至長安，皆入太子家。」及廣望三老更始、劉仲卿妻其等四十五人辭，皆驗。〔一三〕宣奏王嫗悼后母明白，上皆召見，賜無故、武爵關內侯，旬月間，賞賜以鉅萬計。頃之，制詔御史賜外祖母號爲博平君，以博平、蠡吾兩縣戶，萬一千爲湯沐邑。封舅無故爲平昌侯，武爲樂昌侯，食邑各六千戶。

〔一〕師古曰：「蠡音禮。」

〔二〕師古曰：「廣望亦涿郡之縣。」

〔三〕師古曰：「縑即今之絹也，音兼。」

〔四〕師古曰：「之，往也。」

〔五〕師古曰：「言未嘗得其聘幣。」

〔六〕師古曰：「呼音火故反。」

〔七〕蘇林曰：「聚邑名也，在中山盧奴東北三十里。」

〔八〕師古曰：「言自訟理，不肯行。」

〔九〕師古曰：「置之猶言(在)〔任〕聽之，不須自言。」

〔一〇〕師古曰：「言所去處，皆可安居。」

〔一一〕師古曰：「比音必寐反。」

〔一二〕師古曰：「辭，對辭。」

〔一三〕師古曰：「其者，仲卿妻之名。」

初，迺始以本始四年病死，後三歲，家乃富貴，追賜謚曰思成侯。詔涿郡治冢室，置園邑四百家，長丞奉守如法。歲餘，博平君薨，謚曰思成夫人。詔徙思成侯合葬奉明顧成廟南，置園邑長丞，〔一〕罷涿郡思成園。王氏侯者二人，無故子接爲大司馬車騎將軍，而武子商至丞相，自有傳。

〔一〕師古曰：「本號廣明，故戾太子傳云皇孫及王夫人皆葬廣明，其後以置園邑奉守，改曰奉明。」

孝宣許皇后，元帝母也。父廣漢，昌邑人，少時爲昌邑王郎。從武帝上甘泉，誤取它郎鞍以被其馬，發覺，吏劾從行而盜，當死，有詔募下蠶室。〔一〕後爲宦者丞。上官桀謀反時，廣漢部索，〔二〕其殿中廬有索長數尺可以縛人者數千枚，滿一篋緘封，〔三〕廣漢索不得，它吏往得之。〔四〕廣漢坐論爲鬼薪，輸掖庭，後爲暴室嗇夫。時宣帝養於掖庭，號皇曾孫，與廣漢同寺居。〔五〕時掖庭令張賀，本衞太子家吏，及太子敗，賀坐下刑，以舊恩養視皇曾孫甚厚。及曾孫壯大，賀欲以女孫妻之。是時，昭帝始冠，長八尺二寸。賀弟安世爲右將軍，與霍將軍同心輔政，聞賀稱譽皇曾孫，欲妻以女，安世怒曰：「曾孫乃衞太子後也，幸得以庶人衣食縣官，足矣，勿復言予女事。」於是賀止。時許廣漢有女平君，年十四五，當爲內者令歐侯氏子婦。〔六〕臨當入，歐侯氏子死。其母將行卜相，〔七〕言當大貴，母獨喜。賀聞許嗇夫有女，乃置酒請之，〔八〕酒酣，爲言「曾孫體近，下人，乃關內侯，〔九〕可妻也。」廣漢許諾。明日嫗聞之，怒。〔一〇〕廣漢重令爲介，〔一一〕遂與曾孫，一歲生元帝。數月，曾孫立爲帝，平君爲倢伃。是時，霍將軍有小女，與皇太后有親。公卿議更立皇后，皆心儀霍將軍女，〔一二〕亦未有言。上乃詔求微時故劍，大臣知指，白立許倢伃爲皇后。既立，霍光以后父廣漢刑人不宜君國，歲餘乃封爲昌成君。

〔一〕孟康曰：「死罪囚欲就宮者聽之。」
〔二〕師古曰：「部分搜索罪人也。索音山客反。」
〔三〕師古曰：「殿中廬，桀所止宿廬舍在宮中者也。緘，束篋也，音工咸反。」
〔四〕師古曰：「須得此繩索者，用爲桀之反具。」
〔五〕師古曰：「寺者，掖庭之官舍。」
〔六〕師古曰：「歐侯，姓也。歐音烏溝反。」
〔七〕師古曰：「將領自隨而行卜。」
〔八〕師古曰：「請，召也。召嗇夫飲酒也。」
〔九〕師古曰：「言曾孫之身於帝爲近親，縱其人材下劣，尚作關內侯。舊本或無人字。」
〔一〇〕師古曰：「廣漢之妻不欲與曾孫。」
〔一一〕師古曰：「更令人作媒而結婚姻。重音直用反。」
〔一二〕服虔曰：「儀音螘。」晉灼曰：「儀，向也。」師古曰：「晉說是也，謂附向之。」

霍光夫人顯欲貴其小女，道無從。〔一〕明年，許皇后當娠，病。女醫淳于衍者，霍氏所愛，嘗入宮侍皇后疾。衍夫賞為掖庭戶衞，謂衍「可過辭霍夫人行，〔二〕為我求安池監。」衍如言報顯。顯因生心，辟左右，〔三〕字謂衍：「少夫幸報我以事，〔四〕我亦欲報少夫，可乎？」〔五〕衍曰：「夫人所言，何等不可者！」〔六〕顯曰：「將軍素愛小女成君，欲奇貴之，願以累少夫。」〔七〕衍曰：「何謂邪？」顯曰：「婦人免乳大故，十死一生。〔八〕今皇后當免身，可因投毒藥去也，〔九〕成君卽得為皇后矣。如蒙力事成，富貴與少夫共之。」衍曰：「藥雜治，當先嘗，安可？」〔一〇〕顯曰：「在少夫為之耳。將軍領天下，誰敢言者？緩急相護，但恐少夫無意耳！」衍良久曰：「願盡力。」卽擣附子，齎入長定宮。皇后免身後，衍取附子并合大醫大丸以飲皇后。〔一一〕有頃曰：「我頭岑岑也，藥中得無有毒？」〔一二〕對曰：「無有。」遂加煩懣，崩。〔一三〕衍出，過見顯，相勞問，〔一四〕亦未敢重謝衍。〔一五〕後人有上書告諸醫侍疾無狀者，皆收繫詔獄，劾不道。顯恐(事)急，卽以狀具語光，因曰：「既失計為之，無令吏急衍！」光驚鄂，默然不應。其後奏上，署衍勿論。〔一六〕

〔一〕師古曰：「從，因也，由也。無由得內其女。」

〔二〕師古曰：「過辭夫人，乃行入宮也。」

〔三〕師古曰：「辟音闢，謂屏去之。」

〔四〕如淳曰：「稱衍字曰少夫，親之也。」晉灼曰：「報我以事，謂求池監也。」

〔五〕晉灼曰：「報少夫謀弒許后事。」

〔六〕師古曰：「無事而不可。」

〔七〕師古曰：「累，託也，音力瑞反。」

〔八〕師古曰：「免乳謂產子也。大故，大事也。乳音人喻反。」

〔九〕師古曰：「去謂除去皇后也，音丘呂反。」

〔一〇〕師古曰：「與衆醫共雜治之，人有先嘗者，何可行毒？」

〔一一〕晉灼曰：「大丸，今澤蘭丸之屬。」

〔一二〕師古曰：「岑岑，痺悶之意。」

〔一三〕師古曰：「懣音滿，又音悶。」

〔一四〕師古曰：「勞音來到反。」

〔一五〕師古曰：「恐人知覺之。」

〔一六〕李奇曰：「光題其奏也。」師古曰：「言之於帝，故解釋耳，光不自署也。」

許后立三年而崩，謚曰恭哀皇后，葬杜南，是爲杜陵南園。〔一〕後五年，立皇太子，乃封太子外祖父昌成君廣漢爲平恩侯，位特進。後四年，復封廣漢兩弟，舜爲博望侯，延壽爲樂成侯。許氏侯者凡三人。廣漢薨，謚曰戴侯，無子，絕。葬南園旁，置邑三百家，長丞奉守如法。宣帝以延壽爲大司馬車騎將軍，輔政。元帝即位，復封延壽中子嘉爲平恩侯，奉戴侯後，亦爲大司馬車騎將軍。

〔一〕師古曰：「即今之所謂小陵者，去杜陵十八里。」

孝宣霍皇后，大司馬大將軍博陸侯光女也。母顯，既使淳于衍陰殺許后，顯因爲成君衣補，〔一〕治入宮具，勸光內之，果立爲皇后。

〔一〕師古曰：「謂縫作嫁時衣被也。爲音于僞反。」

初許后起微賤，登至尊日淺，從官車服甚節儉，五日一朝皇太后於長樂宮，親奉案上食，以婦道共養。及霍后立，亦修許后故事。而皇太后親霍后之姊子，故常竦體，敬而禮之。皇后轝駕侍從甚盛，賞賜官屬以千萬計，與許后時縣絕矣。上亦寵之，顓房燕。〔一〕立三歲而光薨。後一歲，上立許后男爲太子，昌成君者爲平恩侯。顯怒恚不食，歐血，曰：「此乃民閒時子，安得立？即后有子，反爲王邪！」復教皇后令毒太子。皇后數召太子賜食，保阿輒先嘗之，后挾毒不得行。後殺許后事頗泄，顯遂與諸壻昆弟謀反，發覺，皆誅滅。使有司賜皇后策曰：「皇后熒惑失道，懷不德，挾毒與母博陸宣成侯夫人顯謀欲危太子，無人母之恩，不宜奉宗廟衣服，不可以承天命。烏呼傷哉！其退避宮，上璽綬有司。」霍后立

五年，廢處昭臺宮。〔二〕後十二歲，徙雲林館，乃自殺，葬昆吾亭東。〔三〕

〔一〕師古曰：「顓與專同。」

〔二〕師古曰：「在上林中。」

〔三〕師古曰：「昆吾，地名，在藍田。」

初，霍光及兄驃騎將軍去病皆自以功伐封侯居位，宣帝以光故，封去病孫山、山弟雲皆爲列侯，侯者前後四人。

孝宣王皇后。其先高祖時有功賜爵關內侯，自沛徙長陵，傳爵至后父奉光。奉光少時好鬭雞，宣帝在民間數與奉光會，相識。奉光有女年十餘歲，每當適人，所當適輒死，故久不行。及宣帝卽位，召入後宮，稍進爲倢伃。是時，館陶(主)〔王〕母華倢伃〔一〕及淮陽憲王母張倢伃、楚孝王母衞倢伃皆愛幸。

〔一〕師古曰：「華音戶花反。」

霍皇后廢後，上憐許太子蚤失母，〔一〕幾爲霍氏所害，〔二〕於是乃選後宮素謹愼而無子者，遂立王倢伃爲皇后，令母養太子。自爲后後，希見無寵。封父奉光爲邛成侯。立十六年，宣帝崩，元帝卽位，爲皇太后。封太后兄舜爲安平侯。後二年，奉光薨，謚曰共侯，葬長門南，置園邑二百家，長丞奉守如法。元帝崩，成帝即位，爲太皇太后。復爵太皇太后弟駿爲關內侯，食邑千戶。王氏列侯二人，關內侯一人。舜子章，章從弟咸，皆至左右將軍。時成帝母亦姓王氏，故世號太皇太后爲邛成太后。

〔一〕師古曰：「許后所生，故曰許太子。」

〔二〕師古曰：「幾音巨依反。」

邛成太后凡立四十九年，年七十餘，永始元年崩，合葬杜陵，稱東園。〔一〕奉光孫勳坐法免。元始中，成帝太后下詔曰：「孝宣王皇后，朕之姑，深念奉質共脩之義，恩結于心。〔二〕惟邛成共侯國廢祀絕，朕甚閔焉。其封共侯曾孫堅固爲邛成侯。」至王莽乃絕。

〔一〕師古曰：「雖同塋兆而別爲墳，王后陵次宣帝陵東，故曰東園也。」

〔二〕師古曰：「質讀曰贄。」

校勘記

三九三三頁四行　殷之興也以有娀(又)〔及〕有㜪，景祐、殿、局本都作「及」。王先謙說作「及」是。

三九三九頁四行　燕(靈)王建〔子〕。景祐本無「靈」字，有「子」字。周壽昌說何焯校本同，何校是。

三九四七頁一四行　皇太后微時所(謂)〔爲〕金王孫生女俗，在民間，蓋諱之也。景祐、殿本都作「爲」。錢大昕說「俗」是金氏女之名。王先謙說錢說是，顏注誤。

三九五〇頁七行　青三子(皆)〔在〕襁褓中，皆爲列侯。景祐、殿、局本都作「在」，此誤。

三九五三頁五行　秋氣(潛)〔憯〕以淒淚兮，景祐、殿、局本都作「憯」。王先謙說作「憯」是。

三九五四頁一七行　嫉妬闒(茸)〔茸〕，景祐、殿、局本都作「茸」。

三九五五頁一二行　而今涕泣(從)〔徒〕自已耳，殿本作「徒」。王先謙說作「徒」是。

三九五六頁八行　(元)〔太〕始三年生昭帝，景祐本作「太」。王念孫、朱一新都說作「太」是。

三九六一頁五行　載以(附)〔付〕史恭。景祐、殿本都作「付」。王先謙說作「付」是。

三九六三頁一一行　置之猶言(在)〔任〕聽之。景祐、殿、局本都作「任」，此誤。

三九六六頁一一行　顯恐(事)急，景祐本無「事」字。王念孫說「事」字衍。

三九六九頁九行　館陶(圭)〔王〕母華倢伃，景祐、殿本都作「王」。

漢書卷九十七下

外戚傳第六十七下

孝元王皇后，成帝母也。家凡十侯，五大司馬，〔一〕外戚莫盛焉。自有傳。

〔一〕師古曰：「十侯者，陽平頃侯禁、禁子敬侯鳳、安成侯崇、平阿侯譚、成都侯商、紅陽侯立、曲陽侯根、高平侯逢時、安陽侯音、新都侯莽也。五大司馬者，鳳、音、商、根、莽也。一曰，鳳嗣禁爲侯，不當重數。而十人者，淳于長卽其一也。」

孝成許皇后，大司馬車騎將軍平恩侯嘉女也。元帝悼傷母恭哀后居位日淺而遭霍氏之辜，故選嘉女以配皇太子。初入太子家，上令中常侍黃門親近者侍送，還白太子懽說狀，〔一〕元帝喜謂左右：「酌酒賀我！」左右皆稱萬歲。久之，有一男，失之。及成帝卽位，立許妃爲皇后，復生一女，失之。

〔一〕師古曰：「說讀曰悅。」

初后父嘉自元帝時爲大司馬車騎將軍輔政，已八九年矣。及成帝立，復以元舅陽平侯王鳳爲大司馬大將軍，與嘉並。杜欽以爲故事后父重於帝舅，乃說鳳曰：「車騎將軍至貴，將軍宜尊（重）之敬之，無失其意。蓋輕細微眇之漸，必生乖忤之患，〔一〕不可不慎。衞將軍之日盛於蓋侯，〔二〕近世之事，語尚在於長老之耳，唯將軍察焉。」久之，上欲專委任鳳，乃策嘉曰：「將軍家重身尊，不宜以吏職自絫。〔三〕賜黃金二百斤，以特進侯就朝位。」後歲餘薨，謚曰恭侯。

〔一〕師古曰：「眇亦細也。忤，違也。」

〔二〕師古曰：「衞將軍，衞靑也，武帝衞皇后之弟。蓋侯，王信也，武帝之舅。」

〔三〕師古曰：「絫，古累字也，音力瑞反。」

后聰慧，善史書，自爲妃至卽位，常寵於上，後宮希得進見。皇太后及帝諸舅憂上無繼嗣，時又數有災異，劉向、谷永等皆陳其咎在於後宮。上然其言。於是省減椒房掖廷用度。〔一〕皇后乃上疏曰：

〔一〕師古曰：「椒房殿皇后所居。」

妾誇布服糲食，〔一〕加以幼稚愚惑，不明義理，幸得免離茅屋之下，備後宮埽除。蒙過誤之寵，居非命所當託，洿穢不修，曠職尸官，〔二〕數逆至法，踰越制度，當伏放流之誅，不足以塞責。乃壬寅日大長秋受詔：「椒房儀法，御服輿駕，所發諸官署，及所造作，遺賜外家羣臣妾，〔三〕皆如竟寧以前故事。」妾伏自念，入椒房以來，遺賜外家未嘗踰故事，每輒決上，〔四〕可覆問也。〔五〕今誠時世異制，長短相補，不出漢制而已，纖微之間，未必可同。若竟寧前與黃龍前，豈相放哉？〔六〕家吏不曉，〔七〕今壹受詔如此，且使妾搖手不得。今言無得發取諸官，殆謂未央宮不屬妾，不宜獨取也。〔八〕言妾家府亦不當得，妾竊惑焉。〔九〕幸得賜湯沐邑以自奉養，亦小發取其中，何害於誼而不可哉？又詔書言服御所造，皆如竟寧前，吏誠不能揆其意，即且令妾被服所爲不得不如前。〔一〇〕設妾欲作某屏風張於某所，曰故事無有，或不能得，則必繩妾以詔書矣。〔一一〕此二事誠不可行，唯陛下省察。

〔一〕孟康曰：「誇，大也，大布之衣也。糲，粗米也。」師古曰：「言在家時野賤也。誇音夸。糲音剌。」

〔二〕師古曰：「洿與汙同。曠，空也。尸，主也，安主其官。」

〔三〕師古曰：「外家謂后之家族，言在外也。」

〔四〕師古曰：「每事皆奏決於天子，乃敢行也。上音時掌反。」

〔五〕師古曰：「覆音芳目反。」

〔六〕晉灼曰：「竟寧，元帝時也。黃龍，宣帝時也。言二帝奢儉不同，豈相放哉？」師古曰：「放，依也，音甫往反。」

〔七〕師古曰：「家吏，皇后之官屬。」

〔八〕師古曰：「未央宮天子之宮，故其財物皇后不得取也。今言者，謂詔書新有所限約之言。」

〔九〕師古曰：「此言，謂家吏之言。」

〔一〇〕師古曰：「詔書本云奢儉之制，如竟寧耳，而吏乃謂衣服處置一一如之也。被音皮義反。」

〔一一〕師古曰：「言或有所求，吏不肯備，因云詔書不許也。」

(官)〔宦〕吏忮佷，必欲自勝。〔一〕幸妾尚貴時，猶以不急事操人，〔二〕況今日日益侵，又獲此詔，其操約人，豈有所訴？陛下見妾在椒房，終不肯給妾纖微內邪？〔三〕若不私府小取，將安所仰乎？〔四〕舊故，中宮乃私奪左右之賤繒，及發乘輿服繒，言為待詔補，已而貿易其中。〔五〕左右多竊怨者，甚恥為之。又故事以特牛祠大父母，戴侯、敬侯皆得蒙恩以太牢祠，今當率如故事，唯陛下哀之！

〔一〕師古曰：「(官)〔宦〕吏，奄人為皇后吏也。忮，堅也。忮音之豉反。」

〔二〕師古曰：「尚貴時，謂昔被寵遇之時也。操，持也，音千高反。次下亦同。」

〔三〕師古曰：「言皇后自有湯沐，故更無它纖毫給賜。」

〔四〕師古曰：「內邪，言內中所須者也。邪，語辭也。仰音牛向反。」

〔五〕師古曰：「託言此繒擬待別詔有所補浣，而私換易取其好者以自用。」

今吏甫受詔讀記，〔一〕直豫言使后知之，非可復若私府有所取也。〔二〕其萌牙所以約制妾者，恐失人理。〔三〕今但損車駕，及毋若未央宮有所發，遺賜衣服如故事，則可矣。〔四〕其餘誠太迫急，奈何？妾薄命，端遇竟寧前。〔五〕竟寧前於今世而比之，豈可耶？〔六〕故時酒肉有所賜外家，輒上表乃決。又故杜陵梁美人歲時遺酒一石，肉百斤耳。〔七〕妾甚少之，遺田八子誠不可若是。〔八〕事率衆多，不可勝以文陳。〔九〕俟自見，索言之，〔一〇〕唯陛下深察焉！

〔一〕師古曰：「甫，始也。」
〔二〕師古曰：「若謂如未奉詔之前也。」
〔三〕師古曰：「萌牙，言其初始發，意若草木之方生也。」
〔四〕師古曰：「言今止當減損車馬制度，及不得同未央宮輒有發取，妄遺賜人，於事則可。而后之衣服，自當如舊也。」
〔五〕師古曰：「端，正也。言不得以他時爲比例，而正依竟寧前也。」
〔六〕師古曰：「言今時國家制度衆事比竟寧前，不肯皆同也。」
〔七〕蘇林曰：「宣帝美人也。」
〔八〕師古曰：「當多於梁美人也。」
〔九〕師古曰：「率猶計也，類也。言以文書陳之不可勝書。」
〔一〇〕師古曰：「俟，待也。自見，后自見於天子也。索，盡也。見音胡電反。索音先各反。」

上於是采劉向、谷永之言以報曰：

皇帝問皇后，所言事聞之。夫日者衆陽之宗，天光之貴，王者之象，人君之位也。

夫以陰而侵陽，虧其正體，是非下陵上，妻乘夫，賤踰貴之變與？〔一〕春秋二百四十二年，變異爲衆，莫若日蝕大。自漢興，日蝕亦爲呂、霍之屬見。以今揆之，豈有此等之效與？〔二〕諸侯拘迫漢制，牧相執持之也，〔三〕又安獲齊、趙七國之難？將相大臣褢誠秉忠，唯義是從，〔四〕又惡有上官、博陸、宣成之謀？〔五〕若乃徒步豪桀，非有陳勝、項梁之羣也；匈奴、夷狄，非有冒頓、郅支之倫也。方外內鄉，百蠻賓服，〔六〕殊俗慕義，八州懷德，雖使其懷挾邪意，猶不足憂，又況其無乎？求於夷狄無有，求於臣下無有，微後宮也當，何以塞之？〔七〕

〔一〕師古曰：「與讀曰歟。」

〔二〕師古曰：「與讀曰歟。」

〔三〕師古曰：「牧，州牧也。相，諸侯王相也。」

〔四〕師古曰：「褢，古懷字。」

〔五〕師古曰：「惡，於何也。上官，上官桀、安也。博陸，博陸侯霍禹也。宣成，宣成侯夫人顯也。惡音烏。」

〔六〕師古曰：「鄉讀曰嚮。內嚮，皆嚮中國也。」

〔七〕師古曰：「微，無也，猶言非也。塞，當也。」

日者，建始元年正月，〔一〕白氣出於營室。營室者，天子之後宮也。正月於尚書爲皇極。皇極者，王氣之極也。白者西方之氣，其於春當廢。今正於〔王〕〔皇〕極之月，興廢氣於後宮，視后妾無能懷任保全者，〔一〕以著繼嗣之微，賤人將起也。〔二〕至其九月，流星如瓜，出於文昌，貫紫宮，尾委曲如龍，臨於鉤陳，此又章顯前尤，著在內也。〔四〕其後則有北宮井溢，南流逆理，數郡水出，流殺人民。後則訛言傳相驚震，女童入殿，咸莫覺知。〔五〕夫河者水陰，四瀆之長，今乃大決，沒漂陵邑，〔六〕斯昭陰盛盈溢，違經絕紀之應也。乃昔之月，鼠巢于樹，野鵲變色。五月庚子，鳥焚其巢太山之域。易曰：「鳥焚其巢，旅人先咲後號咷。喪牛于易，凶。」〔七〕言王者處民上，如鳥之處巢也，不顧卹百姓，百姓畔而去之，若鳥之自焚也，雖先快意說咲，〔八〕其後必號而無及也。百姓喪其君，若牛亡其毛也，故稱凶。泰山，王者易姓告代之處，今正於岱宗之山，甚可懼也。三月癸未，大風自西搖祖宗寢廟，揚裂帷席，折拔樹木，頓僵車輦，毀壞檻屋，災及宗廟，足為寒心！四月己亥，日蝕東井，轉旋且索，與既無異。〔九〕己猶戊也，亥復水也，〔一〇〕明陰盛，咎在內。於戊己，虧君體，著絕世於皇極，顯禍敗及京都。於東井，變怪衆備，末重益大，來數益甚。成形之禍月以迫切，不救之患日寖婁深，〔一一〕咎敗灼灼若此，豈可以忽哉！〔一二〕

〔一〕師古曰：「日者猶言往日也。」

〔二〕師古曰：「視讀曰示。」

〔三〕師古曰：「著，明也。」

〔四〕師古曰：「尤，過也。」

〔五〕師古曰：「謂陳持弓也。」

〔六〕師古曰：「大阜曰陵。」

〔七〕師古曰：「咲，古笑字也。咷音桃。解並在谷永傳。」

〔八〕師古曰：「説讀曰悅。」

〔九〕師古曰：「轉旋且索，言須臾之間則欲盡也。既亦盡耳，春秋書『日有食之，既』。故詔引以爲言也。索音先各反。」

〔一〇〕張晏曰：「已戊皆中宮，爲君。亥爲水，陰氣也。」

〔一一〕師古曰：「瀸，甚也。婁，古屢字。」

〔一二〕師古曰：「灼灼，明白貌也。怱，怠忘也。」

書云「高宗肜日，粵有雊雉。〔一〕祖己曰：『惟先假王正厥事。』」又曰「雖休勿休，惟敬五刑，以成三德。」〔二〕即飭椒房及掖庭耳。〔三〕今皇后有所疑，便不便，其條刺，使大長秋來白之。〔四〕吏拘於法，亦安足過？蓋矯枉者過直，古今同之。〔五〕且財（帛）〔幣〕之省，特牛之祠，其於皇后，所以扶助德美，爲華寵也。咎根不除，災變相襲，〔六〕祖宗且不血食，何戴侯也！傳不云乎？「以約失之者鮮。」〔七〕審皇后欲從其奢與？〔八〕朕亦當法孝武皇帝也，如此則甘泉、建章可復興矣。世俗歲殊，時變日化，遭事制宜，因時而移，舊之非者，何可放焉！〔九〕君子之道，樂因循而重改作。昔魯人爲長府，閔子騫曰：「仍舊貫如之何？何必改作！」〔一〇〕蓋惡之也。詩云：「雖無老成人，尚有典刑，曾是莫聽，大命以傾。」〔一一〕孝文皇帝，朕之師也。皇太后，皇后成法也。假使太后在彼時不如職，今見親厚，又惡可以踰乎！〔一二〕皇后其刻心秉德，毋違先后之制度，力誼勉行，稱順婦道，〔一三〕減省羣事，謙約爲右。〔一四〕其孝東宮，毋闕朔望，〔一五〕推誠永究，爰何不臧！〔一六〕養名顯行，以息衆讙，〔一七〕垂則列妾，使有法焉。〔一八〕皇后深惟毋忽！

〔一〕師古曰：「肜音弋中反。」

〔二〕師古曰：「解並在谷永傳。」

〔三〕師古曰：「謂祖已所言皆以戒後宮也。飭與敕同。」

〔四〕師古曰：「條謂分條之也。剌謂書之於剌板也。剌音千賜反。」

〔五〕師古曰：「矯，正也。枉，曲也。言意在正曲，遂過於直。」

〔六〕師古曰：「襲，重累也。」

〔七〕師古曰：「論語載孔子之言也。鮮，少也。謂能行儉約而有過失之事，如此者少也。鮮音先踐反。」

〔八〕師古曰：「與讀曰歟。」

〔九〕師古曰：「放音甫往反。」

〔一〇〕師古曰：「事見論語。長府，藏貨之府也。閔子騫，孔子弟子也。名損。仍，因也。貫，事也。因舊事則可，何乃復更改作乎？」

〔一〕師古曰：「大雅蕩之詩也。老成人，舊故之臣也。典刑，常法也。言闇亂之時不用舊法，以至傾危。」

〔二〕師古曰：「言假令太后昔時不得其志，不依常理，而皇后今被親厚，何可踰於太后制度乎？婦不可踰姑也。惡音烏。」

〔三〕師古曰：「稱，副也。」

〔四〕師古曰：「以謙約爲先。」

〔五〕師古曰：「東宮，太后所居也。朔望，朝謁之禮也。」

〔六〕師古曰：「究，竟也。爰，于也。臧，善也。于何不臧，言何事而不善也。」

〔七〕師古曰：「讙，譁，衆議也，音許元反。」

〔八〕師古曰：「言垂法於後宮，使皆遵行也。」

是時大將軍鳳用事，威權尤盛。其後，比三年日蝕，〔一〕言事者頗歸咎於鳳矣。而谷永等遂著之許氏，許氏自知爲鳳所不佑。〔二〕久之，皇后寵亦益衰，而後宮多新愛。后姊平安剛侯夫人謁等爲媚道祝讇後宮有身者王美人及鳳等，〔三〕事發覺，太后大怒，下吏考問，謁等誅死，許后坐廢處昭臺宮，〔四〕親屬皆歸故郡山陽，后弟子平恩侯旦就國。凡立十四年而廢，在昭臺歲餘，還徙長定宮。〔五〕

〔一〕師古曰：「比，頻也。」

〔二〕師古曰：「佑，助也。」

〔三〕師古曰：「謯，古詛字。」

〔四〕師古曰：「在上林苑中。」

〔五〕師古曰：「三輔黃圖林光宮有長定宮。」

後九年，上憐許氏，下詔曰：「蓋聞仁不遺遠，誼不忘親。前平安剛侯夫人謁坐大逆罪，家屬幸蒙赦令，歸故郡。朕惟平恩戴侯，先帝外祖，魂神廢棄，莫奉祭祀，念之未嘗忘于心。其還平恩侯旦及親屬在山陽郡者。」是歲，廢后敗。先是廢后姊孊寡居，與定陵侯淳于長私通，〔一〕因爲之小妻。長紿之曰：〔二〕「我能白東宮，復立許后爲左皇后。」廢后因孊私賂遺長，數通書記相報謝。長書有誖謾，〔三〕發覺，天子使廷尉孔光持節賜廢后藥，自殺，葬延陵交道廄西。

〔一〕師古曰：「孊者，后姊之名也，音靡。」

〔二〕師古曰：「紿，誑也。」

〔三〕師古曰：「誖，惑亂也。謾，媟汙也。誖音布內反。謾與慢同。」

孝成班倢伃，帝初卽位選入後宮。始爲少使，蛾而大幸，〔一〕爲倢伃，居增成舍，〔二〕再就館，〔三〕有男，數月失之。成帝遊於後庭，嘗欲與倢伃同輦載，倢伃辭曰：「觀古圖畫，賢聖之君皆有名臣在側，三代末主乃有嬖女，〔四〕今欲同輦，得無近似之乎？」〔五〕上善其言而止。太后聞之，喜曰：「古有樊姬，今有班倢伃。」〔六〕倢伃誦詩及窈窕、德象、女師之篇。〔七〕每進見上疏，依則古禮。〔八〕

〔一〕如淳曰：「蛾，無幾之頃也。」師古曰：「蛾與俄同，古字通用。」

〔二〕應劭曰：「後宮有八區，增成第三也。」

〔三〕蘇林曰：「外舍產子也。」晉灼曰：「謂陽祿與柘觀。」

〔四〕師古曰：「嬖，愛也，音必計反。」

〔五〕師古曰：「近音鉅靳反。」

〔六〕張晏曰：「楚王好田，樊姬爲不食禽獸之肉。」

〔七〕師古曰：「詩謂關雎以下也。窈窕、德象、女師之篇，皆古箴戒之書也。故傳云誦詩及窈窕以下諸篇，明詩外別有此篇耳。而說者便謂窈窕等卽是詩篇，蓋失之矣。」

〔八〕師古曰：「則，法也。」

自鴻嘉後，上稍隆於內寵。倢伃進侍者李平，平得幸，立爲倢伃。上曰：「始衞皇后亦從微起。」乃賜平姓曰衞，所謂衞倢伃也。其後趙飛燕姊弟亦從自微賤興，踰越禮制，寖盛於前。〔一〕班倢伃及許皇后皆失寵，稀復進見。鴻嘉三年，趙飛燕譖告許皇后、班倢伃挾媚道，祝詛後宮，詈及主上。許皇后坐廢。考問班倢伃，倢伃對曰：「妾聞『死生有命，富貴在天。』〔二〕修正尚未蒙福，爲邪欲以何望？使鬼神有知，不受不臣之愬；〔三〕如其無知，愬之何益？故不爲也。」上善其對，憐憫之，賜黃金百斤。

〔一〕師古曰：「隃與踰同。瀀，漸也。」

〔二〕師古曰：「論語載子夏對司馬牛之言也。」

〔三〕師古曰：「祝詛主上是不臣也。」

趙氏姊弟驕妒，倢伃恐久見危，求共養太后長信宮，〔一〕上許焉。倢伃退處東宮，作賦自傷悼，其辭曰：

〔一〕師古曰：「共音居用反。養音弋向反。」

承祖考之遺德兮，何性命之淑靈，〔一〕登薄軀於宮闕兮，充下陳於後庭。〔二〕蒙聖皇之渥惠兮，當日月之盛明，〔三〕揚光烈之翕赫兮，奉隆寵於增成。既過幸於非位兮，竊庶幾乎嘉時，〔四〕每寤寐而絫息兮，申佩離以自思，〔五〕陳女圖以鏡監兮，顧女史而問詩。悲晨婦之作戒兮，〔六〕哀褒、閻之爲郵；〔七〕美皇、英之女虞兮，榮任、姒之母周。〔八〕雖愚陋其靡及兮，敢舍心而忘茲？〔九〕歷年歲而悼懼兮，閔蕃華之不滋。〔一〇〕痛陽祿與柘館兮，仍繈褓而離災，〔一一〕豈妾人之殃咎兮？將天命之不可求。

〔一〕師古曰：「何，任也，負也。」

〔二〕師古曰：「陳，列也。」

〔三〕師古曰：「渥，厚也。」

〔四〕師古曰：「嘉，善也。」

〔五〕師古曰：「絫息，言懼而喘息也。離，袿衣之帶也。女子適人，父親結其離而戒之，故云自思也。絫，古累字。」

〔六〕張晏曰：「書云『牝雞之晨，惟家之索』，喻婦人無男事也。」

〔七〕師古曰：「小雅刺幽王之詩曰『赫赫宗周，褒姒滅之』，『閻妻煽方處』，故云爲郵。郵，過也。」

〔八〕師古曰：「皇，娥皇，英，女英，堯之二女也。女，妻也。虞，虞舜也。任，太任，文王之母；姒，太姒，武王之母也。女虞，女音尼據反。」

〔九〕師古曰：「舍，息也。」

〔一〇〕師古曰：「滋，益也。言時逝不留，華色落也。蕃音扶元反。」

〔一一〕服虔曰：「二館名也，生子此館，皆失之也。」師古曰：「二觀並在上林中。仍，頻也。離，遭也。」

白日忽已移光兮，遂晻莫而昧幽，〔一〕猶被覆載之厚德兮，不廢捐於罪郵。〔二〕奉共養于東宮兮，託長信之末流，〔三〕共洒埽於帷幄兮，永終死以爲期。〔四〕願歸骨於山足兮，依松柏之餘休。〔五〕

〔一〕師古曰：「晻與暗同，又音烏感反。莫讀曰暮。一曰，莫，靜也，讀如本字。」

〔二〕師古曰：「言主上之恩比於天地，雖有罪過，不廢棄也。被音皮義反。」

〔三〕師古曰：「末流謂恩顧之末也。一曰流謂等列也。共音居用反。養音弋向反。」

〔四〕師古曰：「共音居容反。洒音灑，又音所寄反。埽音先到反。」

〔五〕師古曰：「山足謂陵下也。休，蔭也。」

重曰：〔一〕潛玄宮兮幽以清，應門閉兮禁闥扃。〔二〕華殿塵兮玉階菭，中庭萋兮綠草生。〔三〕廣室陰兮帷幄暗，房櫳虛兮風泠泠。〔四〕感帷裳兮發紅羅，紛綷縩兮紈素聲。〔五〕神眇眇兮密靚處，君不御兮誰為榮？〔六〕俯視兮丹墀，思君兮履綦。〔七〕仰視兮雲屋，雙涕兮橫流。〔八〕顧左右兮和顏，酌羽觴兮銷憂。〔九〕惟人生兮一世，忽一過兮若浮。已獨享兮高明，處生民兮極休。〔一〇〕勉虞精兮極樂，與福祿兮無期。〔一一〕綠衣兮白華，自古兮有之。〔一二〕

〔一〕師古曰：「重者，情志未申，更作賦也。音直用反。」

〔二〕師古曰：「正門謂之應門。扃，短關也，音工熒反。」

〔三〕師古曰：「菭，水氣所生也。萋萋，青草貌也。菭音臺。萋音妻。」

〔四〕師古曰：「櫳，疏檻也，音來東反。泠音零。」

〔五〕師古曰：「感，動也。言風動發帷裳羅綺也。綷縩，衣聲也。綷音千賄反。縩音蔡。」

〔六〕師古曰：「靚字與靜同。」

〔七〕孟康曰：「丹墀，赤地也。」師古曰：「綦，履下飾也。言視殿上之地，則想君履綦之跡也。綦音其。」

〔八〕師古曰：「雲屋，言其黮䨴，狀若雲也。黮音徒感反。䨴音徒對反。」

〔九〕劉德曰：「酒行疾如羽也。」孟康曰：「羽觴，爵也，作生爵形，有頭尾羽翼。」如淳曰：「以瑇瑁覆翠羽於下徹上見。」師古曰：「孟說是也。」

〔一〇〕師古曰：「享，當也。休，美也。」

〔一一〕師古曰：「此虞與娛同。」

〔一二〕師古曰：「綠衣，詩邶風刺妾上僭夫人失位。白華，小雅篇，周人刺幽王黜申后也。」

至成帝崩，倢伃充奉園陵，薨，因葬園中。

孝成趙皇后，本長安宮人。〔一〕初生時，父母不舉，三日不死，乃收養之。及壯，屬陽阿主家，〔二〕學歌舞，號曰飛燕。〔三〕成帝嘗微行出，過陽阿主，作樂。上見飛燕而說之，〔四〕召入宮，大幸。有女弟復召入，俱爲倢伃，貴傾後宮。

〔一〕師古曰：「本宮人以賜陽阿主家也。宮人者，省中侍使官婢，名曰宮人，非天子掖庭中也。事見漢舊儀。言長安者，以別甘泉等諸宮省也。」

〔二〕師古曰：「陽阿，平原之縣也。今俗書阿字作河。又或爲河陽，皆後人所妄改耳。」

〔三〕師古曰：「以其體輕故也。」

〔四〕師古曰：「說讀曰悅。」

許后之廢也，上欲立趙倢伃。皇太后嫌其所出微甚，難之。太后姊子淳于長爲侍中，數往來傳語，得太后指，上立封趙倢伃父臨爲成陽侯。後月餘，乃立倢伃爲皇后。追以長前白罷昌陵功，封爲定陵侯。

皇后既立，後寵少衰，而弟絕幸，爲昭儀。居昭陽舍，其中庭彤朱，而殿上髤漆，〔一〕切皆銅沓（冒）黃金塗，〔二〕白玉階，〔三〕壁帶往往爲黃金釭，函藍田璧，明珠、翠羽飾之，〔四〕自後宮未嘗有焉。姊弟顓寵十餘年，卒皆無子。〔五〕

〔一〕師古曰：「以漆漆物謂之髤，音許求反，又許昭反。今關東俗，器物一再著漆者謂之捎漆。捎即髤聲之轉重耳。髤字或作髹，音義亦與髤同。今關西俗云黑髤盤、朱髤盤，其音如此，兩義並通。」

〔二〕師古曰：「切，門限也，音千結反。沓，冒其頭也。塗，以金塗銅上也。沓音它合反。」

〔三〕師古曰：「階，所由升殿陛也。」

〔四〕服虔曰：「釭，壁中之橫帶也。」晉灼曰：「以金環飾之也。」師古曰：「壁帶，壁之橫木露出如帶者也。於壁帶之中，往往以金爲釭，若車釭之形也。其釭中著玉璧、明珠、翠羽耳。藍田，山名，出美玉。釭音工，流俗讀之音江，非也。」

〔五〕師古曰：「顓與專同。卒，終也。」

末年，定陶王來朝，王祖母傅太后私賂遺趙皇后、昭儀，定陶王竟爲太子。

明年春，成帝崩。帝素彊，無疾病。是時楚思王衍、梁王立來朝，明旦當辭去，上宿供張白虎殿。〔一〕又欲拜左將軍孔光爲丞相，已刻侯印書贊。〔二〕昏夜平善，鄉晨，傅綺韤〔三〕欲起，因失衣，不能言，晝漏上十刻而崩。民間歸罪趙昭儀，皇太后詔大司馬莽、丞相大司空曰：「皇帝暴崩，羣衆讙譁怪之。掖庭令輔等在後庭左右，侍燕迫近，雜與御史、丞相、廷尉治問皇帝起居發病狀。」趙昭儀自殺。

〔一〕師古曰：「白虎殿在未央宮中。供音居用反。張音竹亮反。」

〔二〕師古曰：「贊謂延拜之文。」

〔三〕應劭曰：「傅，著也。」師古曰：「鄉讀曰嚮。傅讀曰附。綺，古袴字也。韤音武伐反。」

哀帝既立，尊趙皇后爲皇太后，封太后弟侍中駙馬都尉欽爲新成侯。趙氏侯者凡二人。後數月，司隸解光奏言：

臣聞許美人及故中宮史曹宮皆御幸孝成皇帝，產子，子隱不見。

臣遣從事掾業、史望〔一〕驗問知狀者掖庭獄丞籍武，故中黃門王舜、吳恭、靳嚴，官婢曹曉、道房、張棄，故趙昭儀御者于客子、王偏、臧兼等，皆曰宮卽曉子女，前屬中宮，爲學事史，通詩，授皇后。房與宮對食，〔二〕元延元年中宮語房曰：「陛下幸宮。」後數月，曉入殿中，見宮腹大，問宮。宮曰：「御幸有身。」其十月中，宮乳掖庭牛官令舍，〔三〕有婢六人。中黃門田客持詔記，盛綠綈方底，〔四〕封御史中丞印，予武曰：「取牛官令舍婦人新產兒，婢六人，盡置暴室獄，毋問兒男女，誰兒也！」武迎置獄。宮曰：「善臧我兒胞，〔五〕丞知是何等兒也！」〔六〕後三日，客持詔記與武，問：「兒死未？手書對牘背。」〔七〕武即書對：「兒見在，未死。」有頃，客出曰：「上與昭儀大怒，奈何不殺？」武叩頭啼曰：「不殺兒，自知當死；殺之，亦死！」即因客奏封事，曰：「陛下未有繼嗣，子無貴賤，唯留意！」奏入，客復持詔記予武曰：「今夜漏上五刻，持兒與舜，會東交掖門。」武因問客：「陛下得武書，意何如？」曰：「憆也。」〔八〕武以兒付舜。舜受詔，內兒殿中，爲擇乳母，告「善養兒，且有賞。毋令漏泄！」舜擇棄爲乳母，時兒生八九日。後三日，客復持詔記，封如前予武，中有封小綠篋，記曰：「告武以篋中物書予獄中婦人，武自臨飲之。」〔九〕武發篋中有裹藥二枚，赫蹏書，〔一〇〕曰「告偉能：努力飲此藥，不可復入。女自知之！」〔一一〕偉能即宮。宮讀書已，曰：「果也，欲姊弟擅天下！我兒男也，額上有壯髮，類孝元皇帝。〔一二〕今兒安在？危殺之矣！〔一三〕奈何令長信得聞之？」〔一四〕宮飲藥死。後宮婢六人召入，出語武曰：「昭儀言『女無過。〔一五〕寧自殺邪，若外家也？』〔一六〕我曹言願自殺。」〔一七〕即自繆死。〔一八〕武皆表奏狀。棄所養兒十一日，〔一九〕宮長李南以詔書取兒去，〔二〇〕不知所置。〔二一〕

〔一〕師古曰：「業者掾之名，望者史之名也，皆不言其姓。」

〔二〕應劭曰：「宮人自相與爲夫婦名對食，甚相妬忌也。」

〔三〕師古曰：「乳，產也，音而具反。下皆類此。」

〔四〕師古曰：「綈，厚繒也。綠，其色也。方底，盛書囊，形若今之算幐耳。綈音大奚反。」

〔五〕師古曰：「胞謂胎之衣也，音苞。」

〔六〕師古曰：「意言是天子兒耳。」

〔七〕師古曰：「牘，木簡也。時以爲詔記問之，故令於背上書對辭。」

〔八〕服虔曰：「憆，直視貌也。」師古曰：「憆音丑庚反。字本作瞠，其音同耳。」

〔九〕師古曰：「歙音於禁反。」

〔一〇〕孟康曰：「蹏猶地也，染紙素令赤而書之，若今黃紙也。」鄧展曰：「赫音兄弟鬩牆之鬩。」應劭曰：「赫蹏，薄小紙也。」晉灼曰：「今謂薄小物爲鬩蹏。鄧音應說是也。」師古曰：「孟說非也。今書本赫字或作擊。」

〔一一〕師古曰：「女讀曰汝。」

〔一二〕師古曰：「壯髮，當額前侵下而生，今俗呼爲圭頭者是也。」

〔一三〕師古曰：「危，險也。猶今人言險不殺耳。」

〔一四〕師古曰：「謂太后。」

〔一五〕師古曰：「言我知汝無罪過也。女讀曰汝。」

〔一六〕晉灼曰：「寧便自殺，出至外舍死也。」

〔一七〕師古曰：「曹，輩也。」

〔一八〕晉灼曰：「繆音繆縛之繆。」鄭氏曰：「自縊也。」師古曰：「繆，絞也，音居虯反。」

〔一九〕師古曰：「橐謂張橐也。」

〔二〇〕晉灼曰：「漢儀注有女長御，比侍中。宮長豈此邪？」

〔二一〕師古曰：「終竟不知置何所也。」

許美人前在上林涿沐館，數召入飾室中若舍，〔一〕一歲再三召，留數月或半歲御幸。元延二年褱子，〔二〕其十一月乳。〔三〕詔使嚴持乳醫及五種和藥丸三，送美人所。後客子、偏、兼聞昭儀謂成帝曰：「常紿我言從（宮中）〔中宮〕來，〔四〕即從中宮來，許美人兒何從生中？許氏竟當復立邪！」〔五〕懟，以手自擣，〔六〕以頭擊壁戶柱，從牀上自投地，啼泣不肯食，曰：「今當安置我，欲歸耳！」帝曰：「今故告之，反怒為！〔七〕殊不可曉也。」〔八〕帝亦不食。昭儀曰：「陛下自知是，不食為何？〔九〕陛下常自言『約不負女』，〔一〇〕今美人有子，竟負約，謂何？」帝曰：「約以趙氏，故不立許氏。使天下無出趙氏上者，毋憂也！」後詔使嚴持綠囊書予許美人，告嚴曰：「美人當有以予女，受來，置飾室中簾南。」〔一一〕美人以葦篋一合盛所生兒，緘封，及綠囊報書予嚴。嚴持篋書，置飾室簾南去。帝與昭儀坐，使客子解篋緘。未已，〔一二〕帝使客子、偏、兼皆出，自閉戶，獨與昭儀在。須臾開戶，嘑客子、偏、兼，使緘封篋及綠綈方底，推置屛風東。恭受詔，持篋方底予武，皆封以御史中丞印，曰：「告武：篋中有死兒，埋屏處，勿令人知。」武穿獄樓垣下爲坎，埋其中。

〔一〕師古曰：「或暫入，或留止也。」

〔二〕師古曰：「褱，本懷字。」

〔三〕師古曰：「乳謂產子也，音而樹反。其下亦同。」

〔四〕師古曰：「紿，誑也。中宮，皇后所居。」

〔五〕晉灼曰：「昭儀前要帝不得立許美人爲皇后，而今有子中，許氏竟當復立爲皇后邪！此前約之言也。」師古曰：「此說非也。言美人在內中，何從得兒而生也，故言何從生中。次此下，乃始言約耳。」

〔六〕師古曰：「懟，怨恚也。擣，築也。懟音直類反。」

〔七〕師古曰：「故以許美人產子告汝，何爲反怒？」

〔八〕師古曰：「言其不可告語也。」

〔九〕師古曰：「何爲不食也。」

〔一〇〕師古曰：「女讀曰汝。次下亦同。」

〔一一〕師古曰：「簾，戶簾也，音廉。」

〔一二〕師古曰：「緘，束篋之繩也，音居咸反。」

故長定許貴人及故成都、平阿侯家婢王業、任孋、公孫習前免爲庶人，〔一〕詔召入，屬昭儀爲私婢。成帝崩，未幸梓宮，〔二〕倉卒悲哀之時，昭儀自知罪惡大，知業等故許氏、王氏婢，恐事泄，而以大婢羊子等賜予業等各且十人，以慰其意，屬無道我家過失。〔三〕

〔一〕師古曰：「孋音麗。」

〔二〕師古曰：「言未入斂也。」

〔三〕師古曰：「屬音之欲反。」

元延二年五月，故掖庭令吾丘遵謂武曰：〔一〕「掖庭丞吏以下皆與昭儀合通，無可與語者，獨欲與武有所言。我無子，武有子，是家輕族人，得無不敢乎？〔二〕掖庭中御幸生子者輒死，又飲藥傷墮者無數，欲與武共言之大臣，票騎將軍貪耆錢，不足計事，〔三〕奈何令長信得聞之？」遵後病困，謂武：「今我已死，前所語事，武不能獨爲也，愼語！」〔四〕

〔一〕師古曰：「姓吾丘，名遵。」

〔二〕蘇林曰：「是家謂成帝也。不敢斥，故言是家。」師古曰：「遵自以無子，故無所顧懼，武既有子，恐禍相及，當止不敢言也。」

〔三〕師古曰：「耆讀曰嗜。」

〔四〕師古曰：「言汝脫不能獨爲，勿漏泄其語。」

皆在今年四月丙辰赦令前。臣謹案永光三年男子忠等發長陵傅夫人冢。事更大赦，〔一〕孝元皇帝下詔曰：「(比)〔此〕朕不當所得赦也。」窮治，盡伏辜，天下以爲當。魯嚴公夫人殺世子，齊桓召而誅焉，春秋予之。〔二〕趙昭儀傾亂聖朝，親滅繼嗣，家屬當伏天誅。前平安剛侯夫人謁坐大逆，同產當坐，以蒙赦令，歸故郡。今昭儀所犯尤誖逆，罪重於謁，而同產親屬皆在尊貴之位，迫近幃幄，〔三〕羣下寒心，非所以懲惡崇誼示四方也。請事窮竟，丞相以下議正法。

〔一〕師古曰：「更音工衡反。」

〔二〕師古曰：「嚴公夫人謂哀姜也。予謂許予之也。解具在五行志。」

〔三〕師古曰：「近音鉅靳反。」

哀帝於是免新成侯趙欽、欽兄子成陽侯訢，皆爲庶人，將家屬徙遼西郡。時議郎耿育上疏言：

臣聞繼嗣失統，廢適立庶，〔一〕聖人法禁，古今至戒。然大伯見歷知適，逡循固讓，〔二〕委身吳粵，權變所設，不計常法，致位王季，以崇聖嗣，卒有天下，〔三〕子孫承業，七八百載，功冠三王，道德最備，是以尊號追及大王。故世必有非常之變，然後乃有非常之謀。孝成皇帝自知繼嗣不以時立，念雖末有皇子，萬歲之後未能持國，〔四〕權柄之重，制於女主，女主驕盛則耆欲無極，〔五〕少主幼弱則大臣不使，〔六〕世無周公抱負之輔，恐危社稷，傾亂天下。知陛下有賢聖通明之德，仁孝子愛之恩，懷獨見之明，內斷於身，故廢後宮就館之漸，絕微嗣禍亂之根，〔七〕乃欲致位陛下以安宗廟。愚臣既不能深援安危，定金匱之計，〔八〕又不知推演聖德，述先帝之志，〔九〕乃反覆校省內，暴露私燕，〔一〇〕誣汙先帝傾惑之過，成結寵妾妒媚之誅，甚失賢聖遠見之明，逆負先帝憂國之意。

〔一〕師古曰：「適讀曰嫡。次下亦同。」
〔二〕師古曰：「歷謂王季，即文王之父也。知適謂知其當為適嗣也。」
〔三〕師古曰：「卒，終也。」
〔四〕師古曰：「末，晚暮也。萬歲，言晏駕也。」
〔五〕師古曰：「耆讀曰嗜。」
〔六〕師古曰：「不使，不可使從命也。」
〔七〕師古曰：「微嗣者，謂幼主也。」
〔八〕師古曰：「愚臣謂解光等也。援，引也。金匱，言長久之法可藏於金匱石室者也。援音爰。」
〔九〕師古曰：「演，廣也，音弋善反。」

〔一〇〕師古曰：「私燕謂成帝閑宴之私也。宴音芳目反。」

夫論大德不拘俗，立大功不合衆，此乃孝成皇帝至思所以萬萬於衆臣，陛下聖德盛茂所以符合於皇天也，豈當世庸庸斗筲之臣所能及哉！且褒廣將順君父之美，匡捄銷滅既往之過，〔一〕古今通義也。事不當時固爭，防禍於未然，各隨指阿從，以求容媚，晏駕之後，尊號已定，萬事已訖，乃探追不及之事，訐揚幽昧之過，〔二〕此臣所深痛也！

〔一〕師古曰：「捄，古救字。」

〔二〕師古曰：「訐音居謁反。」

願下有司議，即如臣言，宜宣布天下，使咸曉知先帝聖意所起。不然，空使謗議上及山陵，下流後世，遠聞百蠻，近布海內，甚非先帝託後之意也。蓋孝子善述父之志，善成人之事，唯陛下省察！

哀帝爲太子，亦頗得趙太后力，遂不竟其事。傅太后恩趙太后，趙太后亦歸心，〔一〕故成帝母及王氏皆怨之。

〔一〕師古曰：「恩謂以厚恩接遇之。一曰，恩謂銜其立哀帝爲嗣之恩也。」

哀帝崩，王莽白太后詔有司曰：「前皇太后與昭儀俱侍帷幄，姊弟專寵錮寢，執賊亂之謀，殘滅繼嗣以危宗廟，誖天犯祖，〔一〕無爲天下母之義。貶皇太后爲孝成皇后，〔二〕徙居北宮。」後月餘，復下詔曰：「皇后自知罪惡深大，朝請希闊，〔三〕失婦道，無共養之禮，而有狼虎之毒，〔四〕宗室所怨，海內之讎也，而尚在小君之位，誠非皇天之心。夫小不忍亂大謀，恩之所不能已者義之所割也，〔五〕今廢皇后爲庶人，就其園。」是日自殺。凡立十六年而誅。先是有童謠曰：「燕燕，尾涎涎，〔六〕張公子，時相見。木門倉琅根，燕飛來，啄皇孫。皇孫死，燕啄矢。」成帝每微行出，常與張放俱，而稱富平侯家，故曰張公子。倉琅根，宮門銅鍰也。〔七〕

〔一〕師古曰：「誖，違也。祖，先帝也。」

〔二〕晉灼曰：「使哀帝不母，罪之也。」

〔三〕師古曰：「請，謁也。闊猶闕也。」

〔四〕師古曰：「共讀曰供，音居用反。養音弋向反。其下並同。」

〔五〕師古曰：「言以義割恩也。」

〔六〕師古曰：「涎涎，光澤之貌也，音徒見反。」

〔七〕師古曰：「鍰讀與環同。」

孝元傅昭儀，哀帝祖母也。父河內溫人，蚤卒，母更嫁爲魏郡鄭翁妻，生男惲。昭儀少爲上官太后才人，自元帝爲太子，得進幸。元帝卽位，立爲倢伃，甚有寵。爲人有材略，善事人，下至宮人左右，飲酒酹地，皆祝延之。〔一〕產一男一女，女爲平都公主，男爲定陶恭王。恭王有材藝，尤愛於上。元帝既重傅倢伃，及馮倢伃亦幸，生中山孝王，上欲殊之於後宮，以二人皆有子爲王，上尚在，未得稱太后，乃更號曰昭儀，賜以印綬，在倢伃上。昭其儀，尊之也。至成、哀時，趙昭儀、董昭儀皆無子，猶稱焉。

〔一〕師古曰：「酹，以酒沃地也。祝延，祝之使長年也。酹音來外反。祝音之受反。」

元帝崩，傅昭儀隨王歸國，稱定陶太后。後十年，恭王薨，子代爲王。王母曰丁姬。傅太后躬自養視，既壯大，成帝無繼嗣。時中山孝王在。元延四年，孝王及定陶王皆入朝。傅太后多以珍寶賂遺趙昭儀及帝舅票騎將軍王根，陰爲王求漢嗣。皆見上無子，欲豫自結爲久長計，更稱譽定陶王。〔一〕上亦自器之，明年，遂徵定陶王立爲太子，語在哀紀。月餘，天子立楚孝王孫景爲定陶王，奉恭王後。太子議欲謝，少傅閻崇以爲「春秋不以父命廢王父命，〔二〕爲人後之禮不得顧私親，不當謝。」太傅趙玄以爲當謝，太子從之。詔問所以謝狀，尚書劾奏玄，左遷少府，以光祿勳師丹爲太傅。詔傅太后與太子母丁姬自居定陶國邸，下有司議皇太子得與傅太后、丁姬相見不，有司奏議不得相見。頃之，成帝母王太后欲令傅太后、丁姬十日一至太子家，成帝曰：「太子丞正統，當共養陛下，不得復顧私親。」王太后曰：「太子小，而傅太后抱養之，今至太子家，以乳母恩耳，不足有所妨。」於是令傅太后得至太子家。丁姬以不小養太子，獨不得。

〔一〕師古曰：「更音工衡反。」

〔二〕師古曰：「王父謂祖也。」

成帝崩，哀帝卽位。王太后詔令傅太后、丁姬十日一至未央宮。高昌侯董宏希指，〔一〕上書言宜立丁姬爲帝太后。師丹劾奏「宏懷邪誤朝，不道。」上初卽位，謙讓，從師丹言止。後乃白令王太后下詔，尊定陶恭王爲恭皇。哀帝因是曰：「春秋『母以子貴』，尊傅太后爲恭皇太后，丁姬爲恭皇后，各置左右詹事，食邑如長信宮、中宮。追尊恭皇太后父爲崇祖侯，恭皇后父爲褒德侯。」後歲餘，遂下詔曰：「漢家之制，推親親以顯尊尊，定陶恭皇之號不宜復稱定陶。其尊恭皇太后爲帝太太后，丁后爲帝太后。」後又更號帝太太后爲皇太太后，稱永信宮，帝太后稱中安宮，而成帝母太皇太后本稱長信宮，成帝趙后爲皇太后，並四太后，各置少府、太僕，秩皆中二千石。爲恭皇立寢廟於京師，比宣帝父悼皇考制度，序昭穆於前殿。〔二〕

〔一〕師古曰：「希望天子意指也。」

〔二〕如淳曰：「廟之前曰殿，牛以後曰寢。」

傅太后父同產弟四人，曰子孟、中叔、子元、幼君。〔一〕子孟子喜至大司馬，封高武侯。中叔子晏亦大司馬，封孔鄉侯。幼君子商封汝昌侯，爲太后父崇祖侯後，更號崇祖曰汝昌哀侯。太后同母弟鄭惲前死，以惲子業爲陽信侯，追尊惲爲陽信節侯。鄭氏、傅氏侯者凡六人，大司馬二人，九卿二千石六人，侍中諸曹十餘人。

〔一〕師古曰：「中讀曰仲。」

傅太后既尊，後尤驕，與成帝母語，至謂之嫗。與中山孝王母馮太后並事元帝，追怨之，陷以祝詛罪，令自殺。元壽元年崩，合葬渭陵，稱孝元傅皇后云。

定陶丁姬，哀帝母也，易祖師丁將軍之玄孫。〔一〕家在山陽瑕丘，父至廬江太守。始定陶恭王先爲山陽王，而丁氏內其女爲姬。王后姓張氏，其母鄭禮，卽傅太后同母弟也。太后以親戚故，欲其有子，然終無有。唯丁姬河平四年生哀帝。丁姬爲帝太后，兩兄忠、明。明以帝舅封陽安侯。忠蚤死，封忠子滿爲平周侯。太后叔父憲、望。望爲左將軍，憲爲太僕。明爲大司馬票騎將軍輔政。丁氏侯者凡二人，大司馬一人，將軍、九卿、二千石六人，侍中諸曹亦十餘人。丁、傅以一二年間暴興尤盛。然哀帝不甚假以權勢，權勢不如王氏在成帝世也。

〔一〕師古曰：「（始祖）〔祖，始〕也。儒林傳丁寬易之始師。」

建平二年，丁太后崩。上曰：「詩云『穀則異室，死則同穴』。〔一〕昔季武子成寢，杜氏之墓在西階下，請合葬而許之。〔二〕附葬之禮，自周興焉。孝子事亡如事存，帝太后宜起陵恭皇之園。」遣大司馬票騎將軍明東送葬于定陶，貴震山東。

〔一〕師古曰：「王國大車之詩也。穀，生也。」

〔二〕師古曰：「事見禮記。」

哀帝崩，王莽秉政，使有司舉奏丁、傅罪惡。莽以太皇太后詔皆免官爵，丁氏徙歸故郡。莽奏貶傅太后號爲定陶共王母，丁太后號曰丁姬。

元始五年，莽復言「共王母、丁姬前不臣妾，〔一〕至葬渭陵，冢高與元帝山齊，懷帝太后、皇太太后璽綬以葬，〔二〕不應禮。禮有改葬，請發共王母及丁姬冢，取其璽綬消滅，徙共王母及丁姬歸定陶，葬共王冢次，而葬丁姬復其故。」〔三〕太后以爲既已之事，不須復發。莽固爭之，太后詔曰：「因故棺爲致椁作冢，〔四〕祠以太牢。」謁者護既發傅太后冢，崩壓殺數百人；開丁姬椁戶，火出炎四五丈，〔五〕吏卒以水沃滅乃得入，燒燔椁中器物。

〔一〕師古曰：「不遵臣妾之道。」

〔二〕師古曰：「懷謂挾之以自隨也。」

〔三〕師古曰：「復音扶目反。」

〔四〕師古曰：「致謂褁也。」

〔五〕師古曰：「炎音弋贍反。」

莽復奏言：「前共王母生，僭居桂宮，皇天震怒，災其正殿；丁姬死，葬踰制度，今火焚其椁。此天見變以告，當改如媵妾也。臣前奏請葬丁姬復故，非是。〔一〕共王母及丁姬棺皆名梓宮，珠玉之衣非藩妾服，請更以木棺代，去珠玉衣，葬丁姬媵妾之次。」奏可。既開傅太后棺，臭聞數里。公卿在位皆阿莽指，入錢帛，遣子弟及諸生四夷，凡十餘萬人，操持作具，助將作掘平共王母、丁姬故冢，二旬間皆平。莽又周棘其處以爲世戒云。〔二〕時有羣燕數千，銜土投丁姬穿中。〔三〕丁、傅既敗，孔鄉侯晏將家屬徙合浦，宗族皆歸故郡。唯高武侯喜得全，自有傳。

〔一〕師古曰：「言尙太僭也。」

〔二〕師古曰：「以棘周繞也。」

〔三〕師古曰：「穿謂壙中也。」

孝哀傅皇后，定陶太后從弟子也。哀帝爲定陶王時，傅太后欲重親，取以配王。王入爲漢太子，傅氏女爲妃。哀帝卽位，成帝大行尙在前殿，而傅太后封傅妃父晏爲孔鄉侯，與帝舅陽安侯丁明同日俱封。時師丹諫，以爲「天下自王者所有，親戚何患不富貴？而倉卒若是，其不久長矣！」晏封後月餘，傅妃立爲皇后。傅氏既盛，晏最尊重。哀帝崩，王莽白太皇太后下詔曰：「定陶共王太后與孔鄉侯晏同心合謀，背恩忘本，專恣不軌，與至尊同稱號，終沒，至乃配食於左坐，〔一〕誖逆無道。今令孝哀皇后退就桂宮。」後月餘，復與孝成趙皇后俱廢爲庶人，就其園自殺。

〔一〕應劭曰：「若禮以其妃配者也。坐於左而並食。」師古曰：「坐音材卧反。」

孝元馮昭儀，平帝祖母也。元帝即位二年，以選入後宮。時父奉世爲執金吾。昭儀始爲長使，數月至美人，後五年就館生男，拜爲倢伃。時父奉世爲右將軍光祿勳，奉世長男野王爲左馮翊，父子並居朝廷，議者以爲器能當其位，非用女寵故也。而馮倢伃內寵與傅昭儀等。

建昭中，上幸虎圈鬭獸，後宮皆坐。熊佚出圈，〔一〕攀檻欲上殿。左右貴人傅昭儀等皆驚走，馮倢伃直前當熊而立，左右格殺熊。上問：「人情驚懼，何故前當熊？」倢伃對曰：「猛獸得人而止，妾恐熊至御坐，故以身當之。」元帝嗟嘆，以此倍敬重焉。傅昭儀等皆慙。明年夏，馮倢伃男立爲信都王，尊倢伃爲昭儀。元帝崩，爲信都太后，與王俱居儲元宮。〔二〕河平中，隨王之國。後徙中山，是爲孝王。

〔一〕師古曰：「佚字與逸同。」

〔二〕師古曰：「黃圖在上林苑中。」

後徵定陶王爲太子，封中山王舅參爲宜鄉侯。參，馮太后少弟也。是歲，孝王薨，有一男，嗣爲王，時未滿歲，有眚病，〔一〕太后自養視，數禱祠解。〔二〕

〔一〕孟康曰：「災眚之眚，謂妖病也。」服虔曰：「身盡青也。」蘇林曰：「名爲肝厥，發時脣口手足十指甲皆青。」師古曰：「下云禱祠解舍，孟說是也。未滿歲者，謂爲王未滿歲也。眚音所領反，字不作青，服、（虔）〔蘇〕誤也。」

〔二〕師古曰：「解音懈。」

哀帝即位，遣中郎謁者張由將醫治中山小王。由素有狂易病，〔一〕病發怒去，西歸長安。尚書簿責擅去狀，〔二〕由恐，因誣言中山太后祝詛上及太后。太后即傅昭儀也，素常怨馮太后，因是遣御史丁玄案驗，盡收御者官吏及馮氏昆弟在國者百餘人，分繫雒陽、魏郡、鉅鹿。數十日無所得，更使中謁者令史立〔三〕與丞相長史大鴻臚丞雜治。立受傅太后指，幾得封侯，〔四〕治馮太后女弟習及寡弟婦君之，死者數十人。巫劉吾服祝詛。醫徐遂成言習、君之曰「武帝時醫修氏刺治武帝得二千萬耳，〔五〕今愈上，不得封侯，不如殺上，令中山王代，可得封。」立等劾奏祝詛謀反，大逆。責問馮太后，無服辭。立曰：「熊之上殿何其勇，今何怯也！」太后還謂左右：「此乃中語，前世事，〔六〕吏何用知之？是欲陷我效也！」〔七〕乃飲藥自殺。

〔一〕師古曰：「狂易者，狂而變易常性也。」

〔二〕師古曰：「簿責，以文簿一一責問也。」

〔三〕師古曰：「官爲中謁者令，姓史，名立。」

〔四〕師古曰：「幾讀曰冀。」

〔五〕師古曰：「剌治謂箴之。」

〔六〕師古曰：「中語，謂宮中之言語也。」

〔七〕師古曰：「效，徵驗也。」

先未死，有司請誅之，上不忍致法，廢爲庶人，徙雲陽宮。既死，有司復奏「太后死在未廢前。」有詔以諸侯王太后儀葬之。宜鄉侯參、君之、習夫及子當相坐者，或自殺，或伏法。參女弁爲孝王后，有兩女，有司奏免爲庶人，與馮氏宗族徙歸故郡。張由以先告賜爵關內侯，史立遷中太僕。

哀帝崩，大司徒孔光奏「由前誣告骨肉，立陷人入大辟，爲國家結怨於天下，以取秩遷，獲爵邑，幸蒙赦令，請免爲庶人，徙合浦」云。

中山衞姬，平帝母也。父子豪，中山盧奴人，官至衞尉。子豪女弟爲宣帝倢伃，生楚孝王；長女又爲元帝倢伃，生平陽公主。成帝時，中山孝王無子，上以衞氏吉祥，以子豪少女配孝王。元延四年，生平帝。

〔平帝〕年二歲，孝王薨，代爲王。哀帝崩，無嗣，太皇太后與新都侯莽迎中山王立爲帝。莽欲顓國權，懲丁、傅行事，〔一〕以帝爲成帝後，母衞姬及外家不當得至京師。乃更立宗室桃鄉侯子成都爲中山王，奉孝王後，遣少傅左將軍甄豐賜衞姬璽綬，卽拜爲中山孝王后，以苦陘縣爲湯沐邑。又賜帝舅衞寶、寶弟玄爵關內侯。賜帝三妹，謁臣號修義君，哉皮爲承禮君，鬲子爲尊德君，〔二〕食邑各二千戶。莽長子宇非莽隔絕衞氏，恐久後受禍，卽私與衞寶通書記，敎衞后上書謝恩，因陳丁、傅舊惡，幾得至京師。〔三〕莽白太皇太后詔有司曰：「中山孝王后深分明爲人後之義，條陳故定陶傅太后、丁姬誖天逆理，上僭位號，〔四〕徙定陶王於信都，爲共王立廟於京師，如天子制，不畏天命，侮聖人言，〔五〕壞亂法度，居非其制，稱非其號。是以皇天震怒，火燒其殿，六年之間大命不遂，禍殃仍重，〔六〕竟令孝哀帝受其餘災，大失天心，天命暴崩，又令共王祭祀絕廢，精魂無所依歸。朕惟孝王后深說經義，明鏡聖法，懼古人之禍敗，近事之咎殃，畏天命，奉聖言，是乃久保一國，長獲天祿，而令孝王永享無疆之祀，福祥之大者也。朕甚嘉之。夫襃義賞善，聖王之制，其以中山故安戶七千益中山后湯沐邑，加賜及中山王黃金各百斤，增傅相以下秩。」

〔一〕師古曰：「懲，創艾也。」
〔二〕師古曰：「鬲音歷。」
〔三〕師古曰：「幾讀曰冀。」
〔四〕師古曰：「誖，違也。」
〔五〕師古曰：「論語稱孔子曰：『君子有三畏：畏天命，畏大人，畏聖人之言。小人不知天命而不畏也，狎大人，侮聖人之言。』故此文引之也。毋，古侮字。」
〔六〕師古曰：「遂猶延也。重音直用反。」

衞后日夜啼泣，思見帝，而但益戶邑。宇復教令上書求至京師。會事發覺，莽殺宇，盡誅衞氏支屬。衞寶女爲中山王后，免后，徙合浦。〔一〕唯衞后在，〔二〕王莽篡國，廢爲家人，後歲餘卒，葬孝王旁。

〔一〕師古曰：「黜其后位而徙也。」
〔二〕師古曰：「中山孝王后也。」

孝平王皇后，安漢公太傅大司馬莽女也。平帝卽位，年九歲，成帝母太皇太后稱制，而莽秉政。莽欲依霍光故事，以女配帝，太后意不欲也。莽設變詐，令女必入，因以自重，事在莽傳。太后不得已而許之，遣長樂少府夏侯藩、宗正劉宏、少府宗伯鳳、尚書令平晏納采，〔一〕太師光、大司徒馬宮、大司空甄豐、左將軍孫建、執金吾尹賞、行太常事太中大夫劉歆及太卜、太史令以下四十九人賜皮弁素績，〔二〕以禮雜卜筮，太牢祠宗廟，待吉月日。明年春，遣大司徒宮、大司空豐、左將軍建、右將軍甄邯、光祿大夫歆奉乘輿法駕，迎皇后於安漢公第。〔三〕宮、豐、歆授皇后璽紱，〔四〕登車稱警蹕，便時上林延壽門，〔五〕入未央宮前殿。羣臣就位行禮，大赦天下。益封父安漢公地滿百里，賜迎皇后及行禮者，自三公以下至騶宰執事長樂、未央宮、安漢公第者，皆增秩，賜金帛各有差。皇后立三月，以禮見高廟。尊父安漢公號曰宰衡，位在諸侯王上。賜公夫人號曰功顯君，食邑。封公子安爲褒新侯，臨爲賞都侯。

〔一〕師古曰：「官爲少府，姓宗伯，名鳳也。納采者，禮記云婚禮納采問名，謂采擇其可者。」

〔二〕師古曰：「皮弁，以鹿皮爲冠，形如人手之弁合也。素績謂素裳也。朱衣而素裳。績字或作積。積謂襞積之，若今之襵爲也。」

〔三〕師古曰：「本自莽第，以皇后在是，因呼曰宮。」

〔四〕師古曰：「紱，所以繫璽，音弗。」

〔五〕師古曰：「取時日之便也，音頻面反。」

后立歲餘，平帝崩。莽立孝宣帝玄孫嬰爲孺子，莽攝帝位，尊皇后爲皇太后。三年，莽即眞，以嬰爲定安公，改皇太后號爲定安公太后。太后時年十八矣，爲人婉瘱有節操。〔一〕

自劉氏廢，常稱疾不朝會。莽敬憚傷哀，欲嫁之，乃更號爲黃皇室主，〔二〕令立國將軍成新公孫建世子襐飾將醫往問疾。〔三〕后大怒，笞鞭其旁侍御。因發病，不肯起，莽遂不復彊也。及漢兵誅莽，燔燒未央宮，后曰：「何面目以見漢家！」自投火中而死。

〔一〕師古曰：「婉，順也。瘱，靜也，音烏計反。」

〔二〕師古曰：「莽自謂土德，故云黃皇。室主者，若漢之稱公主。」

〔三〕師古曰：「襐，盛飾也，音丈，又音象。一曰，襐，首飾也，在兩耳後，刻鏤而爲之。」

贊曰：易著吉凶而言謙盈之效，天地鬼神至于人道靡不同之。〔一〕夫女寵之興，繇至微而體至尊，〔二〕窮富貴而不以功，此固道家所畏，禍福之宗也。序自漢興，終于孝平，外戚後庭色寵著聞二十有餘人，然其保位全家者，唯文、景、武帝太后及邛成后四人而已。至如史良娣、王悼后、許恭哀后身皆夭折不辜，而家依託舊恩，不敢縱恣，是以能全。其餘大者夷滅，小者放流，烏嘑！鑒茲行事，變亦備矣。

〔一〕師古曰：「易謙卦曰『天道虧盈而益謙，地道變盈而流謙，鬼神害盈而福謙，人道惡盈而好謙』。」

〔二〕師古曰：「繇與由同。」

校勘記

三九七四頁三行　將軍宜尊(重)之敬之，　景祐本無「重」字。

三九七四頁一四行　妾誇布服糲食，　李慈銘說孟注不可通，「誇」蓋許后之名。　楊樹達說李說是。

三九七六頁五行　(官)〔宦〕吏忮佷，　景祐、殿、局本都作「宦」，注同。

三九七六頁六行　終不肯給妾纖微內邪？〔三〕　注〔三〕原在「纖微」下，明顏讀「內邪」屬下句。　周壽昌、楊樹達都說當屬上句讀。「纖微內」即上所云「纖微之間」。

三九七八頁一六行　今正於(王)〔皇〕極之月，　殿本作「皇」。

三九八〇頁一三行　且財(帛)〔幣〕之省，　景祐、殿本都作「幣」。

三九八九頁五行　切皆銅沓(冒)黃金塗，　景祐本無「冒」字。　王念孫說「冒」字涉注文而衍。

三九九三頁七行　常給我言從(宮中)〔中宮〕來，　景祐、殿、局本都作「中宮」，此誤倒。

三九九六頁三行　(比)〔此〕朕不當所得赦也。　殿本作「此」。　王先謙說作「此」是。

四〇〇三頁一行　(始祖)〔祖，始〕也。　景祐、殿本都作「祖始」。　王先謙說作「祖始」是。

四〇〇六頁六行　服、(虔)〔蘇〕誤也。　景祐、殿本都作「蘇」，此誤。

四〇〇八頁五行　〔平帝〕年二歲，　景祐、殿本都有「平帝」二字。

四〇一〇頁二行　迎皇后於安漢公第。〔三〕　宮、豐、歆授皇后璽紱，　注〔三〕原在「宮」字下，　顏以「宮」與「第」連文。　董教增說此當以「第」為句，「宮」字連下「豐歆」讀，顏說失之。

漢書卷九十八

元后傳第六十八

孝元皇后，王莽之姑也。莽自謂黃帝之後，其自本曰：〔一〕黃帝姓姚氏，八世生虞舜。舜起嬀汭，以嬀爲姓。〔二〕至周武王封舜後嬀滿於陳，是爲胡公，十三世生完。完字敬仲，犇齊，〔三〕齊桓公以爲卿，姓田氏。十一世，田和有齊國，〔三〕〔二〕世稱王，至王建爲秦所滅。項羽起，封建孫安爲濟北王。至漢興，安失國，齊人謂之「王家」，因以爲氏。

〔一〕師古曰：「述其本系。」

〔二〕師古曰：「嬀，水名也。水曲曰汭。言因水爲姓也。汭音而銳反。」

〔三〕師古曰：「犇，古奔字。」

文、景間，安孫遂字伯紀，處東平陵，〔一〕生賀，字翁孺。爲武帝繡衣御史，逐捕魏郡羣盜堅盧等黨與，及吏畏懦逗遛當坐者，〔二〕翁孺皆縱不誅。它部御史暴勝之等奏殺二千石，誅千石以下，〔三〕及通行飲食坐連及者，大部至斬萬餘人，語見酷吏傳。翁孺以奉使不稱免，〔四〕嘆曰：「吾聞活千人有封子孫，吾所活者萬餘人，後世其興乎！」

〔一〕師古曰：「濟南之縣。」

〔二〕師古曰：「懦音乃喚反。逗音住，又音豆。」

〔三〕師古曰：「二千石者，奏而殺之，其千石以下，則得專誅。」

〔四〕師古曰：「不稱謂不副所委。」

翁孺既免，而與東平陵終氏爲怨，乃徙魏郡元城委粟里，爲三老，魏郡人德之。元城建公曰：〔一〕「昔春秋沙麓崩，晉史卜之，曰：『陰爲陽雄，土火相乘，〔二〕故有沙麓崩。後六百四十五年，宜有聖女興。其齊田乎！』〔三〕今王翁孺徙，正直其地，〔四〕日月當之。元城郭東有五鹿之虛，卽沙鹿地也。〔五〕後八十年，當有貴女興天下」云。

〔一〕服虔曰：「元城人年老者也。」

〔二〕李奇曰：「此龜繇文也。陰，元后也。陽，漢也。王氏舜後，土也。漢，火也。故曰土火相乘，陰盛而沙麓崩。」

〔三〕張晏曰：「陰數八，八八六十四。土數五，故六百四十五歲也。春秋僖十四年，沙麓崩，歲在乙亥，至〔哀帝元壽二年〕，哀帝崩，元后始攝政，歲在庚申，沙麓崩後六百四十五歲。」

〔四〕師古曰：「直亦當。」

〔五〕師古曰：「虛讀曰墟。」

（王）翁孺生禁，字稚君，少學法律長安，爲廷尉史。本始三年，生女政君，卽元后也。禁有大志，不修廉隅，好酒色，多取傍妻，凡有四女八男：長女君俠，次即元后政君，次君力，次君弟；長男鳳孝卿，次曼元卿，譚子元，崇少子，商子夏，立子叔，根稚卿，逢時季卿。唯鳳、崇與元后政君同母。母，適妻，魏郡李氏女也。〔一〕後以妒去，更嫁爲河內苟賓妻。

〔一〕師古曰：「適讀曰嫡。」

初，李親任政君在身，〔一〕夢月入其懷。及壯大，婉順得婦人道。嘗許嫁未行，所許者死。後東平王聘政君爲姬，未入，王薨。禁獨怪之，使卜數者相政君，〔二〕「當大貴，不可言。」禁心以爲然，乃教書，學鼓琴。五鳳中，獻政君，年十八矣，入掖庭爲家人子。

〔一〕師古曰：「任，懷任。」

〔二〕師古曰：「數，計也。若言今之祿命書也。數音所具反。」

歲餘，會皇太子所愛幸司馬良娣病，且死，謂太子曰：「妾死非天命，乃諸娣妾良人更祝詛殺我。」〔一〕太子憐之，且以爲然。及司馬良娣死，太子悲恚發病，忽忽不樂，因以過怒諸娣妾，莫得進見者。久之，宣帝聞太子恨過諸娣妾，欲順適其意，乃令皇后擇後宮家人子可以虞侍太子者，〔二〕政君與在其中。〔三〕及太子朝，皇后乃見政君等五人，微令旁長御問知太子所欲。太子殊無意於五人者，不得已於皇后，〔四〕彊應曰：「此中一人可。」〔五〕是時政君坐近太子，又獨衣絳緣諸于，〔六〕長御即以爲〔是〕。皇后使侍中杜輔、掖庭令濁賢交送政君太子宮，〔七〕見丙殿。得御幸，有身。先是者，太子後宮娣妾以十數，御幸久者七八年，莫有子，及王妃壹幸而有身。甘露三年，生成帝於甲館畫堂，爲世適皇孫。〔八〕宣帝愛之，自名曰驁，字太孫，常置左右。

〔一〕師古曰：「更音工衡反。」

〔二〕師古曰：「此處與娛同。」

〔三〕師古曰：「與讀曰豫。」

〔四〕師古曰：「恐不副皇后意，故言不得已。」

〔五〕師古曰：「非其本心，故曰彊也。」

〔六〕師古曰：「諸于，大掖衣，即袿衣之類也。」

〔七〕師古曰：「濁，姓也。交逘，謂侍中、掖庭令雜爲使。」

〔八〕師古曰：「適讀曰嫡。」

後三年，宣帝崩，太子即位，是爲孝元帝。立太孫爲太子，以母王妃爲婕妤，封父禁爲陽平侯。後三日，婕妤立爲皇后，禁位特進，禁弟弘至長樂衞尉。永光二年，禁薨，謚曰頃侯。長子鳳嗣侯，爲衞尉侍中。皇后自有子後，希復進見。太子壯大，寬博恭慎，語在成紀。其後幸酒，樂燕樂，〔一〕元帝不以爲能。而傅昭儀有寵於上，生定陶共王。王多材藝，上甚愛之，坐則側席，行則同輦，〔二〕常有意欲廢太子而立共王。時鳳在位，與皇后、太子同心憂懼，賴侍中史丹擁右太子，〔三〕語在丹傳。上亦以皇后素謹慎，而太子先帝所常留意，故得不廢。

〔一〕師古曰：「幸酒，好酒也。樂宴樂，好燕私之樂也。解具在成紀。」

〔二〕師古曰：「側席謂附近御坐。」

〔三〕師古曰：「右讀曰佑，助也。」

元帝崩，太子立，是爲孝成帝。尊皇后爲皇太后，以鳳爲大司馬大將軍領尚書事，益封五千戶。王氏之興自鳳始。又封太后同母弟崇爲安成侯，食邑萬戶。鳳庶弟譚等皆賜爵關內侯，食邑。

其夏，黃霧四塞終日。〔一〕天子以問諫大夫楊興、博士駟勝等，對皆以爲「陰盛侵陽之氣也。高祖之約也，非功臣不侯，今太后諸弟皆以無功爲侯，非高祖之約，外戚未曾有也，故天爲見異。」〔二〕言事者多以爲然。鳳於是懼，上書辭謝曰：「陛下卽位，思慕諒闇，〔三〕故詔臣鳳典領尚書事，上無以明聖德，下無以益政治。今有茀星天地赤黃之異，〔四〕咎在臣鳳，當伏顯戮，以謝天下。今諒闇已畢，大義皆舉，宜躬親萬機，以承天心。」因乞骸骨辭職。上報曰：「朕承先帝聖緒，涉道未深，不明事情，是以陰陽錯繆，日月無光，赤黃之氣，充塞天下。咎在朕躬，今大將軍乃引過自予，欲上尚書事，歸大將軍印綬，罷大司馬官，是明朕之不德也。朕委將軍以事，誠欲庶幾有成，顯先祖之功德。將軍其專心固意，輔朕之不逮，毋有所疑。」

〔一〕師古曰：「塞，滿也。言四方皆滿。」
〔二〕師古曰：「見，顯示。」
〔三〕師古曰：「商書云『高宗諒闇』。諒，信；闇，默也。言居父喪信默，三年不言也。」
〔四〕師古曰：「茀與孛同。」

後五年，諸吏散騎安成侯崇薨，謚曰共侯。有遺腹子奉世嗣侯，太后甚哀之。明年，河平二年，上悉封舅譚爲平阿侯，商成都侯，立紅陽侯，根曲陽侯，逢時高平侯。五人同日封，故世謂之「五侯」。太后同產唯曼蚤卒，〔一〕餘畢侯矣。太后母李親，苟氏妻，生一男名參，寡居。頃侯禁在時，太后令禁還李親。〔二〕太后憐參，欲以田蚡爲比而封之。〔三〕上曰：「封田氏，非正也。」以參爲侍中水衡都尉。王氏子弟皆卿大夫侍中諸曹，分據勢官滿朝廷。

〔一〕張晏曰：「同父則爲同產，不必同母也。上言唯鳳、崇同母也。」
〔二〕師古曰：「召還王氏。」
〔三〕李奇曰：「田蚡與孝景王后同母異父，得封故也。」師古曰：「比，例也，音必寐反。」

大將軍鳳用事，上遂謙讓無所顓。〔一〕左右常薦光祿大夫劉向少子歆通達有異材。上召見歆，誦讀詩賦，甚說之，〔二〕欲以爲中常侍，召取衣冠。臨當拜，左右皆曰：「未曉大將軍。」〔三〕上曰：「此小事，何須關大將軍？」左右叩頭爭之。上於是語鳳，鳳以爲不可，乃止。其見憚如此。

〔一〕師古曰：「顓與專同。凡事皆不自專也。」

〔二〕師古曰：「說讀曰悅。」

〔三〕師古曰：「曉猶白。」

上卽位數年，無繼嗣，體常不平。〔一〕定陶共王來朝，太后與上承先帝意，遇共王甚厚，賞賜十倍於它王，不以往事爲纖介。〔二〕共王之來朝也，天子留，不遣歸國。上謂共王：「我未有子，人命不諱，〔三〕一朝有它，且不復相見。〔四〕爾長留侍我矣！」其後天子疾益有瘳，共王因留國邸，旦夕侍上，上甚親重。大將軍鳳心不便共王在京師，會日蝕，鳳因言「日蝕陰盛之象，爲非常異。定陶王雖親，於禮當奉藩在國。今留侍京師，詭正非常，〔五〕故天見戒。〔六〕宜遣王之國。」上不得已於鳳而許之。〔七〕共王辭去，上與相對〔涕〕泣而決。

〔一〕師古曰：「言多疾疢。」

〔二〕師古曰：「往事，謂先帝時欲以代太子也。言無纖介之嫌怒。」

〔三〕師古曰：「人命無常，不可諱。」

〔四〕師古曰：「它謂晏駕也。」

〔五〕師古曰：「詭，違也。」

〔六〕師古曰：「見，顯示。」

〔七〕師古曰：「言迫於鳳不得止。」

京兆尹王章素剛直敢言，以爲鳳建遣共王之國非是，〔一〕乃奏封事言日蝕之咎矣。天子召見章，延問以事，章對曰：「天道聰明，（佐）〔佑〕善而災惡，以瑞異爲符效。今陛下以未有繼嗣，引近定陶王，〔二〕所以承宗廟，重社稷，上順天心，下安百姓。此正義善事，當有祥瑞，何故致災異？災異之發，爲大臣顓政者也。今聞大將軍猥歸日蝕之咎於定陶王，〔三〕建遣之國，苟欲使天子孤立於上，顓擅朝事以便其私，非忠臣也。且日蝕，陰侵陽，臣顓君之咎，今政事大小皆自鳳出，天子曾不一舉手，鳳不內省責，反歸咎善人，推遠定陶王。〔四〕且鳳誣罔不忠，非一事也。前丞相樂昌侯商〔五〕本以先帝外屬，內行篤，有威重，位歷將相，國家柱石臣也，其人守正，不肯詘節隨鳳委曲，卒用閨門之事爲鳳所罷，身以憂死，衆庶愍之。又鳳知其小婦弟張美人已嘗適人，〔六〕於禮不宜配御至尊，託以爲宜子，內之後宮，苟以私其妻弟。聞張美人未嘗任身就館也。〔七〕且羌胡尚殺首子以盪腸正世，〔八〕況於天子而近已出之女也！此三者皆大事，陛下所自見，足以知其餘，及它所不見者。〔九〕鳳不可令久典事，宜退使就第，選忠賢以代之。」

〔一〕師古曰：「建立其議也。」

〔二〕師古曰：「近音巨靳反。」

〔三〕師古曰：「猥猶曲也。」

〔四〕師古曰：「遼音于萬反。」

〔五〕師古曰：「王商也。」

〔六〕師古曰：「小婦，妾也。弟謂女弟，卽妹也。」

〔七〕師古曰：「是則不爲宜子，明鳳所言非實。」

〔八〕師古曰：「盪，洗滌也。言婦初來所生之子或它姓。」

〔九〕師古曰：「以所見者譬之，則不見者可知。」

自鳳之白罷商後遣定陶王也，上不能平。及聞章言，天子感寤，納之，謂章曰：「微京兆尹直言，吾不聞社稷計！〔一〕且唯賢知賢，君試爲朕求可以自輔者。」於是章奏封事，薦中山孝王舅琅邪太守馮野王「先帝時歷二卿，忠信質直，知謀有餘。野王以王舅出，以賢復入，明聖主樂進賢也。」上自爲太子時數聞野王先帝名卿，聲譽出鳳遠甚，方倚欲以代鳳。

〔一〕師古曰：「微，無也。」

初，章每召見，上輒辟左右。〔一〕時太后從弟長樂衞尉弘子侍中音〔二〕獨側聽，具知章言，以語鳳。鳳聞之，稱病出就第，上疏乞骸骨，謝上曰：「臣材駑愚戇，得以外屬兄弟七人封爲列侯，宗族蒙恩，賞賜無量。輔政出入七年，國家委任臣鳳，所言輒聽，薦士常用。無一功善，陰陽不調，災異數見，咎在臣鳳奉職無狀，此臣一當退也。五經傳記，師所誦說，咸以日蝕之咎在於大臣非其人，易曰『折其右肱』，〔三〕此臣二當退也。河平以來，臣久病連年，數出在外，曠職素餐，此臣三當退也。〔四〕陛下以皇太后故不忍誅廢，臣猶自知當遠流放，又重自念，〔五〕兄弟宗族所蒙不測，當殺身靡骨死輦轂下，〔六〕不當以無益之故有離寢門之心。誠歲餘以來，所苦加侵，〔七〕日日益甚，不勝大願，願乞骸骨，歸自治養，冀賴陛下神靈，未埋髮齒，期月之間，幸得瘳愈，復望帷幄，不然，必寘溝壑。臣以非材見私，天下知臣受恩深也；以病得全骸骨歸，天下知臣被恩見哀，重巍巍也。〔八〕進退於國爲厚，萬無纖介之議。〔九〕唯陛下哀憐！」其辭指甚哀，太后聞之爲垂涕，不御食。

〔一〕師古曰：「辟讀曰闢。」

〔二〕師古曰：「弘者，太后之叔父也。晉則從父弟。」

〔三〕師古曰：「豐卦九三爻辭也。肱，臂也。」

〔四〕師古曰：「空廢職任，徒受祿秩也。」

〔五〕師古曰：「重音直用反。」

〔六〕師古曰：「靡，碎也，音武皮反。」

〔七〕師古曰：「誠，實也。」

〔八〕師古曰：「巍巍，高貌。重音直用反。」

〔九〕師古曰：「論者不云疏斥外戚也。」

上少而親倚鳳，弗忍廢，乃報鳳曰：「朕秉事不明，政事多闕，故天變（屢）〔婁〕臻，咸在朕躬。〔一〕將軍乃深引過自予，欲乞骸骨而退，則朕將何嚮焉！書不云乎？『公毋困我。』〔二〕務專精神，安心自持，期於亟瘳，稱朕意焉。」〔三〕於是鳳起視事。上使尚書劾奏章「知野王前以王舅出補吏，而私薦之，欲令在朝阿附諸侯；又知張美人體御至尊，而妄稱引羌胡殺子蕩腸，非所宜言。」遂下章吏。廷尉致其大逆罪，以為「比上夷狄，欲絕繼嗣之端；背畔天子，私為定陶王。」章死獄中，妻子徙合浦。

〔一〕師古曰：「婁，古屢字。」

〔二〕師古曰：「周書洛誥載成王告周公辭也。言公必須留京師，毋得遠去，而令我困。」

〔三〕師古曰：「亟，急。瘳，差也。」

自是公卿見鳳，側目而視，郡國守相刺史皆出其門。〔一〕又以侍中太僕音為御史大夫，列于三公。而五侯羣弟，爭為奢侈，賂遺珍寶，四面而至；後庭姬妾，各數十人，僮奴以千百數，羅鐘磬，舞鄭女，作倡優，狗馬馳逐；大治第室，起土山漸臺，洞門高廊閣道，連屬彌望。〔二〕百姓歌之曰：「五侯初起，曲陽最怒，壞決高都，連竟外杜，〔三〕土山漸臺西白虎。」〔四〕〔其〕奢僭如此。然皆通敏人事，好士養賢，傾財施予，以相高尚。

〔一〕師古曰：「言爲其家寮屬者，皆得大官。」

〔二〕師古曰：「彌，竟也。言望之極目也。屬音之欲反。」

〔三〕服虔曰：「壞決高都水入長安。高都水在長安西也。」孟康曰：「杜、鄠二縣之間田畝一金。言其境自長安至杜陵也。」李奇曰：「長安有高都、(水)〔外〕杜里，既壞決高都作殿，復衍及外杜里。」師古曰：「成都侯商自擅穿帝城引水耳，曲陽無此事。又雖大作第宅，不得從長安至杜陵也。(按)李說爲(近)是。」

〔四〕師古曰：「皆放效天子之制也。」

鳳輔政凡十一歲。陽朔三年秋，鳳病，天子數自臨問，親執其手，涕泣曰：「將軍病，如有不可言，平阿侯譚次將軍矣。」〔一〕鳳頓首泣曰：「譚等雖與臣至親，行皆奢僭，無以率導百姓，不如御史大夫音謹敕，〔二〕臣敢以死保之。」及鳳且死，上疏謝上，復固薦音自代，〔言〕譚等五人必不可用。天子然之。

〔一〕師古曰：「不可言，謂死也，不欲斥言之。」

〔二〕師古曰：「敕，整也。」

初，譚倨，不肯事鳳，〔一〕而音敬鳳，卑恭如子，故薦之。鳳薨，天子臨弔贈寵，送以輕車介士，軍陳自長安至渭陵，謚曰敬成侯。子襄嗣侯，爲衞尉。御史大夫音竟代鳳爲大司馬車騎將軍，而平阿侯譚位特進，領城門兵。谷永說譚，令讓不受城門職，由是與音不平，語在永傳。

音既以從舅越親用事，小心親職，歲餘，上下詔曰：「車騎將軍音宿衞忠正，勤勞國家，前爲御史大夫，以外親宜典兵馬，入爲將軍，不獲宰相之封，朕甚慊焉！其封音爲安陽侯，食邑與五侯等，俱三千戶。」

〔一〕師古曰：「倨，慢也，音據。」

初，成都侯商嘗病，欲避暑，從上借明光宮。〔一〕後又穿長安城，引內灃水注第中大陂以行船，立羽蓋，張周帷，輯濯越歌。〔二〕上幸商第，見穿城引水，意恨，內銜之，未言。後微行出，過曲陽侯第，又見園中土山漸臺似類白虎殿。〔三〕於是上怒，以讓車騎將軍音。商、根兄弟欲自黥劓謝太后。上聞之大怒，乃使尚書責問司隸校尉、京兆尹「知成都侯商擅穿帝城，決引灃水，曲陽侯根驕奢僭上，赤墀青瑣，〔四〕紅陽侯立父子臧匿姦猾亡命，賓客爲羣盜，司隸、京兆皆阿縱不舉奏正法」。二人頓首省戶下。又賜車騎將軍音策書曰：「外家何甘樂禍敗，〔五〕而欲自黥劓，相戮辱於太后前，傷慈母之心，以危亂國！外家宗族彊，上一身寖弱日久，〔六〕今將一施之。〔七〕君其召諸侯，令待府舍。」〔八〕是日，詔尚書奏文帝時誅將軍薄昭故事。車騎將軍音藉槀請罪，〔九〕商、立、根皆負斧質謝。上不忍誅，然後得已。

〔一〕師古曰：「黃圖云明光宮在城內，近桂宮也。」

〔二〕師古曰：「楫與檝同，濯與櫂同，皆所以行船也。令執檝櫂人爲越歌也。楫爲櫂之短者也。今吳越之人呼爲橈，音饒。越歌，爲越之歌。」

〔三〕師古曰：「黃圖云在未央宮。」

〔四〕孟康曰：「以青畫戶邊鏤中，天子制也。」如淳曰：「門楣格再重，如人衣領再重，裏者青，名曰青瑣，天子門制也。」師古曰：「孟說是。青瑣者，刻爲連環文，而青塗之也。」

〔五〕師古曰：「言此罪過，並身自爲之。」

〔六〕師古曰：「寖，漸也。」

〔七〕師古曰：「行刑罰。」

〔八〕師古曰：「令總集音之府舍，待詔命。」

〔九〕師古曰：「自坐槀上，言就刑戮也。」

久之，平阿侯譚薨，謚曰安侯，子仁嗣侯。太后憐弟曼蚤死，獨不封，曼寡婦渠供養東宮，子莽幼孤不及等比，〔一〕常以爲語。平阿侯譚、成都侯商及在位多稱莽者。久之，上復下詔追封曼爲新都哀侯，而子莽嗣爵爲新都侯。後又封太后姊子淳于長爲定陵侯。王氏親屬，侯者凡十人。

〔一〕師古曰：「比音必寐反。」

上悔廢平阿侯譚不輔政而薨也，乃復進成都侯商以特進，領城門兵，置幕府，得舉吏如將軍。杜鄴說車騎將軍音令親附商，語在鄴傳。王氏爵位日盛，唯音爲修整，數諫正，有忠節，輔政八年，薨。弔贈如大將軍，謚曰敬侯。子舜嗣侯，爲太僕侍中。特進成都侯商代音爲大司馬衞將軍，而紅陽侯立位特進，領城門兵。商輔政四歲，病乞骸骨，天子憫之，更以爲大將軍，益封二千戶，賜錢百萬。商薨，弔贈如大將軍故事，謚曰景成侯，子況嗣侯。紅陽侯立次當輔政，有罪過，語在孫寶傳。上乃廢立而用光祿勳曲陽侯根爲大司馬票騎將軍，歲餘益封千七百戶。高平侯逢時無材能名稱，是歲薨，謚曰戴侯，子買之嗣侯。

綏和元年，上卽位二十餘年無繼嗣，而定陶共王已薨，子嗣立爲王。王祖母定陶傅太后重賂遺票騎將軍根，爲王求漢嗣，根爲言，上亦欲立之，遂徵定陶王爲太子。時根輔政五歲矣，乞骸骨，上乃益封根五千戶，賜安車駟馬，黃金五百斤，罷就第。

先是定陵侯淳于長以外屬能謀議，爲衞尉侍中，在輔政之次。是歲，新都侯莽告長伏罪與紅陽侯立相連，〔一〕長下獄死，立就國，語在長傳。故曲陽侯根薦莽以自代，上亦以爲莽有忠直節，遂擢莽從侍中騎都尉光祿大夫爲大司馬。

〔一〕師古曰：「伏罪，謂舊罪陰伏未發者也。」

歲餘，成帝崩，哀帝卽位。太后詔莽就第，避帝外家。哀帝初優莽，不聽。莽上書固乞骸骨而退。上乃下詔曰：「曲陽侯根前在位，建社稷策。侍中太僕安陽侯舜往時護太子家，導朕，忠誠專壹，有舊恩。新都侯莽憂勞國家，執義堅固，庶幾與爲治，太皇太后詔休就第，朕甚閔焉。其益封根二千戶，舜五百戶，莽三百五十戶。以莽爲特進，朝朔望。」又還紅陽侯立京師。哀帝少而聞知王氏驕盛，心不能善，以初立，故優之。

後月餘，司隸校尉解光奏：「曲陽侯根宗重身尊，三世據權，五將秉政，天下輻湊自效。〔一〕根行貪邪，臧累鉅萬，縱橫恣意，〔二〕大治（第宅）〔室第〕，第中起土山，立兩市，殿上赤墀，戶青瑣；遊觀射獵，使奴從者被甲持弓弩，陳爲步兵；止宿離宮，水衡共張，〔三〕發民治道，百姓苦其役。內懷姦邪，欲筦朝政，〔四〕推親近吏主簿張業以爲尚書，蔽上壅下，內塞王路，外交藩臣，驕奢僭上，壞亂制度。案根骨肉至親，社稷大臣，〔五〕先帝棄天下，根不悲哀思慕，山陵未成，公聘取故掖庭女樂五官殷嚴、王飛君等，〔六〕置酒歌舞，捐忘先帝厚恩，背臣子義。及根兄子成都侯況幸得以外親繼父爲列侯侍中，不思報厚恩，亦聘取故掖庭貴人以爲妻，皆無人臣禮，大不敬不道。」於是天子曰：「先帝遇根、況父子，至厚也，今乃背忘恩義！」以根嘗建社稷之策，〔七〕遣就國。免況爲庶人，歸故郡。根及況父商所薦舉爲官者，皆罷。

〔一〕師古曰：「效，獻也，獻其款誠。」

〔二〕師古曰：「橫音胡孟反。」

〔三〕師古曰：「共音居用反。張音竹亮反。」

〔四〕師古曰：「筦與管同。」

〔五〕師古曰：「至親謂於成帝爲舅。」

〔六〕如淳曰：「五官，官名也。外戚傳曰五官視三百石。」

〔七〕師古曰：「謂立哀帝爲嗣也。」

後二歲，傅太后、帝母丁姬皆稱尊號。有司奏「新都侯莽前爲大司馬，貶抑尊號之議，虧損孝道，及平阿侯仁臧匿趙昭儀親屬，皆就國。」天下多冤王氏。諫大夫楊宣上封事言：「孝成皇帝深惟宗廟之重，稱述陛下至德以承天序，聖策深遠，恩德至厚。惟念先帝之意，豈不欲以陛下自代，奉承東宮哉！〔一〕太皇太后春秋七十，數更憂傷，〔二〕敕令親屬引領以避丁、傅。〔三〕行道之人爲之隕涕，況於陛下，時登高遠望，獨不慙於延陵乎！」哀帝深感其言，復封商中子邑爲成都侯。

〔一〕師古曰：「言供養太后。」

〔二〕師古曰：「更，經也，音工衡反。」

〔三〕師古曰：「引領，自引首領而退也。」

元壽元年，日蝕。賢良對策多訟新都侯莽者，上於是徵莽及平阿侯仁還京師侍太后。

曲陽侯根薨，國除。

明年，哀帝崩，無子，太皇太后以莽爲大司馬，與共徵立中山王奉哀帝後，是爲平帝。帝年九歲，（常）〔當〕年被疾，太后臨朝，委政於莽，莽顓威福。紅陽侯立莽諸父，平阿侯仁素剛直，莽內憚之，令大臣以罪過奏遣立、仁就國。莽日誑燿太后，言輔政致太平，羣臣奏請尊莽爲安漢公。後遂遣使者迫守立、仁令自殺，賜立謚曰荒侯，子柱嗣，仁謚曰剌侯，子術嗣。是歲，元始三年也。明年，莽風羣臣奏立莽女爲皇后。〔一〕又奏尊莽爲宰衡，莽母及兩子皆封爲列侯，語在莽傳。

〔一〕師古曰：「風讀曰諷。」

莽既外壹羣臣，令稱己功德，又內媚事旁側長御以下，賂遺以千萬數。白尊太后姊妹君俠爲廣恩君，君力爲廣惠君，君弟爲廣施君，皆食湯沐邑，日夜共譽莽。莽又知太后婦人厭居深宮中，莽欲虞樂以市其權，〔一〕乃令太后四時車駕巡狩四郊，〔二〕存見孤寡貞婦。春幸繭館，〔三〕率皇后列侯夫人桑，遵霸水而祓除；〔四〕夏遊籞宿、鄠、杜之間；〔五〕秋歷東館，望昆明，集黃山宮；冬饗飲飛羽，〔六〕校獵上蘭，〔七〕登長平館，〔八〕臨涇水而覽焉。太后所至屬縣，輒施恩惠，賜民錢帛牛酒，歲以爲常。太后從容言曰：〔九〕「我始入太子家時，見於丙殿，至今五六十歲尚頗識之。」〔一〇〕莽因曰：「太子宮幸近，可壹往遊觀，不足以爲勞。」於是太后幸太子宮，甚說。〔一一〕太后旁弄兒病在外舍，〔一二〕莽自親候之。其欲得太后意如此。

〔一〕張晏曰：「以遊觀之樂易其權，若市賈。」師古曰：「此虞與娛同。」

〔二〕師古曰：「邑外謂之郊，近二十里也。」

〔三〕師古曰：「漢宮閣疏云上林苑有繭觀，蓋蠶繭之所也。」

〔四〕師古曰：「桑，採桑也。遵，循也，謂緣水邊。」

〔五〕師古曰：「籞宿苑在長安城南，今之御宿川是也。」

〔六〕師古曰：「黃山宮在槐里。飛羽殿在未央宮中。羽字或作雨。」

〔七〕師古曰：「上蘭，觀名也，在上林中。」

〔八〕師古曰：「在長平坂也。」

〔九〕師古曰：「從音千容反。」

〔一〇〕師古曰：「識，記也，音式志反。」

〔一一〕師古曰：「說讀曰悅。」

〔一二〕服虔曰：「官婢侍史生兒，取以作弄兒也。」

平帝崩，無子，莽徵宣帝玄孫選最少者廣戚侯子劉嬰，年二歲，託以卜相爲最吉。乃風公卿奏請立嬰爲孺子，〔一〕令宰衡安漢公莽踐祚居攝，如周公傅成王故事。太后不以爲可，力不能禁，於是莽遂爲攝皇帝，改元稱制焉。俄而宗室安衆侯劉崇及東郡太守翟義等惡之，更舉兵欲誅莽。〔二〕太后聞之，曰：「人心不相遠也。〔三〕我雖婦人，亦知莽必以是自危，不可。」其後，莽遂以符命自立爲眞皇帝，先奉諸符瑞以白太后，太后大驚。

〔一〕師古曰：「諷讀曰諷。」

〔二〕師古曰：「更音工衡反。」

〔三〕師古曰：「言所見者同。」

初，漢高祖入咸陽至霸上，秦王子嬰降於軹道，奉上始皇璽。及高祖誅項籍，卽天子位，因御服其璽，世世傳受，號曰漢傳國璽。以孺子未立，璽臧長樂宮。及莽卽位，請璽，太后不肯授莽。莽使安陽侯舜諭指。舜素謹敕，太后雅愛信之。舜旣見，太后知其爲莽求璽，怒罵之曰：「而屬父子宗族蒙漢家力，富貴累世，〔一〕旣無以報，受人孤寄，乘便利時，奪取其國，〔二〕不復顧恩義。人如此者，狗豬不食其餘，〔三〕天下豈有而兄弟邪！且若自以金匱符命爲新皇帝，〔四〕變更正朔服制，亦當自更作璽，傳之萬世，何用此亡國不祥璽爲，而欲求之？我漢家老寡婦，旦暮且死，欲與此璽俱葬，終不可得！」太后因涕泣而言，旁側長御以下皆垂涕。舜亦悲不能自止，良久乃仰謂太后：「臣等已無可言者。〔五〕莽必欲得傳國璽，太后寧能終不與邪！」太后聞舜語切，恐莽欲脅之，乃出漢傳國璽，投之地以授舜，曰：「我老已死，（知）〔如〕而兄弟，今族滅也！」舜旣得傳國璽，奏之，莽大說，〔六〕乃爲太后置酒未央宮漸臺，大縱衆樂。

〔一〕師古曰：「而，汝也。」

〔二〕師古曰：「孤寄，言以孤寄託之。」

〔三〕師古曰：「言惡賤。」

〔四〕師古曰：「若亦汝。」

〔五〕師古曰：「言不可諫止。」

〔六〕師古曰：「說讀曰悅。」

莽又欲改太后漢家舊號，易其璽綬，恐不見聽，而莽疏屬王諫欲諂莽，上書言：「皇天廢去漢而命立新室，太皇太后不宜稱尊號，當隨漢廢，以奉天命。」莽乃車駕至東宮，親以其書白太后。太后曰：「此言是也！」〔一〕莽因曰：「此誖德之臣也，〔二〕罪當誅！」於是冠軍張永獻符命銅璧，文言「太皇太后當爲新室文母太皇太后」。〔三〕莽乃下詔曰：「予視羣公，咸曰『休哉！〔四〕其文字非刻非畫，厥性自然。』予伏念皇天命予爲子，更命太皇太后爲『新室文母太皇太后』，協于新（室）故交代之際，信於漢氏。哀帝之代，世傳行詔籌，爲西王母共具之祥，〔五〕當爲歷代（爲）母，昭然著明。予祗畏天命，敢不欽承！謹以令月吉日，親率羣公諸侯卿士，奉上皇太后璽紱，〔六〕以當順天心，光于四海焉。」太后聽許。莽於是鴆殺王諫，而封張永爲貢符子。

〔一〕師古曰：「恚懟之辭也。」

〔二〕師古曰：「誖，乖也，音布內反。」

〔三〕服虔曰：「銅璽，如璽形，以銅爲之也。」

〔四〕師古曰：「視讀曰示。休，美也。」

〔五〕師古曰：「共音居用反。」

〔六〕師古曰：「(比)〔此〕紱謂璽之組也。」

初，莽爲安漢公時，又諂太后，奏尊元帝廟爲高宗，太后晏駕後當以禮配食云。及莽改〔號〕太后爲新室文母，絕之於漢，不令得體元帝。墮壞孝元廟，〔一〕更爲文母太后起廟，獨置孝元廟故殿以爲文母篹食堂，〔二〕既成，名曰長壽宮。以太后在，故未謂之廟。莽以太后好出遊觀，乃車駕置酒長壽宮，請太后。既至，見孝元廟廢徹塗地，太后驚，泣曰：「此漢家宗廟，皆有神靈，與何治而壞之！〔三〕且使鬼神無知，又何用廟爲！如令有知，我乃人之妃妾，豈宜辱帝之堂以陳饋食哉！」私謂左右曰：「此人嫚神多矣，能久得祐乎！」飲酒不樂而罷。

〔一〕師古曰：「墮，毀也，音火規反。」

〔二〕孟康曰：「篹音撰。」晉灼曰：「篹，具也。」

〔三〕師古曰：「與音預。言此何罪，於汝無所（過）〔干〕預，何爲毁壞之！」

自莽篡位後，知太后怨恨，求所以媚太后無不爲，然愈不說。〔一〕莽更漢家黑貂，著黃貂，〔二〕又改漢正朔伏臘日。太后令其官屬黑貂，至漢家正臘日，獨與其左右相對飲酒食。

〔一〕師古曰：「說讀曰悅。」

〔二〕孟康曰：「侍中所著貂也。莽更漢制也。」師古曰：「更亦改。」

太后年八十四，建國五年二月癸丑崩。三月乙酉，合葬渭陵。莽詔大夫揚雄作誄曰：「太陰之精，沙麓之靈，作合於漢，配元生成。」著其協於元城沙麓。（泰）〔太〕陰精者，謂夢月也。太后崩後十年，漢兵誅莽。

初，紅陽侯立就國南陽，與諸劉結恩，立少子丹爲中山太守。世祖初起，丹降爲將軍，戰死。上閔之，封丹子泓爲武桓侯，至今。〔一〕

〔一〕師古曰：「泓音於宏反。」

司徒掾班彪曰：三代以來，春秋所記，王公國君，與其失世，稀不以女寵。漢興，后妃之家呂、霍、上官，幾危國者數矣。〔一〕及王莽之興，由孝元后歷漢四世爲天下母，饗國六十餘載，羣弟世權，更持國柄，〔二〕五將十侯，卒成新都。位號已移於天下，而元后卷卷猶握一璽，〔三〕不欲以授莽，婦人之仁，悲夫！

〔一〕師古曰：「幾音巨依反。數音所角反。」

〔二〕師古曰：「更音工衡反。」

〔三〕師古曰：「卷音其圓反。解在劉向傳。」

校勘記

四〇一三頁五行　田和有齊國，（三）〔二〕世稱王。宋祁說舊本「三」作「二」。按景祐本作「二」。楊樹達說實五世。

四〇一四頁三行　至〔哀帝元壽二年〕，哀帝崩，景祐、殿本都有「至」下六字。

四〇一四頁一六行　（王）翁孺生禁，景祐、殿本都無「王」字。

四〇一五頁一五行　長御即以爲〔是〕。錢大昭說「爲」下脫「是」字。按景祐、殿、局本都不脫。

四〇一九頁一三行　上與相對〔涕〕泣而決。景祐、殿本有「涕」字。

四〇二〇頁六行　天道聰明，（佐）〔佑〕善而災惡，景祐、殿本都作「佑」。

四〇二三頁五行　故天變（屢）〔婁〕臻，景祐、殿本都作「婁」，並有師古注四字。

四〇二四頁二行　〔其〕奢僭如此。景祐、汲古、殿、局本都有「其」字，此脫。

四〇二四頁六行　長安有高都、（水）〔外〕杜里，景祐本作「外」。

四〇二四頁七行　(按)李說爲(近)是。　景祐、殿本都無「按」字、「近」字。

四〇二四頁一二行　〔言〕譚等五人必不可用。　景祐、殿本都有「言」字，此脫。

四〇二八頁六行　大治(第宅)〔室第〕，　景祐、殿本都作「室第」。

四〇三〇頁三行　帝年九歲，(常)〔當〕年被疾，　景祐本作「當」。

四〇三二頁一五行　(知)〔如〕而兄弟，今族滅也！　景祐本作「如」。　楊樹達說作「如」是。

四〇三三頁一三行　協于新(室)故交代之際，　何焯、李慈銘、楊樹達都說「室」字衍。

四〇三三頁一四行　當爲歷代(爲)母，　楊樹達說「爲母」「爲」字疑因上文「爲」字而衍。　按讀爲「當歷代爲母」亦通。

四〇三四頁七行　(比)〔此〕紱謂璽之組也。　景祐、殿本都作「此」，此誤。

四〇三四頁八行　及莽改〔號〕太后爲新室文母，　景祐、殿本都有「號」字。

四〇三五頁一行　於汝無所(過)〔干〕預，　景祐、殿、局本都作「干」。

四〇三五頁七行　(泰)〔太〕陰精者，　殿本作「太」。

漢書卷九十九上

王莽傳第六十九上

王莽字巨君，孝元皇后之弟子也。元后父及兄弟皆以元、成世封侯，居位輔政，家凡九侯、五大司馬，語在元后傳。〔一〕唯莽父曼蚤死，不侯。〔二〕莽羣兄弟皆將軍五侯子，乘時侈靡，〔三〕以輿馬聲色佚游相高，〔四〕莽獨孤貧，因折節爲恭儉。受禮經，師事沛郡陳參，勤身博學，被服如儒生。〔五〕事母及寡嫂，養孤兄子，行甚敕備。〔六〕又外交英俊，內事諸父，曲有禮意。陽朔中，世父大將軍鳳病，〔七〕莽侍疾，親嘗藥，亂首垢面，不解衣帶連月。鳳且死，以託太后及帝，拜爲黃門郎，遷射聲校尉。

〔一〕師古曰：「外戚傳言十侯，此云九侯，以鳳本嗣禁爲侯。」

〔二〕師古曰：「蚤，古早字。」

〔三〕師古曰：「乘，因也，因貴戚之時。」

〔四〕師古曰：「佚字與逸同。」

〔五〕師古曰：「被音皮義反。」

〔六〕師古曰：「敕，整也。」

〔七〕師古曰：「謂伯父也，以居長嫡而繼統也。」

久之，叔父成都侯商上書，願分戶邑以封莽，及長樂少府戴崇、侍中金涉、胡騎校尉箕閎、上谷都尉陽並、中郎陳湯，皆當世名士，咸爲莽言，上由是賢莽。永始元年，封莽爲新都侯，國南陽新野之都鄉，千五百戶。遷騎都尉光祿大夫侍中，宿衞謹敕，爵位益尊，節操愈謙。散輿馬衣裘，振施賓客，〔一〕家無所餘。收贍名士，交結將相卿大夫甚衆。故在位更推薦之，〔二〕游者爲之談說，虛譽隆洽，傾其諸父矣。敢爲激發之行，處之不慙恧。〔三〕

〔一〕師古曰：「振，舉也。」

〔二〕師古曰：「更音工衡反。」

〔三〕師古曰：「激，急動也。恧，愧也。激音工歷反。恧音女六反。」

莽兄永爲諸曹，蚤死，有子光，莽使學博士門下。莽休沐出，振車騎，〔一〕奉羊酒，勞遺其師，恩施下竟同學。〔二〕諸生縱觀，長老嘆息。光年小於莽子宇，莽使同日內婦，賓客滿堂。須臾，一人言太夫人苦某痛，當飲某藥，比客罷者數起焉。〔三〕（爲）〔嘗〕私買侍婢，昆弟或頗聞知，莽因曰：「後將軍朱子元無子，〔四〕莽聞此兒種宜子，〔五〕爲買之。」即日以婢奉子阬。其匿情求名如此。

〔一〕師古曰：「振，整也。一曰，振，張起也。」

〔二〕師古曰：「竟，周徧也。」

〔三〕師古曰：「比音必寐反。數音所角反。」

〔四〕師古曰：「謂朱博。」

〔五〕師古曰：「此兒謂所買婢也。」

是時，太后姊子淳于長以材能爲九卿，先進在莽右。〔一〕莽陰求其罪過，因大司馬曲陽侯根白之，長伏誅，莽以獲忠直，語在長傳。根因乞骸骨，薦莽自代，上遂擢爲大司馬。是歲，綏和元年也，年三十八矣。莽既拔出同列，繼四父而輔政，〔二〕欲令名譽過前人，遂克己不倦，聘諸賢良以爲掾史，賞賜邑錢悉以享士，愈爲儉約。母病，公卿列侯遣夫人問疾，莽妻迎之，衣不曳地，布蔽膝。見之者以爲僮使，問知其夫人，皆驚。

〔一〕師古曰：「名位居其右。右，前也。」

〔二〕師古曰：「鳳、商、音、根四人皆爲大司馬，而莽之諸父也。」

輔政歲餘，成帝崩，哀帝即位，尊皇太后爲太皇太后。太后詔莽就第，避帝外家。莽上疏乞骸骨，哀帝遣尚書令詔莽曰：「先帝委政於君而棄羣臣，朕得奉宗廟，誠嘉與君同心合意。今君移病求退，〔一〕以著朕之不能奉順先帝之意，〔二〕朕甚悲傷焉。已詔尚書待君奏事。」又遣丞相孔光、大司空何武、左將軍師丹、衞尉傅喜白太后曰：「皇帝聞太后詔，甚悲。大司馬卽不起，皇帝卽不敢聽政。」太后復令莽視事。

〔一〕師古曰：「移書言病也。一曰，以病而移居也。」

〔二〕師古曰：「著，明也。」

時哀帝祖母定陶傅太后、母丁姬在，高昌侯董宏上書言：「春秋之義，母以子貴，丁姬宜上尊號。」莽與師丹共劾宏誤朝不道，語在丹傳。後日，未央宮置酒，內者令爲傅太后張幄，坐於太皇太后坐旁。〔一〕莽案行，責內者令曰：「定陶太后藩妾，何以得與至尊並！」徹去，更設坐。傅太后聞之，大怒，不肯會，重怨恚莽。〔二〕莽復乞骸骨，哀帝賜莽黃金五百斤，安車駟馬，罷就第。公卿大夫多稱之者，上乃加恩寵，置使家，中黃門〔三〕十日一賜餐。下詔曰：「新都侯莽憂勞國家，執義堅固，朕庶幾與爲治。太皇太后詔莽就第，朕甚閔焉。其以黃郵聚戶三百五十益封莽，〔四〕位特進，給事中，朝朔望見禮如三公，〔五〕車駕乘綠車從。」〔六〕後二歲，傅太后、丁姬皆稱尊號，丞相朱博奏：「莽前不廣尊尊之義，抑貶尊號，虧損孝道，當伏顯戮，幸蒙赦令，不宜有爵土，請免爲庶人。」上曰：「以莽與太皇太后有屬，勿免，遣就國。」

〔一〕師古曰：「坐，並音材臥反。」

〔二〕師古曰：「會謂至置酒所也。重音直用反。」

〔三〕蘇林曰：「使黃門在其家中爲使令。」

〔四〕服虔曰：「黃郵在南陽棘陽縣。」

〔五〕師古曰：「見天子之禮也。見音胡電反。」

〔六〕師古曰：「綠車，皇孫之車，天子出行，令莽乘之以從，所以寵也。」

莽杜門自守，其中子獲殺奴，〔一〕莽切責獲，令自殺。在國三歲，吏上書冤訟莽者以百數。〔二〕元壽元年，日食，賢良周護、宋崇等對策深頌莽功德，上於是徵莽。

〔一〕師古曰：「獲者，莽子之名也。今書本有作護字者，流俗所改耳。」

〔二〕師古曰：「言其合管朝政，不當就國也。」

始莽就國，南陽太守以莽貴重，選門下掾宛孔休守新都相。〔一〕休謁見莽，莽盡禮自納，休亦聞其名，與相答。後莽疾，休候之，莽緣恩意，進其玉具寶劍，欲以爲好。〔二〕休不肯受，莽因曰：「誠見君面有瘢，〔三〕美玉可以滅瘢，欲獻其瑑耳。」即解其瑑，〔四〕休復辭讓。莽曰：「君嫌其賈邪？」〔五〕遂椎碎之，〔六〕自裹以進休，休乃受。及莽徵去，欲見休，休稱疾不見。

〔一〕師古曰：「姓孔名休，宛縣人。」

〔二〕師古曰：「結歡好也，音呼到反。」

〔三〕師古曰：「瘢，創痕也。痕音下恩反。」

〔四〕服虔曰：「瑑音衞。」蘇林曰：「劍鼻也。」師古曰：「瑑字本作璏，從王彘聲，後轉寫者訛也。瑑自雕瑑字耳，音（彖）〔篆〕也。」

〔五〕師古曰：「賈讀曰價，言其所有價直也。」

〔六〕師古曰：「椎音直追反，其字從木。」

莽還京師歲餘，哀帝崩，無子，而傅太后、丁太后皆先薨，太皇太后即日駕之未央宮收取璽綬，遣使者馳召莽。詔尚書，諸發兵符節，百官奏事，中黃門、期門兵皆屬莽。莽白：「大司馬高安侯董賢年少，不合衆心，收印綬。」賢即日自殺。太后詔公卿舉可大司馬者，大司徒孔光、大司空彭宣舉莽，前將軍何武、後將軍公孫祿互相舉。太后拜莽爲大司馬，與議立嗣。安陽侯王舜莽之從弟，其人修飭，〔一〕太后所信愛也，莽白以舜爲車騎將軍，使迎中山王奉成帝後，是爲孝平皇帝。帝年九歲，太后臨朝稱制，委政於莽。莽白趙氏前害皇子，傅氏驕僭，遂廢孝成趙皇后、孝哀傅皇后，皆令自殺，語在外戚傳。

〔一〕師古曰：「飭讀與敕同。敕，整也。」

莽以大司徒孔光名儒，相三主，太后所敬，天下信之，於是盛尊事光，引光女壻甄邯爲侍中奉車都尉。諸哀帝外戚及大臣居位素所不說者，〔一〕莽皆傅致其罪，〔二〕爲請奏，令邯持與光。光素畏慎，不敢不上之，莽白太后，輒可其奏。於是前將軍何武、後將軍公孫祿坐互相舉免，丁、傅及董賢親屬皆免官爵，徙遠方。紅陽侯立太后親弟，雖不居位，莽以諸父內敬憚之，畏立從容言太后，令己不得肆意，〔三〕乃復令光奏立舊惡：「前知定陵侯淳于長犯大逆罪，多受其賂，爲言誤朝；〔四〕後白以官婢楊寄私子爲皇子，衆言曰呂氏、少帝復出，紛紛爲天下所疑，難以示來世，成襁褓之功。請遣立就國。」太后不聽。莽曰：「今漢家衰，比世無嗣，〔五〕太后獨代幼主統政，誠可畏懼，力用公正先天下，尚恐不從，〔六〕今以私恩逆大臣議如此，羣下傾邪，亂從此起！宜可且遣就國，安後復徵召之。」〔七〕太后不得已，遣立就國。莽之所以脅持上下，皆此類也。

〔一〕師古曰：「說讀曰悅。」

〔二〕師古曰：「傅讀曰附。附益而引致之令入罪。」

〔三〕師古曰：「肆，放也。」

〔四〕師古曰：「妄稱譽之，誤惑朝廷也。」

〔五〕師古曰：「比，頻也。」

〔六〕師古曰：「力，勉力。」

〔七〕師古曰：「安猶徐也。」

於是附順者拔擢，忤恨者誅滅。王舜、王邑爲腹心，甄豐、甄邯主擊斷，平晏領機事，劉歆典文章，孫建爲爪牙。豐子尋、歆子棻、〔一〕涿郡崔發、南陽陳崇皆以材能幸於莽。莽色厲而言方，〔二〕欲有所爲，微見風采，〔三〕黨與承其指意而顯奏之，莽稽首涕泣，固推讓焉，上以惑太后，下用示信於衆庶。

〔一〕師古曰：「棻或作𢷏字，音扶云反。」

〔二〕師古曰：「外示凜厲之色，而假爲方直之言。」

〔三〕師古曰：「見音胡電反。」

始，風益州令塞外蠻夷獻白雉，〔一〕元始元年正月，莽白太后下詔，以白雉薦宗廟。羣臣因奏言太后「委任大司馬莽定策安宗廟。故大司馬霍光有安宗廟之功，益封三萬戶，疇其爵邑，比蕭相國。莽宜如光故事。」太后問公卿曰：「誠以大司馬有大功當著之邪？〔二〕將以骨肉故欲異之也？」於是羣臣乃盛陳「莽功德致周成白雉之瑞，千載同符。聖王之法，臣有大功則生有美號，故周公及身在而託號於周。莽有定國安漢家之大功，宜賜號曰安漢公，益戶，疇爵邑，上應古制，下準行事，以順天心。」太后詔尚書具其事。

〔一〕師古曰：「風讀曰諷。下皆類此。」

〔二〕師古曰：「著，明也。」

莽上書言：「臣與孔光、王舜、甄豐、甄邯共定策，今願獨條光等功賞，寢置臣莽，勿隨輩列。」甄邯白太后下詔曰：「『無偏無黨，王道蕩蕩。』〔一〕屬有親者，義不得阿。君有安宗廟之功，不可以骨肉故蔽隱不揚。君其勿辭。」莽復上書讓。太后詔謁者引莽待殿東箱，莽稱疾不肯入。太后使尚書令恂詔之曰：「君以選故而辭以疾，〔二〕君任重，不可闕，以時亟起。」〔三〕莽遂固辭。太后復使長信太僕閎承制召莽，莽固稱疾。左右白太后，宜勿奪莽意，但條孔光等，莽乃肯起。太后下詔曰：「太傅博山侯光宿衞四世，世爲傅相，忠孝仁篤，行義顯著，建議定策，益封萬戶，以光爲太師，與四輔之政。〔四〕車騎將軍安陽侯舜積累仁孝，使迎中山王，折衝萬里，功德茂著，益封萬戶，以舜爲太保。左將軍光祿勳豐宿衞三世，忠信仁篤，〔五〕使迎中山王，輔導共養，以安宗廟，〔六〕封豐爲廣陽侯，食邑五千戶，以豐爲少傅。皆授四輔之職，疇其爵邑，各賜第一區。侍中奉車都尉邯宿衞勤勞，建議定策，封邯爲承陽侯，食邑二千四百戶。」〔七〕四人既受賞，莽尚未起，羣臣復上言：「莽雖克讓，朝所宜章，以時加賞，明重元功，無使百僚元元失望。」太后乃下詔曰：「大司馬新都侯莽三世爲三公，典周公之職，建萬世策，功(能)〔德〕爲忠臣宗，化流海內，遠人慕義，越裳氏重譯獻白雉。其以召陵、新息二縣戶二萬八千益封莽，復其後嗣，疇其爵邑，〔八〕封功如蕭相國。以莽爲太傅，幹四輔之事，號曰安漢公。以故蕭相國甲第爲安漢公第，定著於令，傳之無窮。」

〔一〕師古曰：「尚書洪範之言也。蕩蕩，廣平之貌也。故引之。」

〔二〕師古曰：「選，善也。國家欲褒其善，加號疇邑，乃以疾辭。」
〔三〕師古曰：「亟，急也，音居力反。」
〔四〕師古曰：「與讀曰豫。」
〔五〕師古曰：「篤，厚也。」
〔六〕師古曰：「共音居用反。養音弋亮反。」
〔七〕師古曰：「承音蒸。」
〔八〕師古曰：「復音方目反。」

於是莽爲惶恐，不得已而起受策。策曰：「漢危無嗣，而公定之；四輔之職，三公之任，而公幹之；羣僚衆位，而公宰之；功德茂著，宗廟以安，蓋白雉之瑞，周成象焉。〔一〕故賜嘉號曰安漢公，輔翼于帝，期於致平，〔二〕毋違朕意。」莽受太傅安漢公號，讓還益封疇爵邑事，云願須百姓家給，然後加賞。〔三〕羣公復爭，太后詔曰：「公自期百姓家給，是以聽之。其令公奉、舍人、賞賜皆倍故。〔四〕百姓家給人足，大司徒、大司空以聞。」莽復讓不受，而建言宜立諸侯王後及高祖以來功臣子孫，大者封侯，或賜爵關內侯食邑，然後及諸在位，各有第序。上尊宗廟，增加禮樂；下惠士民鰥寡，恩澤之政無所不施。語在平紀。

〔一〕師古曰：「言莽致白雉之瑞，有周公相成王之象。」
〔二〕師古曰：「致太平。」

〔三〕師古曰：「給，足也。家給，家家自足。」

〔四〕師古曰：「奉，所食之奉也。舍人，私府吏員也。倍故，數多於（人）〔故〕各一倍也。奉音扶用反。」

莽既說衆庶，〔一〕又欲專斷，知太后猒政，乃風公卿〔二〕奏言：「往者，吏以功次遷至二千石，及州部所舉茂材異等吏，率多不稱，宜皆見安漢公。又太后不宜親省小事。」令太后下詔曰：「皇帝幼年，朕且統政，比加元服。〔三〕今衆事煩碎，朕春秋高，精氣不堪，殆非所以安躬體而育養皇帝者也。故選忠賢，立四輔，羣下勸職，永以康寧。孔子曰：『巍巍乎，舜禹之有天下而不與焉！』〔四〕自今以來，（非）〔惟〕封爵乃以聞。他事，安漢公、四輔平決。州牧、二千石及茂材吏初除奏事者，輒引入至近署對安漢公，考故官，問新職，以知其稱否。」於是莽人人延問，致密恩意，厚加贈送，其不合指，顯奏免之，權與人主侔矣。

〔一〕師古曰：「說讀曰悅。」

〔二〕師古曰：「風讀曰諷。」

〔三〕師古曰：「比至平帝加元服以來，太后且統政也。比音必寐反。」

〔四〕師古曰：「論語載孔子之言也。巍巍，高貌也。言舜禹之治天下，委任賢臣以成其功，而不身親其事也。與讀曰豫。」

莽欲以虛名說太后，〔一〕白言「親承前孝哀丁、傅奢侈之後，百姓未贍者多，太后宜且衣繒練，頗損膳，以視天下。」〔二〕莽因上書，願出錢百萬，獻田三十頃，付大司農助給貧民。於是公卿皆慕效焉。莽帥羣臣奏言：「陛下春秋尊，久衣重練，減御膳，誠非所以輔精氣，育皇帝，安宗廟也。臣莽數叩頭省戶下，白爭未見許。今幸賴陛下德澤，間者風雨時，甘露降，神芝生，蓂莢、朱草、嘉禾，休徵同時並至。〔三〕臣莽等不勝大願，願陛下愛精休神，闊略思慮，〔四〕遵帝王之常服，復太官之法膳，使臣子各得盡驩心，備共養。惟哀省察！」莽又令太后下詔曰：「蓋聞母后之義，思不出乎門閾。〔五〕國不蒙佑，皇帝年在襁褓，未任親政，戰戰兢兢，懼於宗廟之不安。國家之大綱，微朕孰當統之？〔六〕是以孔子見南子，周公居攝，蓋權時也。〔七〕勤身極思，憂勞未綏，故國奢則視之以儉，〔八〕矯枉者過其正，而朕不身帥，將謂天下何！夙夜夢想，五穀豐孰，百姓家給，比皇帝加元服，委政而授焉。〔九〕今誠未皇于輕靡而備味，〔一〇〕庶幾與百僚有成，其勗之哉！」〔一一〕每有水旱，莽輒素食，〔一二〕左右以白。太后遣使者詔莽曰：「聞公菜食，憂民深矣。今秋幸孰，公勤於職，以時食肉，愛身為國。」

〔一〕師古曰：「說讀曰悅。」

〔二〕師古曰：「繒練謂帛無文者。視讀曰示。」

〔三〕師古曰：「休，美也。徵，證也。」

〔四〕師古曰：「闊，寬也。略，簡也。」

〔五〕師古曰：「閾，門橛也，音域。」

〔六〕師古曰：「微，無也。」

〔七〕師古曰：「南子，衞靈公夫人。孔子欲說靈公以治道，故見南子也。」

〔八〕師古曰：「視讀曰示。」

〔九〕師古曰：「比音必寐反。」

〔一〇〕師古曰：「皇，暇也。靡，細也。」

〔一一〕師古曰：「勗，勉也。」

〔一二〕師古曰：「素食卽菜食也，解在霍光傳。」

莽念中國已平，唯四夷未有異，乃遣使者齎黃金幣帛，重賂匈奴單于，使上書言：「聞中國譏二名，故名囊知牙斯今更名知，慕從聖制。」又遣王昭君女須卜居次入侍。所以誑耀媚事太后，下至旁側長御，方故萬端。

莽既尊重，欲以女配帝為皇后，以固其權，奏言：「皇帝卽位三年，長秋宮未建，液廷媵未充。〔一〕乃者，國家之難，本從亡嗣，配取不正。請考論五經，定取禮，〔二〕正十二女之義，以廣繼嗣。博采二王後及周公孔子世列侯在長安者適子女。」〔三〕事下有司，上衆女名，王氏女多在選中者。莽恐其與己女爭，卽上言：「身亡德，子材下，不宜與衆女並采。」太后以為至誠，乃下詔曰：「王氏女，朕之外家，其勿采。」庶民、諸生、郎吏以上守闕上書者日千餘人，公卿大夫或詣廷中，或伏省戶下，咸言：「明詔聖德巍巍如彼，安漢公盛勳堂堂若此，今當立后，獨奈何廢公女？天下安所歸命！願得公女爲天下母。」莽遣長史以下分部曉止公卿及諸生，〔四〕而上書者愈甚。太后不得已，聽公卿采莽女。莽復自白：「宜博選衆女。」公卿爭曰：「不宜采諸女以貳正統。」〔五〕莽白：「願見女。」太后遣長樂少府、宗正、尙書令納采見女，還奏言：「公女漸漬德化，有窈窕之容，〔六〕宜承（大）〔天〕序，奉祭祀。」有詔遣大司徒、大司空策告宗廟，雜加卜筮，皆曰：「兆遇金水王相，卦遇父母得位，〔七〕所謂『康强』之占，『逢吉』之符也。」信鄉侯佟上言：〔八〕「春秋，天子將娶於紀，則褒紀子稱侯，〔九〕安漢公國未稱古制。」〔一〇〕事下有司，皆（自）〔曰〕：「古者天子封后父百里，尊而不臣，以重宗廟，孝之至也。佟言應禮，可許。請以新野田二萬五千六百頃益封莽，滿百里。」莽謝曰：「臣莽子女誠不足以配至尊，復聽衆議，益封臣莽。伏自惟念，得託肺腑，獲爵土，如使子女誠能奉稱聖德，臣莽國邑足以共朝貢，〔一一〕不須復加益地之寵。願歸所益。」太后許之。有司奏「故事，聘皇后黃金二萬斤，爲錢二萬萬。」莽深辭讓，受四千萬，而以其三千三百萬予十一媵家。羣臣復言：「今皇后受聘，踰羣妾亡幾。」〔一二〕有詔，復益二千三百萬，合爲三千萬。莽復以其千萬分予九族貧者。

〔一〕師古曰：「液與披同音通用。」

〔二〕師古曰：「取皆讀曰娶。」

〔三〕師古曰：「適讀曰嫡。謂妻所生也。」

〔四〕師古曰：「分音扶問反。」

〔五〕師古曰：「〔言〕皇后之位當在莽女也。」

〔六〕師古曰：「窈窕，幽閑也。」

〔七〕孟康曰：「金水相生也。」張晏曰：「金王則水相也。遇父母，謂泰卦乾下坤上，天下於地，是配享之卦。」師古曰：「王音于放反。」

〔八〕師古曰：「王子侯表清河綱王子豹始封新鄉侯，傳爵至曾孫佟，王莽篡位賜姓王，即謂此也。而此傳作信鄉侯，古者新信同音故耳。佟音（從）〔徒〕冬反。」

〔九〕師古曰：「解在外戚恩澤侯表也。」

〔一〇〕師古曰：「稱，副也，音尺孕反。其下亦同。」

〔一一〕師古曰：「共讀曰供。」

〔一二〕師古曰：「亡幾，不多也。亡讀曰無。幾音居豈反。其下並同。」

陳崇時為大司徒司直，與張敞孫竦相善。竦者博通士，為崇草奏，稱莽功德，〔一〕崇奏之，曰：

〔一〕師古曰：「草謂創立其文也。」

竊見安漢公自初束脩，〔一〕值世俗隆奢麗之時，蒙兩宮厚骨肉之寵，〔二〕被諸父赫赫之光，〔三〕財饒勢足，亡所牾意，〔四〕然而折節行仁，克心履禮，拂世矯俗，確然特立；〔五〕惡衣惡食，陋車駑馬，妃匹無二，閨門之內，孝友之德，衆莫不聞；清靜樂道，溫良下士，〔六〕惠于故舊，篤于師友。孔子曰「未若貧而樂，富而好禮」，〔七〕公之謂矣。

〔一〕師古曰：「束脩謂初學官之時。」

〔二〕師古曰：「兩宮謂成帝及太后。」

〔三〕師古曰：「被音皮義反。」

〔四〕師古曰：「牾，逆也，無人能逆其意也。牾音五故反。」

〔五〕師古曰：「拂，違也。矯，正也。拂音佛。」

〔六〕師古曰：「下音胡嫁反。」

〔七〕師古曰：「論語子貢問曰：『貧而無諂，富而無驕，何如？』孔子曰：『可也，未若貧而樂，富而好禮者也。』」

及爲侍中，故定陵侯淳于長有大逆罪，公不敢私，建白誅討。〔一〕周公誅管蔡，季子鴆叔牙，〔二〕公之謂矣。

〔一〕師古曰：「首言其事也。」

〔二〕師古曰：「解並在前。」

是以孝成皇帝命公大司馬，委以國統。孝哀即位，高昌侯董宏希指求美，造作二統，〔一〕公手劾之，以定大綱。建白定陶太后不宜在乘輿幄坐，〔二〕以明國體。詩曰「柔亦不茹，剛亦不吐，不侮鰥寡，不畏强圉」，〔三〕公之謂矣。

〔一〕晉灼曰：「欲令丁姬爲帝太后也。」

〔二〕師古曰：「坐音才臥反。」

〔三〕師古曰：「大雅烝人之詩，美仲山甫之德。茹，食也。强圉，强梁圉扞也。」

深執謙退，推誠讓位。定陶太后欲立僭號，憚彼面剌幄坐之義，佞惑之雄，朱博之疇，懲此長、宏手劾之事，上下壹心，讒賊交亂，詭辟制度，遂成篡號，〔一〕斥逐仁賢，誅殘戚屬，而公被胥、原之訴，遠去就國，〔二〕朝政崩壞，綱紀廢弛，危亡之禍，不隧如髮。〔三〕詩云「人之云亡，邦國殄顇」，〔四〕公之謂矣。

〔一〕師古曰：「詭，違也。辟讀曰僻。」

〔二〕應劭曰：「胥、原，子胥、屈原也。」師古曰：「遠去朝廷，而就其侯國。」

〔三〕師古曰：「弛，解也，音式爾反。隧音直類反。」

〔四〕師古曰：「大雅瞻仰之詩也。殄，盡也。顇，病也。言爲政不善，賢人奔亡矣，天下邦國盡困病也。顇與（萃）〔悴〕同，音才醉反。」

當此之時，宮亡儲主，董賢據重，加以傅氏有女之援，〔一〕皆自知得罪天下，結讎中山，〔二〕則必同憂，斷金相翼，〔三〕藉假遺詔，頻用賞誅，先除所憚，急引所附，遂誣往冤，更徵遠屬，事勢張見，其不難矣！〔四〕賴公立入，卽時退賢，及其黨親。當此之時，公運獨見之明，奮亡前之威，〔五〕盱衡厲色，振揚武怒，〔六〕乘其未堅，厭其未發，〔七〕震起機動，敵人摧折，雖有賁育不及持刺，〔八〕雖有樗里不及回知，〔九〕雖有鬼谷不及造次，〔一〇〕是故董賢喪其魂魄，遂自絞殺。人不還踵，日不移晷，〔一一〕霍然四除，更爲寧朝。非陛下莫引立公，非公莫克此禍。詩云「惟師尚父，時惟鷹揚，亮彼武王」，〔一二〕孔子曰「敏則有功」，〔一三〕公之謂矣。

〔一〕師古曰：「謂哀帝傅皇后。」

〔二〕張晏曰：「傅太后譖中山馮太后，陷以祝詛之罪。」

〔三〕師古曰：「引易繫辭『二人同心，其利斷金』。翼，助也。」

〔四〕師古曰：「言哀帝旣崩，丁、傅、董賢欲稱遺詔，樹立黨親，共立幼主，以據國權也。遠屬，國之宗室疎遠者也。」

〔五〕師古曰：「無前謂無有敢當之者。」

〔六〕孟康曰：「眉上曰衡。盱衡，舉眉揚目也。」師古曰：「盱音許于反。」

〔七〕師古曰：「厭音一涉反。」

〔八〕師古曰：「孟賁、夏育皆古勇士也。持刺謂持兵（力）〔刃〕以刺。」

〔九〕師古曰：「樗里子名疾，秦惠王之弟也，爲秦相，時人號曰智囊。」

〔一〇〕師古曰：「鬼谷先生，蘇秦之師，善談說。」

〔一〕師古曰：「還讀曰旋。晷，景也。言其速疾。」

〔二〕師古曰：「大雅大明之詩也。師尚父，太公也。亮，助也。言太公武毅，若鷹之飛揚，佐助武王以克殷也。」

〔三〕師古曰：「論語載孔子對子張之言也。敏，疾也。言應事速疾，乃能成功。」

於是公乃白內故泗水相豐、㵒令邯，〔一〕與大司徒光、車騎將軍舜建定社稷，奉節東迎，皆以功德受封益土，爲國名臣。書曰「知人則哲」，〔二〕公之謂也。

〔一〕師古曰：「甄豐、甄邯也。㵒讀曰郃。」

〔二〕師古曰：「虞書咎繇謨之辭也。哲，智也。」

公卿咸歎公德，同盛公勳，皆以周公爲比，〔一〕宜賜號安漢公，益封二縣，公皆不受。傳曰申包胥不受存楚之報，晏平仲不受輔齊之封，〔二〕孔子曰「能以禮讓爲國乎何有」，〔三〕公之謂也。

〔一〕師古曰：「比音必寐反。」

〔二〕師古曰：「申包胥，楚大夫也。吳師入郢，楚昭王出奔，包胥如秦乞師，秦出師以救楚。昭王反國欲賞，包胥辭曰：『吾爲君也，非爲身也。』遂不受。晏平仲，齊大夫晏嬰也，以道佐齊景公。景公欲封之，讓而不受。」

〔三〕師古曰：「論語載孔子之言也。解在董仲舒傳。」

將爲皇帝定立妃后，有司上名，公女爲首，公深辭讓，迫不得已然後受詔。父子之親天性自然，欲其榮貴甚於爲身，皇后之尊侔於天子，當時之會千載希有，然而公惟國家之統，揖大福之恩，〔一〕事事謙退，動而固辭。書曰「舜讓于德不嗣」，〔二〕公之謂矣。

〔一〕師古曰：「揖謂讓而不當也。」

〔二〕（書）〔師古〕曰：「虞書舜典之辭，言舜自讓德薄，不足以繼帝堯之事也。」

自公受策，以至于今，亹亹翼翼，日新其德，〔一〕增修雅素以命下國，㣕儉隆約以矯世俗，〔二〕割財損家以帥羣下，彌躬執平以逮公卿，〔三〕教子尊學以隆國化。僮奴衣布，馬不秣穀，食飲之用，不過凡庶。詩云「溫溫恭人，如集于木」，〔四〕孔子曰「食無求飽，居無求安」，〔五〕公之謂矣。

〔一〕師古曰：「亹亹，勉也。翼翼，敬也。亹音武匪反。」

〔二〕師古曰：「㣕，退也。矯，正也。㣕音千旬反，其字從彳。」

〔三〕師古曰：「彌讀與弭同。」

〔四〕師古曰：「小雅小宛之詩。溫溫，柔貌也。如集于木，恐隤墜耳。」

〔五〕師古曰：「論語載孔子之言也。謂君子好學樂道，故志不在安飽。」

克身自約，糴食逮給，〔一〕物物卬市，日闋亡儲。〔二〕又上書歸孝哀皇帝所益封邑，入錢獻田，殫盡舊業，爲衆倡始。〔三〕於是小大鄉和，承風從化，〔四〕外則王公列侯，內則帷幄侍御，翕然同時，各竭所有，或入金錢，或獻田畝，以振貧窮，收贍不足者。昔令尹子文朝不及夕，魯公儀子不茹園葵，〔五〕公之謂矣。

〔一〕師古曰：「纔得粗及僅足而已。」

〔二〕師古曰：「物物卬市，言其衣食所須皆買之於市，不自營作，而不奪工商利也。闋，盡也。日闋，言當日即盡，不蓄積也。卬音牛向反。闋音空穴反。」

〔三〕師古曰：「倡音尺尚反。」

〔四〕師古曰：「鄉讀曰嚮。」

〔五〕張晏曰：「令尹子文自毀其家以紓楚國之難，仕而逃祿，朝不及夕也。」師古曰：「子文，楚令尹鬬穀於菟也。公儀子，魯國相公儀休也，拔其園葵，不奪園夫之利。食菜曰茹，音人諸反。」

開門延士，下及白屋，〔一〕婁省朝政，綜管衆治，〔二〕親見牧守以下，考迹雅素，審知白黑。詩云「夙夜匪解，以事一人」，〔三〕易曰「終日乾乾，夕惕若厲」，〔四〕公之謂矣。

〔一〕師古曰：「白屋，謂庶人以白茅覆屋者也。」

〔二〕師古曰：「婁，古屢字。」

〔三〕師古曰：「大雅烝人之詩也。一人，天子也。解讀曰懈。」

〔四〕師古曰：「乾卦九三爻辭也。乾乾，自強之意。惕，懼也。厲，病也。」

比三世為三公，再奉送大行，〔一〕秉冢宰職，填安國家，〔二〕四海輻（奏）〔湊〕，靡不得所。書曰「納于大麓，列風雷雨不迷」，〔三〕公之謂矣。

〔一〕師古曰：「比，頻也。」

〔二〕師古曰：「塡音竹刃反。」

〔三〕師古曰：「虞書舜典敍舜之德。麓，錄也。言堯使舜大錄萬機之政。一曰，山足曰麓。言有聖德，雖遇風雷不迷惑也。」

此皆上世之所鮮，禹稷之所難，〔一〕而公包其終始，一以貫之，可謂備矣！〔二〕是以三年之間，化行如神，嘉瑞疊累，豈非陛下知人之效，得賢之致哉！故非獨君之受命也，臣之生亦不虛矣。是以伯禹錫玄圭，周公受郊祀，〔三〕蓋以達天之使，不敢擅天之功也。〔四〕揆公德行，爲天下紀；〔五〕觀公功勳，爲萬世基。基成而賞不配，紀立而褒不副，〔六〕誠非所以厚國家，順天心也。

〔一〕師古曰：「鮮音先踐反。」

〔二〕師古曰：「論語稱孔子謂曾子曰『參乎，吾道一以貫之』，謂忠恕。」

〔三〕師古曰：「尚書禹貢云『禹錫玄圭，告厥成功』，言賞治水功成也。禮記明堂位曰：『成王幼弱，周公踐天子之位以治天下。七年，乃致政於成王。成王以周公爲有勳勞於天下，封周公於曲阜，地方七百里，革車千乘，命魯公世世祀周公以天子禮樂。是以魯君孟春乘大路，旂十有二旒，日月之章，祀帝于郊，配以后稷，天子之禮也。』」

〔四〕師古曰：「言天降賢材以助王者，王者當申達其用，而不敢自專。」

〔五〕師古曰：「揆，度也。紀，理也。」

〔六〕師古曰：「配，對也。」

高皇帝褒賞元功，相國蕭何邑戶既倍，又蒙殊禮，奏事不名，入殿不趨，封其親屬十有餘人。樂善無厭，班賞亡遴，〔一〕苟有一策，卽必爵之，是故公孫戎位在充郎，選繇旄頭，壹明樊噲，封二千戶。〔二〕孝文皇帝褒賞絳侯，益封萬戶，賜黃金五千斤。孝武皇帝卹錄軍功，裂三萬戶以封衞青，青子三人，或在襁褓，皆爲通侯。孝宣皇帝顯著霍光，增戶命疇，封者三人，延及兄孫。夫絳侯卽因漢藩之固，杖朱虛之鯁，依諸將之遞，據相扶之勢，其事雖醜，要不能遂。〔三〕霍光卽席常任之重，乘大勝之威，未嘗遭時不行，陷假離朝，〔四〕朝之執事，亡非同類，割斷歷久，統政曠世，雖曰有功，所因亦易，然猶有計策不審過徵之累。〔五〕及至青、戎，摽末之功，〔六〕一言之勞，然猶皆蒙丘山之賞。課功絳、霍，造之與因也；比於青、戎，地之與天也。而公又有宰治之效，乃當上與伯禹、周公等盛齊隆，兼其褒賞，豈特與若云者同日而論哉？〔七〕然曾不得蒙青等之厚，臣誠惑之！

〔一〕師古曰：「遴與吝同。」

〔二〕孟康曰：「公孫戎奴也，高帝時爲旄頭郎。」晉灼曰：「楚漢春秋上東圍項羽，聞樊噲反，旄頭公孫戎明之，卒不反，封戎二千戶。」師古曰：「此公孫戎耳，非戎奴也。戎奴自武帝時人，孟說誤矣。繇讀與由同。」

〔三〕李奇曰：「言勃之功不遂，而霍光據席常任也。」晉灼曰：「醜，衆也。言勃欲誅諸呂，其事雖衆，要不能以呂后在時而遂意也。」師古曰：「二說皆非也。遰，繞也，謂相圍繞也。言絳侯之時，漢家外有蕃屏盤石之固，內有朱虛骨鯁之强，諸將同心圍繞扶翼，呂氏之黨雖欲作亂，心懷醜惡，事必不成。言勃之功不足多也。遰音帶。」

〔四〕服虔曰：「言光未嘗陷假不遇，而離去朝也。莽嘗退就國，是陷假也。」師古曰：「假，升也。陷假者，被陷害而去所升之位也。」

〔五〕師古曰：「光誤徵昌邑王，不得其人也。累音力瑞反。」

〔六〕服虔曰：「摽音刀末之摽。謂衞青、公孫戎也。」師古曰：「摽音匹遙反。」

〔七〕師古曰：「若云，謂若向者所云絳、霍、青、戎也。」

臣聞功亡原者賞不限，德亡首者褒不檢。〔一〕是故成王之(與)〔於〕周公也，度百里之限，〔二〕越九錫之檢，開七百里之宇，〔三〕兼商、奄之民，〔四〕賜以附庸殷民六族，〔五〕大路大旂，〔六〕封父之繁弱，夏后之璜，〔七〕祝宗卜史，〔八〕備物典策，〔九〕官司彝器，〔一〇〕白牡之牲，〔一一〕郊望之禮。〔一二〕王曰：「叔父，建爾元子。」〔一三〕子父俱延拜而受之。〔一四〕可謂不檢亡原者矣。非特止此，六子皆封。〔一五〕詩曰：「亡言不讎，亡德不報。」〔一六〕報當如之，不如非報也。〔一七〕近觀行事，高祖之約非劉氏不王，然而番君得王長沙，下詔稱忠，定著於令，〔一八〕明有大信不拘於制也。春秋晉悼公用魏絳之策，諸夏服從。鄭伯獻樂，悼公於是以半賜之。絳深辭讓，晉侯曰：「微子，寡人不能濟河。夫賞，國之典，不可廢也。子其受之。」魏絳於是有金石之樂，春秋善之，〔二九〕取其臣竭忠以辭功，君知臣以遂賞也。今陛下既知公有周公功德，不行成王之褒賞，遂聽公之固辭，不顧春秋之明義，則民臣何稱，萬世何述？誠非所以爲國也。臣愚以爲宜恢公國，令如周公，〔三〇〕建立公子，令如伯禽。所賜之品，亦皆如之。諸子之封，皆如六子。即羣下較然輸忠，黎庶昭然感德。〔三一〕臣誠輸忠，民誠感德，則於王事何有？〔三二〕唯陛下深惟祖宗之重，敬畏上天之戒，儀形虞、周之盛，〔三三〕敕盡伯禽之賜，無遴周公之報，〔三四〕(今)〔令〕天法有設，後世有祖，〔三五〕天下幸甚！

〔一〕師古曰：「無原，謂不可測其本原也。無首，謂無出其上者也。檢，局也。」

〔二〕師古曰：「度亦踰越也。」

〔三〕師古曰：「解並在前也。」

〔四〕師古曰：「商、奄，二國名。」

〔五〕師古曰：「謂條氏、徐氏、蕭氏、索氏、長勺氏、尾勺氏也。」

〔六〕師古曰：「解已在前也。」

〔七〕師古曰：「封父，古諸侯也。繁弱，大弓名也。半璧曰璜。父讀曰甫。」

〔八〕師古曰：「太祝、太宗、太卜、太史，凡四官。」

〔九〕師古曰：「既有備物，而加之策書也。一曰，典策，春秋之制也。」

〔一〇〕師古曰：「官司，百官也。彝器，常用之器也。一曰，彝，祭宗廟酒器也。周禮有六彝。彝，法也，言器有所法象之貌耳。」

〔一一〕師古曰：「明堂位曰『季夏六月，以禘禮祀周公於太廟，牲用白牡』。」

〔一二〕師古曰：「郊即（上祀）〔祀上〕帝於郊也。望謂望山川而祭之也。」

〔一三〕師古曰：「魯頌閟宮之詩曰：『王曰叔父，建爾元子，俾侯于魯。』謂命周公以封伯禽爲魯公也。」

〔一四〕師古曰：「謂周公拜前，魯公拜後。」

〔一五〕師古曰：「周公六子，伯禽之弟也。」

〔一六〕師古曰：「大雅抑之詩也。讎，用也。有善言則用之，有德者必報之。一曰，讎，對也。賞當其言也。」

〔一七〕服虔曰：「報賞當如其德，不如德者，非報也。」

〔一八〕師古曰：「謂吳芮也。解在芮傳。番音蒲河反。」

〔一九〕師古曰：「事見左傳襄十一年。微，無也。」

〔二〇〕師古曰：「恢，大也。」

〔二一〕師古曰：「較，明貌也。」

〔二二〕師古曰：「言臻其極無闕遺。」

〔二三〕師古曰：「儀形謂則而象之。」

〔二四〕師古曰：「敕，備也。遴與吝同。」

〔二五〕師古曰：「祖，始也。以此爲法之始。」

太后以視羣公，〔一〕羣公方議其事，會呂寬事起。

〔一〕師古曰：「視讀曰示。」

初，莽欲擅權，白太后：「前哀帝立，背恩義，自貴外家丁、傅，撓亂國家，幾危社稷。〔一〕今帝以幼年復奉大宗，爲成帝後，宜明一統之義，以戒前事，爲後代法。」於是遣甄豐奉璽綬，即拜帝母衞姬爲中山孝王后，賜帝舅衞寶、寶弟玄爵關內侯，皆留中山，不得至京師。莽子宇，非莽隔絕衞氏，恐帝長大後見怨。宇即私遣人與寶等通書，教令帝母上書求入。語在衞后傳。莽不聽。宇與師吳章及婦兄呂寬議其故，章以爲莽不可諫，而好鬼神，可爲變怪以驚懼之，章因推類說令歸政於衞氏。宇即使寬夜持血灑莽第，門吏發覺之，莽執宇送獄，飲藥死。宇妻焉懷子，〔二〕繫獄，須產子已，殺之。〔三〕莽奏言：「宇爲呂寬等所詿誤，流言惑衆，(惡)與管蔡同罪，臣不敢隱其誅。」甄邯等白太后下詔曰：「夫唐堯有丹朱，周文王有管蔡，此皆上聖亡奈下愚子何，以其性不可移也。公居周公之位，輔成王之主，而行管蔡之誅，不以親親害尊尊，朕甚嘉之。昔周公誅四國之後，大化乃成，至於刑錯。〔四〕公其專意翼國，期於致平。」〔五〕莽因是誅滅衞氏，窮治呂寬之獄，連引郡國豪桀素非議己者，內及敬武公主、〔六〕梁王立、紅陽侯立、平阿侯仁，使者迫守，皆自殺。死者以百數，海內震焉。大司馬護軍褒奏言：「安漢公遭子宇陷於管蔡之辜，子愛至深，爲帝室故不敢顧私。惟宇遭辜，喟

然憤發作書八篇，以戒子孫。宜班郡國，令學官以教授。」事下羣公，請令天下吏能誦公戒者，以著官簿，比孝經。〔七〕

〔一〕師古曰：「撓，擾也，音火高反。幾音巨依反。」
〔二〕師古曰：「焉，其名。」
〔三〕師古曰：「須，待也。」
〔四〕師古曰：「四國謂三監及淮夷耳。」
〔五〕師古曰：「翼，助也。」
〔六〕師古曰：「元帝女弟也。」
〔七〕師古曰：「著官簿，言用之得選舉也。」

四年春，郊祀高祖以配天，宗祀孝文皇帝以配上帝。四月丁未，莽女立爲皇后，大赦天下。遣大司徒司直陳崇等八人分行天下，覽觀風俗。〔一〕

〔一〕師古曰：「行音下更反。」

太保舜等奏言：「春秋列功德之義，太上有立德，其次有立功，其次有立言，唯至德大賢然後能之。其在人臣，則生有大賞，終爲宗臣，殷之伊尹，周之周公是也。」及民上書者八千餘人，咸曰：「伊尹爲阿衡，周公爲太宰，周公享七子之封，有過上公之賞。宜如陳崇言。」章下有司，有司請「還前所益二縣及黃郵聚、新野田，采伊尹、周公稱號，加公爲宰衡，位上公。掾史秩六百石。三公言事，稱『敢言之』。羣吏毋得與公同名。出從期門二十人，羽林三十人，前後大車十乘。賜公太夫人號曰功顯君，食邑二千戶，黃金印赤韍。〔一〕封公子男二人，安爲褒新侯，臨爲賞都侯。加后聘三千七百萬，合爲一萬萬，以明大禮。」太后臨前殿，親封拜。安漢公拜前，二子拜後，如周公故事。莽稽首辭讓，出奏封事，願獨受母號，還安、臨印韍及號位戶邑。事下太師光等，皆曰：「賞未足以直功，〔二〕謙約退讓，公之常節，終不可聽。」莽求見固讓。太后下詔曰：「公每見，叩頭流涕固辭，今移病，固當聽其讓，令眂事邪？〔三〕將當遂行其賞，遣歸就第也？」光等曰：「安、臨親受印韍，策號通天，其義昭昭。黃郵、召陵、新野之田爲入尤多，〔四〕皆止於公，公欲自損以成國化，宜可聽許。治平之化當以時成，宰衡之官不可世及。納徵錢，乃以尊皇后，非爲公也。功顯君戶，止身不傳。褒新、賞都兩國合三千戶，甚少矣。忠臣之節，亦宜自屈，而信主上之義。〔五〕宜遣大司徒、大司空持節承制，詔公亟入眂事。〔六〕詔尚書勿復受公之讓奏。」奏可。

〔一〕師古曰：「此韍，印之組也。」

〔二〕師古曰：「直，當也。」

〔三〕師古曰：「眂，古視字。」

〔四〕師古曰：「召讀邵。」

〔五〕師古曰：「信讀曰申。」

〔六〕師古曰：「亟，急也，音居力反。」

莽乃起眡事，上書言：「臣以元壽二年六月戊午倉卒之夜，以新都侯引入未央宮；庚申拜爲大司馬，充三公位；元始元年正月丙辰拜爲太傅，賜號安漢公，備四輔官；今年四月甲子復拜爲宰衡，位上公。臣莽伏自惟，爵爲新都侯，號爲安漢公，官爲宰衡、太傅、大司馬，爵貴號尊官重，一身蒙大寵者五，誠非鄙臣所能堪。據元始三年，天下歲已復，官屬宜皆置。〔一〕穀梁傳曰：『天子之宰，通于四海。』〔二〕臣愚以爲，宰衡官以正百僚平海內爲職，而無印信，名實不副。臣莽無兼官之材，今聖朝既過誤而用之，臣請御史刻宰衡印章曰『宰衡太傅大司馬印』，成，授臣莽，上太傅與大司馬之印。」太后詔曰：「可。韍如相國，〔三〕朕親臨授焉。」莽乃復以所益納徵錢千萬，遺與長樂長御奉共養者。〔四〕太保舜奏言：「天下聞公不受千乘之土，辭萬金之幣，散財施予千萬數，莫不鄉化。〔五〕蜀郡男子路建等輟訟慙怍而退，雖文王卻虞芮何以加！〔六〕宜報告天下。」奏可。宰衡出，從大車前後各十乘，直事尚書郎、侍御史、謁者、中黃門、期門羽林。〔七〕宰衡常持節，所止，謁者代持之。〔八〕宰衡掾史秩六百石，三公稱「敢言之」。

〔一〕如淳曰：「前時飢，省官職，今豐，宜復之也。」師古曰：「復音扶目反。」

〔二〕師古曰：「宰，治也。治衆事者，謂大臣也。」

〔三〕師古曰：「敦亦謂組也。」

〔四〕師古曰：「太后之長御也。共音居用反。養音弋亮反。」

〔五〕師古曰：「鄉讀曰嚮。」

〔六〕師古曰：「卻，退也。虞、芮，二國名也，並在河之東。二國之君相與爭田，久而不平，聞文王之德，乃往斷焉。入周之境，則耕者讓畔，行者讓路，乃相謂曰：『我小人也，不可以履君子之庭。』遂相讓，以其所爭爲閑田而退。」

〔七〕師古曰：「自此以上，皆從宰衡出。」

〔八〕師古曰：「相代而持也。」

是歲，莽奏起明堂、辟雍、靈臺，爲學者築舍萬區，作市、常滿倉，制度甚盛。立樂經，益博士員，經各五人。徵天下通一藝教授十一人以上，及有逸禮、古書、毛詩、周官、爾雅、天文、圖讖、鍾律、月令、兵法、史篇文字，〔一〕通知其意者，皆詣公車。網羅天下異能之士，至者前後千數，皆令記說廷中，將令正乖繆，壹異說云。羣臣奏言：「昔周公奉繼體之嗣，據上公之尊，然猶七年制度乃定。夫明堂、辟雍，墮廢千載莫能興，〔二〕今安漢公起于第家，輔翼陛下，四年于茲，功德爛然。〔三〕公以八月載生魄庚子〔四〕奉使朝，用書〔五〕臨賦營築，越若翊辛丑，〔六〕諸生、庶民大和會，十萬衆並集，平作二旬，大功畢成。〔七〕唐虞發舉，成周造業，誠亡以加。宰衡位宜在諸侯王上，賜以束帛加璧，大國乘車、安車各一，〔八〕驪馬二駟。」〔九〕詔曰：「可。其議九錫之法。」

〔一〕孟康曰：「史籀所作十五篇古文書也。」師古曰：「周宣王太史史籀所作大篆書也。籀音直救反。」
〔二〕師古曰：「隓，毁也，音火規反。」
〔三〕師古曰：「爛然，章明之貌。」
〔四〕師古曰：「載，始也。魄，月魄也。」
〔五〕孟康曰：「賦功役之書。」
〔六〕師古曰：「翊，明也。辛丑者，庚子之明日也。越，發語辭也。」
〔七〕師古曰：「平作，謂不促遽也。平字或作丕。丕亦大也。」
〔八〕服虔曰：「大國乘車，如大國王之乘車也。」
〔九〕師古曰：「驪馬，並駕也。」

冬，大風吹長安城東門屋瓦且盡。

五年正月，祫祭明堂，諸侯王二十八人，列侯百二十人，宗室子九百餘人，徵助祭。禮畢，封孝宣曾孫信等三十六人爲列侯，餘皆益戶賜爵，金帛之賞各有數。是時，吏民以莽不受新野田而上書者前後四十八萬七千五百七十二人，及諸侯王、公、列侯、宗室見者皆叩頭言，宜亟加賞於安漢公。〔一〕於是莽上書曰：「臣以外屬，越次備位，未能奉稱。〔二〕伏念聖德純茂，承天當古，制禮以治民，作樂以移風，四海奔走，百蠻並臻，〔三〕辭去之日，莫不隕涕。

非有款誠，豈可虛致？自諸侯王已下至於吏民，咸知臣莽上與陛下有葭莩之故，〔四〕又得典職，每歸功列德者，輒以臣莽爲餘言。臣見諸侯面言事於前者，未嘗不流汗而慙愧也。雖性愚鄙，至誠自知，德薄位尊，力少任大，夙夜悼栗，常恐汚辱聖朝。今天下治平，風俗齊同，百蠻率服，皆陛下聖德所自躬親，太師光、太保舜等輔政佐治，羣卿大夫莫不忠良，故能以五年之間至致此焉。臣莽實無奇策異謀。奉承太后聖詔，宣之于下，不能得什一；受羣賢之籌畫，而上以聞，不能得什伍。〔五〕當被無益之辜，所以敢且保首領須臾者，誠上休陛下餘光，而下依羣公之故也。〔六〕陛下不忍衆言，輒下其章於議者。臣莽前欲立奏止，恐其遂不肯止。今大禮已行，助祭者畢辭，不勝至願，願諸章下議者皆寢勿上，使臣莽得盡力畢制禮作樂事。事成，以傳示天下，與海內平之。即有所問非，則臣莽當被詿上誤朝之罪；〔七〕如無他譴，得全命賜骸骨歸家，避賢者路，是臣之私願也。惟陛下哀憐財幸！」〔八〕甄邯等白太后，詔曰：「可。唯公功德光於天下，是以諸侯王、公、列侯、宗室、諸生、吏民翕然同辭，連守闕庭，故下其章。諸侯、宗室辭去之日，復見前重陳，〔九〕雖曉喻罷遣，猶不肯去。告以孟夏將行厥賞，莫不驩悅，稱萬歲而退。今公每見，輒流涕叩頭言願不受賞，賞即加不敢當位。方制作未定，事須公而決，故且聽公。制作畢成，羣公以聞。究于前議，〔一〇〕其九錫禮儀亟奏。」〔一一〕

〔一〕師古曰：「亟，急也。」

〔二〕師古曰：「稱音尺證反。」

〔三〕師古曰：「蠑卽蟯字也。」

〔四〕師古曰：「葭，蘆也。莩者，其筩裏白皮也。言其輕薄而附著也，故以爲喻。葭音加。莩音孚。」

〔五〕師古曰：「言皆不曉，又遺忘也。」

〔六〕師古曰：「休，庇廕也。」

〔七〕師古曰：「間音居莧反。」

〔八〕師古曰：「此財與裁同，通用。」

〔九〕師古曰：「重音直用反。」

〔10〕師古曰：「究，竟也。」

〔11〕師古曰：「亟，急也。」

於是公卿大夫、博士、議郎、列侯（富平侯）張純等九百二人皆曰：「聖帝明王招賢勸能，德盛者位高，功大者賞厚。故宗臣有九命上公之尊，則有九錫登等之寵。〔一〕今九族親睦，百姓既章，萬國和協，黎民時雍，〔二〕聖瑞畢溱，太平已洽。〔三〕帝者之盛莫隆於唐虞，而陛下任之；忠臣茂功莫著於伊周，而宰衡配之。所謂異時而興，如合符者也。謹以六藝通義，經文所見，周官、禮記宜於今者，爲九命之錫。〔四〕臣請命錫。」奏可。策曰：

〔一〕張晏曰：「宗臣有勳勞爲上公，國所宗者也。周禮『上公九命』，九命。九賜也。」師古曰：「登等，謂升於常等也。」

〔二〕師古曰：「章，明也。時，是也。雍亦和也。自此已上皆取堯典敍堯德之言也。」

〔三〕師古曰：「溱亦與臻同。」

〔四〕師古曰：「禮含文嘉云：『九錫者，車馬、衣服、樂懸、朱戶、納陛、武賁、鈇鉞、弓矢、秬鬯也。』」

惟元始五年五月庚寅，太皇太后臨于前殿，延登，（請）〔親〕詔之曰：公進，虛聽朕言。〔一〕前公宿衞孝成皇帝十有六年，納策盡忠，白誅故定陵侯淳于長，以彌亂發姦，〔二〕登大司馬，職在內輔。孝哀皇帝卽位，驕妾窺欲，姦臣萌亂，公手劾高昌侯董宏，改正故定陶共王母之僭坐。自是之後，朝臣論議，靡不據經。以病辭位，歸于第家，爲賊臣所陷。就國之後，孝哀皇帝覺寤，復還公長安，臨病加劇，猶不忘公，復特進位。是夜倉卒，國無儲主，姦臣充朝，危殆甚矣。朕惟定國之計莫宜于公，引納于朝，卽日罷退高安侯董賢，轉漏之閒，忠策輒建，綱紀咸張。綏和、元壽，再遭大行，萬事畢舉，禍亂不作。輔朕五年，人倫之本正，天地之位定。〔三〕欽承神祇，經緯四時，復千載之廢，矯百世之失，〔四〕天下和會，大衆方輯。〔五〕詩之靈臺，書之作雒，鎬京之制，商邑之度，於今復興。〔六〕昭章先帝之元功，明著祖宗之令德，推顯嚴父配天之義，修立郊禘宗祀之禮，以光大孝。是以四海雍雍，萬國慕義，蠻夷殊俗，不召自至，漸化端冕，奉珍助祭。〔七〕尋舊本道，遵術重古，動而有成，事得厥中。至德要道，通於神明，祖考嘉享。光耀顯章，天符仍臻，元氣大同。麟鳳龜龍，衆祥之瑞，七百有餘。遂制禮作樂，有綏靖宗廟社稷之大勳。普天之下，惟公是賴，官在宰衡，位(在)〔爲〕上公。今加九命之錫，其以助祭，共文武之職，〔八〕乃遂及厥祖。〔九〕於戲，豈不休哉！〔一〇〕

〔一〕師古曰：「進前虛己而聽也。」

〔二〕師古曰：「彌讀曰弭。弭，止也。」

〔三〕張晏曰：「定冠婚之儀，徙南北之郊也。」

〔四〕張晏曰：「封先代之後，立古文經，定迭毀之禮也。」

〔五〕師古曰：「輯與集字同。」

〔六〕師古曰：「靈臺，所以觀氣象者也。文王受命，作邑于豐，始立此臺，兆庶自勸，就其功作，故大雅靈臺之詩曰：『經始靈臺，經之營之，庶人攻之，不日成之。』作雒，謂周公營洛邑以爲王都，所謂成周也。周書洛誥曰：『召公既相宅，周公往營成周，使來告卜，作洛誥。』豐、鎬相近，故總曰鎬京。成周既成，遷殷頑民使居之，故云商邑之度也。」

〔七〕師古曰：「蠻夷漸染朝化而正衣冠，奉其國珍來助祭。」

〔八〕師古曰：「共讀曰供。」

〔九〕師古曰：「榮寵之命，上延其先祖也。」

〔一〇〕師古曰：「於戲讀曰嗚呼。休，美也。」

於是莽稽首再拜，受綠韍衮冕衣裳，〔一〕瑒琫瑒珌，〔二〕句履，〔三〕鸞路乘馬，〔四〕龍旂九旒，皮弁素積，〔五〕戎路乘馬，〔六〕彤弓矢，盧弓矢，〔七〕左建朱鉞，右建金戚，〔八〕甲冑一具，〔九〕秬鬯二卣，〔一〇〕圭瓚二，〔一一〕九命青玉珪二，〔一二〕朱戶納陛。〔一三〕署宗官、祝官、卜官、史官，虎賁三百人，家令丞各一人，宗、祝、卜、史官皆置嗇夫，佐安漢公。在中府外第，虎賁爲門衞，當出入者傳籍。〔一四〕自四輔、三公有事府第，皆用傳。〔一五〕以楚王邸爲安漢公第，大繕治，通周衞。祖禰廟及寑皆爲朱戶納陛。陳崇又奏：「安漢公祠祖禰，出城門，城門校尉宜將騎士從。入有門衞，出有騎士，所以重國也。」奏可。

〔一〕師古曰：「此韍謂蔽膝也，或謂韍韠。韍音弗。韠音畢。」

〔二〕孟康曰：「瑒，玉名也。佩刀之飾，上曰琫，下曰珌。詩云『鞞琫有珌』是也。」師古曰：「瑒音蕩。琫音布孔反。珌音必。」

〔三〕孟康曰：「今齊祀履舄頭飾也，出履（一二）〔三〕寸。」師古曰：「其形歧頭。句音巨俱反。」

〔四〕師古曰：「鸞路，路車之施鸞者也，解在禮樂志。四馬曰乘，音食證反。其下亦同。」

〔五〕師古曰：「素積，素裳也。」

〔六〕師古曰：「戎路，戎車也。」

〔七〕師古曰：「彤，赤色。盧，黑色。」

〔八〕師古曰：「鉞戚皆斧屬。」

〔九〕師古曰：「冑，兜鍪。」

〔一〇〕師古曰：「秬鬯，香酒也。卣，中樽也，音攸，又音羊九反。」

〔一一〕師古曰：「以圭爲勺末。」

〔一二〕師古曰：「青者，春色，東方生而長育萬物也。」

〔一三〕孟康曰：「納，內也。謂鑿殿基際爲陛，不使露也。」師古曰：「孟說是也。尊者不欲露而升陛，故內之於霤下也。諸家之釋，文句雖煩，義皆不了，故無取云。」

〔一四〕師古曰：「傅猶著也，音附。」

〔一五〕孟康曰：「傳，符也。」師古曰：「音張戀反。」

其秋，莽以皇后有子孫瑞，通子午道。〔一〕子午道從杜陵直絕南山，徑漢中。〔二〕

〔一〕張晏曰：「時年十四，始有婦人之道也。子，水；午，火也。水以天一爲牡，火以地二爲牝，故火爲水妃，今通子午以協之。」

〔二〕師古曰：「子，北方也。午，南方也。言通南北道相當，故謂之子午耳。今京城直南山有谷通梁、漢道者，名子午谷。又宜州西界，慶州東界，有山名子午嶺，計南北直相當。此則北山者是子，南山者是午，共爲子午道。」

風俗使者八人還，言天下風俗齊同，詐爲郡國造歌謠，頌功德，凡三萬言。莽奏定著令。又奏爲市無二賈，〔一〕官無獄訟，邑無盜賊，野無飢民，道不拾遺，男女異路之制，犯者象刑。〔三〕劉歆、陳崇等十二人皆以治明堂，宣教化，封爲列侯。

〔一〕師古曰：「言純質也。賈音價。」

〔三〕師古曰：「象刑，解在武紀及刑法志。」

莽既致太平，北化匈奴，東致海外，南懷黄支，唯西方未有加。乃遣中郎將平憲等多持金幣誘塞外羌，使獻地，願内屬。憲等奏言：「羌豪良願等種，人口可萬二千人，願爲内臣，獻鮮水海、允谷鹽池，平地美草皆予漢民，自居險阻處爲藩蔽。問良願降意，對曰：『太皇太后聖明，安漢公至仁，天下太平，五穀成孰，或禾長丈餘，或一粟三米，或不種自生，或蠒不蠶自成，甘露從天下，醴泉自地出，鳳皇來儀，神爵降集。從四歲以來，羌人無所疾苦，故思樂内屬。』宜以時處業，置屬國領護。」事下莽，莽復奏曰：「太后秉統數年，恩澤洋溢，和氣四塞，絶域殊俗，靡不慕義。越裳氏重譯獻白雉，黄支自三萬里貢生犀，東夷王度大海奉國珍，匈奴單于順制作，去二名，今西域良願等復舉地爲臣妾，昔唐堯横被四表，亦亡以加之。今謹案已有東海、南海、北海郡，未有西海郡，請受良願等所獻地爲西海郡。臣又聞聖王序天文，定地理，因山川民俗以制州界。漢家地廣二帝三王，〔一〕凡十〔三〕〔二〕州，州名及界多不應經。堯典十有二州，後定爲九州。漢家廓地遼遠，州牧行部，遠者三萬餘里，不可爲九。謹以經義正十二州名分界，以應正始。」奏可。又增法五十條，犯者徙之西海。徙者以千萬數，民始怨矣。

〔一〕服虔曰：「唐虞及周要服之內方七千里，夏殷方三千里，漢地南北萬三千里也。」

泉陵侯劉慶上書〔一〕言：「周成王幼少，稱孺子，周公居攝。今帝富於春秋，宜令安漢公行天子事，如周公。」羣臣皆曰：「宜如慶言。」

〔一〕師古曰：「王子侯年表『衆陵節侯賢，長沙定王子，本始四年戴侯眞定嗣，二十二年薨，黃龍元年頃侯慶嗣。』此則是也。此傳及翟義傳並云泉陵，地理志泉陵屬零陵郡，而表作衆陵，表爲誤也。」

冬，熒惑入月中。

平帝疾，莽作策，請命於泰畤，戴璧秉圭，願以身代。藏策金縢，置于前殿，敕諸公勿敢言。〔一〕十二月平帝崩，大赦天下。莽徵明禮者宗伯鳳等與定天下吏六百石以上皆服喪三年。奏尊孝成廟曰統宗，孝平廟曰元宗。時元帝世絕，而宣帝曾孫有見王五人，〔二〕列侯廣戚侯顯等四十八人，莽惡其長大，曰：「兄弟不得相爲後。」乃選玄孫中最幼廣戚侯子嬰，年二歲，託以爲卜相最吉。

〔一〕師古曰：「詐依周公爲武王請命，作金縢也。」

〔二〕師古曰：「王之見在者。」

是月，前煇光謝囂奏武功長孟通浚井得白石，〔一〕上圓下方，有丹書著石，〔二〕文曰「告安漢公莽爲皇帝」。符命之起，自此始矣。莽使羣公以白太后，太后曰：「此誣罔天下，不可施行！」太保舜謂太后：「事已如此，無可奈何，沮之力不能止。〔三〕又莽非敢有它，但欲稱攝以重其權，塡服天下耳。」〔四〕太后聽許。舜等即共令太后下詔曰：「蓋聞天生衆民，不能相治，爲之立君以統理之。君年幼稚，必有寄託而居攝焉，然後能奉天施而成地化，羣生茂育。書不云乎？『天工，人其代之。』〔五〕朕以孝平皇帝幼年，且統國政，幾加元服，委政而屬之。〔六〕今短命而崩，嗚呼哀哉！已使有司徵孝宣皇帝玄孫二十三人，差度宜者，以嗣孝平皇帝之後。〔七〕玄孫年在繈褓，不得至德君子，孰能安之？安漢公莽輔政三世，比遭際會，安光漢室，〔八〕遂同殊風，至于制作，與周公異世同符。今前煇光囂、武功長通上言丹石之符，朕深思厥意，云『爲皇帝』者，乃攝行皇帝之事也。夫有法成易，非聖人者亡法。其令安漢公居攝踐祚，如周公故事，以武功縣爲安漢公采地，〔九〕名曰漢光邑。具禮儀奏。」

〔一〕師古曰：「浚，抒治之也。囂音許驕反。浚音峻。抒音直呂反。」

〔二〕師古曰：「著音直略反。」

〔三〕師古曰：「沮，壞也，音才汝反。」

〔四〕師古曰：「塡音竹刃反。」

〔五〕師古曰：「虞書咎繇謨之辭也。言人代天理治工事也。」

〔六〕師古曰：「屬，付也。幾音曰冀。屬音之欲反。」

〔七〕師古曰：「差度謂擇也。度音大各反。」

〔八〕師古曰：「比，頻也。」

〔九〕師古曰：「采，官也。以官受地，故謂之采。」

於是羣臣奏言：「太后聖德昭然，深見天意，詔令安漢公居攝。臣聞周成王幼少，周道未成，成王不能共事天地，修文武之烈。〔一〕周公權而居攝，則周道成，王室安；不居攝，則恐周隊失天命。〔二〕書曰：『我嗣事子孫，大不克共上下，遏失前人光，在家不知命不易。天應棐諶，乃亡隊命。』〔三〕說曰：〔四〕周公服天子之冕，南面而朝羣臣，發號施令，常稱王命。召公賢人，不知聖人之意，故不說也。〔五〕禮明堂記曰：『周公朝諸侯於明堂，天子負斧依南面而立。』〔六〕謂『周公踐天子位，六年朝諸侯，制禮作樂，而天下大服』也。召公不說。時武王崩，縗麤未除。〔七〕由是言之，周公始攝則居天子之位，非乃六年而踐阼也。書逸嘉禾篇曰：『周公奉鬯立于阼階，延登，贊曰：「假王莅政，勤和天下。」』此周公攝政，贊者所稱。〔八〕成王加元服，周公則致政。書曰『朕復子明辟』，〔九〕周公常稱王命，專行不報，故言我復子明君也。臣請安漢公居攝踐祚，服天子韍冕，〔一〇〕背斧依于戶牖之間，南面朝羣臣，聽政事。車服出入警蹕，民臣稱臣妾，皆如天子之制。郊祀天地，宗祀明堂，共祀宗廟，享祭羣神，贊曰『假皇帝』，〔一〕民臣謂之『攝皇帝』，自稱曰『予』。平決朝事，常以皇帝之詔稱『制』，以奉順皇天之心，輔翼漢室，保安孝平皇帝之幼嗣，遂寄託之義，隆治平之化。〔二〕其朝見太皇太后、帝皇后，皆復臣節。自施政教於其宮家國采，如諸侯禮〔儀〕故事。臣昧死請。」太后詔曰：「可。」明年，改元曰居攝。

〔一〕師古曰：「共讀曰恭。烈，業也。」

〔二〕師古曰：「隊音直類反。」

〔三〕師古曰：「周書君奭之篇也。邵公爲保，周公爲師，相成王爲左右。邵公不悅，周公作君奭以告之。奭，召公名也。尊而呼之，故曰君也。言我恐後嗣子孫大不能恭承天地，絕失先王光大之道，不知受命之難。天所應輔唯在有誠，所以亡失其命也。共音恭。棐音匪。」

〔四〕師古曰：「謂說經義也。」

〔五〕師古曰：「召讀曰邵。說讀曰悅。次下並同。」

〔六〕師古曰：「依讀曰扆。此下亦同。」

〔七〕師古曰：「縗音千回反。」

〔八〕師古曰：「贊謂祭祝之辭也。」

〔九〕師古曰：「周書洛誥載周公告成王之辭，言我復還明君之政於子也。復音扶目反。」

〔一〇〕師古曰：「此韍亦謂裳韍也。」

〔二〕師古曰：「贊謂祭祝之辭也。共音恭。」

〔三〕師古曰：「遂，成也。」

居攝元年正月，莽祀上帝於南郊，迎春於東郊，行大射禮於明堂，養三老五更，成禮而去。〔一〕置柱下五史，秩如御史，聽政事，侍旁記疏言行。

〔一〕師古曰：「更音工衡反。」

三月己丑，立宣帝玄孫嬰爲皇太子，號曰孺子。以王舜爲太傅左輔，甄豐爲太阿右拂，〔一〕甄邯爲太保後承。又置四少，秩皆二千石。

〔一〕師古曰：「拂讀曰弼。」

四月，安衆侯劉崇與相張紹謀曰：〔一〕「安漢公莽專制朝政，必危劉氏。天下非之者，乃莫敢先舉，此宗室恥也。吾帥宗族爲先，海內必和。」紹等從者百餘人，遂進攻宛，不得入而敗。紹者，張竦之從兄也。竦與崇族父劉嘉詣闕自歸，莽赦弗罪。竦因爲嘉作奏曰：

〔一〕師古曰：「安衆康侯月，長沙定王子，崇即月之玄孫子也，見王子侯表。」

建平、元壽之間，大統幾絶，宗室幾棄。〔一〕賴蒙陛下聖德，扶服振救，〔二〕遮扞匡衞，國命復延，宗室明目。臨朝統政，發號施令，動以宗室爲始，登用九族爲先。並錄支親，建立王侯，南面之孤，計以百數。收復絕屬，存亡續廢，〔三〕得比肩首，復爲人者，嬪然成行，〔四〕所以藩漢國，輔漢宗也。建辟雍，立明堂，班天法，流聖化，朝羣后，昭文德，宗室諸侯，咸益土地。天下喁喁，引領而歎，〔五〕頌聲洋洋，滿耳而入。〔六〕國家所以服此美，膺此名，饗此福，受此榮者，豈非太皇太后日昃之思，陛下夕惕之念哉！何謂？〔七〕亂則統其理，危則致其安，禍則引其福，絕則繼其統，幼則代其任，晨夜屑屑，寒暑勤勤，〔八〕無時休息，孳孳不已者，〔九〕凡以爲天下，厚劉氏也。〔一〇〕臣無愚智，民無男女，皆諭至意。〔一一〕

〔一〕師古曰：「幾亦音巨依反。」

〔二〕師古曰：「陛下謂莽也。服音蒲北反。」

〔三〕師古曰：「復音扶目反。」

〔四〕師古曰：「嬪然，多貌也。行，列也。嬪音匹人反。行音下郎反。」

〔五〕師古曰：「喁喁，衆口向上也，音顒。」

〔六〕師古曰：「論語載孔子曰：『師摯之始，關雎之亂，洋洋乎盈耳哉！』故竦引之也。洋音羊，又音翔。」

〔七〕師古曰：「先爲設問，復陳其事也。」

〔八〕師古曰：「屑屑猶切切，動作之意也。」

〔九〕師古曰：「孳孳，不怠之意也，音與孜同。」

〔一〇〕師古曰：「爲音于僞反。」

〔一一〕師古曰：「諭，曉也。」

而安衆侯崇乃獨懷悖惑之心，操畔逆之慮，〔一〕興兵動衆，欲危宗廟，惡不忍聞，罪不容誅，誠臣子之仇，宗室之讎，國家之賊，天下之害也。是故親屬震落而告其罪，民人潰畔而棄其兵，進不跬步，退伏其殃。〔二〕百歲之母，孩提之子，〔三〕同時斷斬，懸頭竿杪，〔四〕珠珥在耳，首飾猶存，爲計若此，豈不誖哉！〔五〕

〔一〕師古曰：「悖，乖也。」

〔二〕師古曰：「半步曰跬，謂一舉足也，音(宗)〔空〕蘂反。」

〔三〕師古曰：「嬰兒始孩，人所提挈，故曰孩提也。孩者，小兒笑也。」

〔四〕師古曰：「杪，末也，音莫小反。」

〔五〕師古曰：「誖，惑也，音布內反。」

臣聞古者畔逆之國，既以誅討，(而)〔則〕豬其宮室以爲汙池，納垢濁焉，〔一〕名曰凶虛，〔二〕雖生菜茹，而人不食。〔三〕四牆其社，覆上棧下，示不得通。〔四〕辨社諸侯，〔五〕出門見之，著以爲戒。〔六〕方今天下聞崇之反也，咸欲騫衣手劍而叱之。其先至者，則拂其頸，〔七〕衝其匈，刃其軀，切其肌；後至者，欲撥其門，仆其牆，〔八〕夷其屋，焚其器，〔九〕應聲滌地，則時成創。〔一〇〕而宗室尤甚，言必切齒焉。何則？以其背畔恩義，而不知重德之所在也。宗室所居或遠，嘉幸得先聞，不勝憤憤之願，願爲宗室倡始，〔一一〕父子兄弟負籠荷鍤，馳之南陽，〔一二〕豬崇宮室，令如古制。及崇社宜如亳社，以賜諸侯，用永監戒。願下四輔公卿大夫議，以明好惡，視四方。〔一三〕

〔一〕李奇曰：「掘其宮以爲池，用貯水也。」師古曰：「豬謂畜水汙下也。汙音烏。」

〔二〕師古曰：「虛讀曰墟。墟，故居也，言凶人所居也。」

〔三〕師古曰：「所食之菜曰茹，音人庶反。」

〔四〕師古曰：「棧謂以簀蔽之也。下則棧之，上則覆之，所以隔塞不通陰陽之氣。」

〔五〕孟康曰：「辨，布也。布崇社國，國各作一，見以爲戒也。」師古曰：「辨讀曰班。」

〔六〕師古曰：「著，明也。」

〔七〕師古曰：「拂，戾也，音佛。」

〔八〕師古曰：「仆，倒也。」

〔九〕師古曰：「夷，平也。」

〔一〇〕師古曰：「滌地猶言塗地。則時，即時也。創，傷也，音初良反。」

〔一一〕師古曰：「倡音（先）〔昌〕向反。」

〔一二〕師古曰：「籠，所以盛土也。鍤，鍫也。」

〔一三〕師古曰：「視讀曰示。」

於是莽大說。〔一〕公卿曰：「皆宜如嘉言。」莽白太后下詔曰：「惟嘉父子兄弟，雖與崇有屬，不敢阿私，或見萌牙，相率告之，及其禍成，同共讎之，應合古制，忠孝著焉。其以杜衍戶千封嘉爲(師)〔帥〕禮侯，嘉子七人皆賜爵關內侯。」後又封竦爲淑德侯。長安(謂)〔爲〕之語曰：「欲求封，過張伯松；〔二〕力戰鬭，不如巧爲奏。」莽又封南陽吏民有功者百餘人，汙池劉崇室宅。後謀反者，皆汙池云。

〔一〕師古曰：「說讀曰悅。」

〔二〕師古曰：「竦之字。」

羣臣復白：「劉崇等謀逆者，以莽權輕也。宜尊重以填海內。」〔一〕五月甲辰，太后詔莽朝見太后稱「假皇帝」。

〔一〕師古曰：「填音竹刃反。」

冬十月丙辰朔，日有食之。

十二月，羣臣奏請：「益安漢公宮及家吏，置率更令，廟、廄、廚長丞，中庶子，虎賁以下百餘人，又置衞士三百人。安漢公廬爲攝省，府爲攝殿，第爲攝宮。」奏可。

莽白太后下詔曰：「故太師光雖前薨，功效已列。太保舜、大司空豐、輕車將軍邯、步兵將軍建皆爲誘進單于籌策，又典靈臺、明堂、辟雍、四郊，定制度，開子午道，與宰衡同心說德，〔一〕合意并力，功德茂著。封舜子匡爲同心侯，林爲說德侯，光孫壽爲合意侯，豐孫匡爲并力侯。益邯、建各三千戶。

〔一〕師古曰：「說音悅。次下亦同。」

是歲，西羌龐恬、傅幡等〔一〕怨莽奪其地作西海郡，反攻西海太守程永，永奔走。莽誅永，遣護羌校尉竇況擊之。

〔一〕師古曰：「幡音敷元反，其字從巾。」

二年春，竇況等擊破西羌。

五月，更造貨：錯刀，一直五千；契刀，一直五百；大錢，一直五十，與五銖錢並行。民多盜鑄者。禁列侯以下不得挾黃金，輸御府受直，然卒不與直。

九月，東郡太守翟義都試，勒車騎，因發犇命，立嚴鄉侯劉信爲天子，〔一〕移檄郡國，言莽「毒殺平帝，攝天子位，欲絕漢室，今共行天罰誅莽。」〔二〕郡國疑惑，衆十餘萬。莽惶懼不能食，晝夜抱孺子告禱郊廟，放大誥作策，〔三〕遣諫大夫桓譚等班於天下，諭以攝位當反政孺子之意。〔四〕遣王邑、孫建等八將軍擊義，分屯諸關，守阸塞。槐里男子趙明、霍鴻等起兵，以和翟義，〔五〕相與謀曰：「諸將精兵悉東，京師空，可攻長安。」衆稍多，至且十萬人，莽恐，遣將軍王奇、王級將兵拒之。以太保甄邯爲大將軍，受鉞高廟，領天下兵，左杖節，右把鉞，屯城外。王舜、甄豐晝夜循行殿中。〔六〕

〔一〕師古曰：「東平煬王之子。」

〔二〕師古曰：「共讀作（供）〔恭〕。」

〔三〕師古曰：「放，依也。大誥，周書篇名，周公所作也。放音甫往反。」

〔四〕師古曰：「諭，曉告（也）〔之〕。」

〔五〕師古曰：「和音胡臥反。」

〔六〕師古曰：「行音下更反。」

十二月，王邑等破翟義於圉。司威陳崇使監軍〔一〕上書言：「陛下奉天洪範，心合寶龜，〔二〕膺受元命，豫知成敗，（感）〔咸〕應兆占，是謂配天。配天之主，慮則移氣，言則動物，施則成化。臣崇伏讀詔書下日，竊計其時，聖思始發，而反虜仍破；〔三〕詔文始書，反虜大敗；制書始下，反虜畢斬。衆將未及齊其鋒芒，臣崇未及盡其愚慮，而事已決矣。」莽大說。〔四〕

〔一〕師古曰：「爲使而監軍於外。」

〔二〕師古曰：「心與龜合也。」

〔三〕師古曰：「思，慮也。」

〔四〕師古曰：「說讀曰悅。」

三年春，地震。大赦天下。

王邑等還京師，西與王級等合擊明、鴻，皆破滅，語在翟義傳。莽大置酒未央宮白虎殿，勞賜將帥。詔陳崇治校軍功，第其高下。莽乃上奏曰：「明聖之世，國多賢人，故唐虞之時，可比屋而封，至功成事就，則加賞焉。至於夏后塗山之會，執玉帛者萬國，諸侯執玉，附庸執帛。周武王孟津之上，尚有八百諸侯。周公居攝，郊祀后稷以配天，宗祀文王於明堂以配上帝，是以四海之內各以其職來祭，蓋諸侯千八百矣。禮記王制千七百餘國，是以孔子著孝經曰：『不敢遺小國之臣，而況於公侯伯子男乎？故得萬國之歡心以事其先王。』此天子之孝也。秦爲亡道，殘滅諸侯以爲郡縣，欲擅天下之利，故二世而亡。高皇帝受命除殘，考功施賞，建國數百，後稍衰微，其餘僅存。太皇太后躬統大綱，廣封功德以勸善，興滅繼絕以永世，是以大化流通，旦暮且成。遭羌寇害西海郡，反虜流言東郡，逆賊惑衆西土，忠臣孝子莫不奮怒，所征殄滅，盡備厥辜，天下咸寧。今制禮作樂，實考周爵五等，地四等，有明文；〔一〕殷爵三等，有其說，無其文。〔二〕孔子曰：『周監於二代，郁郁乎文哉！吾從周。』〔三〕臣請諸將帥當受爵邑者爵五等，地四等。」奏可。於是封者高爲侯伯，次爲子男，當賜爵關內侯者更名曰附城，凡數百人。擊西海者以「羌」爲號，槐里以「武」爲號，翟義以

「虜」爲號。

〔一〕蘇林曰：「爵五等：公、侯、伯、子、男也。地四等：公一等，侯伯二等，子男三等，附庸四等。」

〔二〕師古曰：「公一等，侯二等，伯、子、男三等。」

〔三〕師古曰：「論語載孔子之言也。監，視也。二代，夏、殷也。郁郁，文章貌。」

羣臣復奏言：「太后修功錄德，遠者千載，近者當世，或以文封，或以武爵，深淺大小，靡不畢舉。今攝皇帝背依踐祚，宜異於宰國之時，制作雖未畢已，〔一〕宜進二子爵皆爲公。春秋『善善及子孫』，『賢者之後，宜有土地』。成王廣封周公庶子六（子）〔人〕，皆有茅土。及漢家名相大將蕭、霍之屬，咸及支庶。兄子光，可先封爲列侯；諸孫，制度畢已，大司徒、大司空上名，如前詔書。」太后詔曰：「進攝皇帝子褒新侯安爲新舉公，賞都侯臨爲褒新公，封光爲衍功侯。」是時，莽還歸新都國，羣臣復白以封莽孫宗爲新都侯。莽既滅翟義，自謂威德日盛，獲天人助，遂謀卽眞之事矣。

〔一〕師古曰：「已，止也。」

九月，莽母功顯君死，意不在哀，令太后詔議其服。少阿、羲和劉歆與博士諸儒七十八人皆曰：「居攝之義，所以統立天功，興崇帝道，成就法度，安輯海內也。〔一〕昔殷成湯既沒，而太子蚤夭，其子太甲幼少不明，伊尹放諸桐宮而居攝，以興殷道。周武王既沒，周道未成，成王幼少，周公屏成王而居攝，以成周道。〔二〕是以殷有翼翼之化，〔三〕周有刑錯之功。〔四〕今太皇太后比遭家之不造，〔五〕委任安漢公宰尹羣僚，衡平天下。〔六〕遭孺子幼少，未能共上下，〔七〕皇天降瑞，出丹石之符，是以太皇太后則天明命，詔安漢公居攝踐祚，將以成聖漢之業，與唐虞三代比隆也。攝皇帝遂開祕府，會羣儒，制禮作樂，卒定庶官，茂成天功。〔八〕聖心周悉，卓爾獨見，發得周禮，以明因監，〔九〕則天稽古，而損益焉，猶仲尼之聞韶，〔一〇〕日月之不可階，〔一一〕非聖哲之至，孰能若茲！綱紀咸張，成在一匱，〔一二〕此其所以保佑聖漢，安靖元元之效也。今功顯君薨，禮『庶子爲後，爲其母緦。』傳曰『與尊者爲體，不敢服其私親也。』攝皇帝以聖德承皇天之命，受太后之詔居攝踐祚，奉漢大宗之後，上有天地社稷之重，下有元元萬機之憂，不得顧其私親。故太皇太后建厥元孫，俾侯新都，〔一三〕爲哀侯後。明攝皇帝與尊者爲體，承宗廟之祭，奉共養太皇太后，不得服其私親也。周禮曰『王爲諸侯緦縗』，『弁而加環絰』，〔一四〕同姓則麻，異姓則葛。攝皇帝當爲功顯君緦縗，弁而加麻環絰，如天子弔諸侯服，以應聖制。」莽遂行焉，凡壹弔再會，而令新都侯宗爲主，服喪三年云。

〔一〕師古曰：「輯字與集同。」

〔二〕師古曰：「屏猶擁也。」

〔三〕師古曰：「商頌殷武之詩曰『商邑翼翼，四方之極』，言商邑禮俗翼翼然可則傚，乃四方之中正也。」

〔四〕師古曰：「謂成康之世囹圄空虛。」

〔五〕師古曰：「比，頻也。周頌閔予小子之篇曰『遭家不造』。造，成也。故議者引之。」

〔六〕師古曰：「宰，治也。尹，正也。衡，平也，言如稱之衡。」

〔七〕師古曰：「共讀曰恭。上下謂天地。」

〔八〕師古曰：「茂，美也。」

〔九〕李奇曰：「殷因於夏禮，周監於二代。」

〔一〇〕師古曰：「孔子至齊郭門之外，遇一嬰兒，挈一壺，相與俱行，其視精，其心正，其行端。孔子謂御曰：『趣驅之，趣驅之，韶樂方作。』孔子至彼而及韶，聞之，三月不知肉味。言天縱多能而識微也，故取喻耳。」

〔一一〕師古曰：「論語載子貢敍孔子德云：『他人賢者，丘陵也，猶可踰也。仲尼，日月也，無得而踰焉。』又曰：『夫子之不可及，猶天之不可階而升也。』」

〔一二〕師古曰：「論語云孔子曰：『譬如爲山，未成一匱，止，吾止也。譬如平地，雖覆一匱，進，吾往也。』匱者，織草爲器，所以盛土也。言人修（德）行道〔德〕，有若爲山，雖于平地，始覆一匱之土而作不止，可以得成，故吾欲往觀之。今此議者謂莽修行政化，致於太平，本由一匱也。」

〔一三〕師古曰：「建，立也。元，長也。謂立莽孫宗爲新都侯也。俾，使也。」

〔一四〕師古曰：「於弁上加環絰也。謂之環者，言其輕細如環之形。」

司威陳崇奏，衍功侯光私報執金吾竇況，令殺人，況爲收繫，致其法。莽大怒，切責光。

光母曰：「女自眡孰與長孫、中孫？」〔一〕遂母子自殺，及況皆死。初，莽以事母、養嫂、撫兄子爲名，及後悖虐，復以示公義焉。〔二〕令光子嘉嗣爵爲侯。

〔一〕師古曰：「長孫、中孫，莽子宇及獲字也。皆爲莽所殺，故云然。中讀曰仲。」

〔二〕服虔曰：「不舍光罪爲公義。」

莽下書曰：「遏密之義，訖于季冬，〔一〕正月郊祀，八音當奏。王公卿士，樂凡幾等？五聲八音，條各云何？其與所部儒生各盡精思，悉陳其義。」

〔一〕張晏曰：「平帝以元始五年十二月崩，至此再朞年也。」師古曰：「虞書：『放勳乃徂，百姓如喪考妣，三載，四海遏密八音。』遏，止也。密，靜也。謂不作樂也。故莽引之。」

是歲廣饒侯劉京、車騎將軍千人扈雲、大保屬臧鴻奏符命。〔一〕京言齊郡新井，雲言巴郡石牛，鴻言扶風雍石，莽皆迎受。十一月甲子，莽上奏太后曰：「陛下至聖，遭家不造，遇漢十二世三七之阸，承天威命，詔臣莽居攝，受孺子之託，任天下之寄。臣莽兢兢業業，懼於不稱。〔二〕宗室廣饒侯劉京上書言：『七月中，齊郡臨淄縣昌興亭長辛當一暮數夢，曰：「吾，天公使也。天公使我告亭長曰：『攝皇帝當爲眞。』即不信我，此亭中當有新井。」亭長晨起視亭中，誠有新井，〔三〕入地且百尺。』十一月壬子，直建冬至，〔四〕巴郡石牛，戊午，雍石文，皆到于未央宮之前殿。臣與太保安陽侯舜等視，天風起，塵冥，風止，得銅符帛圖於石前，文曰：『天告帝符，獻者封侯。承天命，用神令。』騎都尉崔發等眡說。〔五〕及前孝哀皇帝建平二年六月甲子下詔書，更爲太初元將元年，案其本事，甘忠可、夏賀良讖書臧蘭臺。〔六〕臣莽以爲元將元年者，大將居攝改元之文也，於今信矣。尚書康誥『王若曰：「孟侯，朕其弟，小子封。」』〔七〕此周公居攝稱王之文也。春秋隱公不言卽位，攝也。此二經周公、孔子所定，蓋爲後法。孔子曰：『畏天命，畏大人，畏聖人之言。』〔八〕臣莽敢不承用！臣請共事神祇宗廟，奏言太皇太后、孝平皇后，皆稱假皇帝。〔九〕其號令天下，天下奏言事，毋言『攝』。以居攝三年爲初始元年，漏刻以百二十爲度，用應天命。臣莽夙夜養育隆就孺子，〔一〇〕令與周之成王比德，宣明太皇太后威德於萬方，期於富而敎之。孺子加元服，復子明辟，如周公故事。」奏可。衆庶知其奉符命，指意羣臣博議別奏，以視卽眞之漸矣。〔一一〕

〔一〕師古曰：「千人，官名也，屬車騎將軍。扈其姓，雲其名。」

〔二〕師古曰：「兢兢，愼也。業業，危也。」

〔三〕師古曰：「誠，實也。」

〔四〕師古曰：「壬子之日冬至，而其日當建。」

〔五〕師古曰：「眡，古視字也。視其文而說其意也。」

〔六〕師古曰：「蘭臺，掌圖籍之所。」

〔七〕師古曰：「孟，長也。孟侯者，言爲諸侯之長也。封者，衞康叔名。」

〔八〕師古曰：「論語載孔子之言也，已解在上。」

〔九〕師古曰：「共音曰恭。」

〔一〇〕師古曰：「隆，長也。成就之使其長大也。」

〔一一〕師古曰：「視讀曰示。」

期門郎張充等六人謀共劫莽，立楚王。發覺，誅死。

梓潼人哀章〔一〕學問長安，素無行，好爲大言。見莽居攝，即作銅匱，爲兩檢，署其一曰「天帝行璽金匱圖」，其一署曰「赤帝行璽某傳予黃帝金策書」。某者，高皇帝名也。書言王莽爲真天子，皇太后如天命。圖書皆書莽大臣八人，又取令名王興、王盛，章因自竄姓名，〔二〕凡爲十一人，皆署官爵，爲輔佐。章聞齊井、石牛事下，即日昏時，衣黃衣，持匱至高廟，以付僕射。僕射以聞。戊辰，莽至高廟拜受金匱神嬗。〔三〕御王冠，謁太后，還坐未央宮前殿，下書曰：「予以不德，託于皇初祖考黃帝之後，皇始祖考虞帝之苗裔，而太皇太后之末屬。皇天上帝隆顯大佑，成命統序，符契圖文，金匱策書，神明詔告，屬予以天下兆民。〔四〕赤帝漢氏高皇帝之靈，承天命，傳國金策之書，予甚祗畏，敢不欽受！以戊辰直定，〔五〕御王冠，即真天子位，定有天下之號曰新。其改正朔，易服色，變犧牲，殊徽幟，異器制。〔六〕以十二月朔癸酉爲建國元年正月之朔，以雞鳴爲時。服色配德上黃，犧牲應正用白，使節之旄旛皆純黃，其署曰『新使五威節』，以承皇天上帝威命也。」

〔一〕師古曰：「梓潼，廣漢之縣也。潼音童。」

〔二〕師古曰：「竄謂廁著也。」

〔三〕師古曰：「嬗，古禪字。言有神命，使漢禪位於莽也。」

〔四〕師古曰：「屬，委付也，音之欲反。」

〔五〕師古曰：「於建除之次，其日當定。」

〔六〕師古曰：「徽幟，通謂旌旗之屬也。幟音式志反。」

校勘記

四〇四〇頁一四行　（爲）〔營〕私買侍婢，　景祐、汲古、殿、局本都作「營」，此誤。

四〇四三頁一〇行　上乃加恩寵，置使家，中黃門〔三〕十日一賜餐。　沈欽韓說「中黃門」當屬下讀，蘇林說非。

四〇四四頁二行　瑑自雕瑑字耳，音（彖）〔篆〕也。　景祐本作「篆」。王先謙說作「篆」是。

四〇四七頁一三行　功（能）〔德〕爲忠臣宗，　景祐、殿本都作「德」。楊樹達說作「德」是。

四〇四九頁二行　倍故，數多於（人）〔故〕各一倍也。　景祐、殿本都作「故」。王先謙說作「故」是。

四〇四九頁七行　自今以來，（非）〔惟〕封爵乃以聞。　汲古、殿、局本都作「惟」。王先謙說「非」字誤。

四〇五二頁五行　宜承(大)〔天〕序，奉祭祀。　景祐、殿本都作「天」。王先謙說作「天」是。

四〇五二頁八行　事下有司，皆(白)〔曰〕：　景祐、殿本都作「曰」。

四〇五三頁四行　〔言〕皇后之位當在莽女也。　景祐、殿本都有「言」字。

四〇五三頁九行　佟音(從)〔徙〕冬反。　景祐、殿本都作「徙」，此誤。

四〇五五頁一三行　顇與(萃)〔悴〕同，　殿本作「悴」。王先謙說作「悴」是。

四〇五六頁一四行　謂持兵(力)〔刃〕以刺。　景祐、汲古、殿、局本都作「刃」，此誤。

四〇五八頁三行　(書)〔師古〕曰：　朱一新說「書曰」當作「師古曰」。

四〇五九頁一五行　四海輻(奏)〔湊〕，　景祐、殿、局本都作「湊」。王先謙說「奏」字誤。

四〇六二頁九行　是故成王之(與)〔於〕周公也，　景祐、殿本都作「於」。王先謙說作「於」是。

四〇六三頁六行　(今)〔令〕天法有設，　錢大昭說「今」當作「令」。按景祐、殿、局本都作「令」。

四〇六四頁四行　郊卽(上祀)〔祀上〕帝於郊也。　殿本作「祀上」。王先謙說殿本是。

四〇六五頁一〇行　(惡)與管蔡同罪，　景祐本無「惡」字。

四〇七二頁一三行　列侯(富平侯)張純等　景祐本無「富平侯」三字。

四〇七三頁五行　延登，(請)〔親〕詔之曰：　沈欽韓說「請」當爲「親」。按景祐、殿本都作「親」。

四〇七四頁三行　官在宰衡，位(在)〔爲〕上公。　景祐、殿本都作「爲」。

四〇七五頁一三行　出履（一二）〔三〕寸。景祐本作「三」。

四〇七七頁一三行　凡十（三）〔二〕州，景祐本作「三」，殿本作「二」。

四〇八一頁三行　如諸侯禮〔儀〕故事。王先謙說「禮」下脫「儀」字。按景祐、殿本都有。

四〇八四頁八行　音（宗）〔空〕粲反。景祐、殿本都作「空」。

四〇八四頁一三行　（而）〔則〕豬其宮室以爲汙池，景祐、殿本都作「則」。王先謙說作「則」是。

四〇八五頁一四行　倡音（先）〔昌〕向反。殿本作「昌」。景祐本亦作「先」，疑「尺」字之誤。

四〇八六頁三行　封嘉爲（師）〔帥〕禮侯，錢大昭說「師」當作「帥」。按通鑑作「率禮侯」，錢說是。

四〇八六頁三行　長安（謂）〔爲〕之語曰：景祐、殿本都作「爲」。

四〇八八頁四行　共讀作（供）〔恭〕。景祐、殿本都作「恭」。

四〇八八頁六行　諭，曉告（也）〔之〕。景祐、殿本都作「之」。

四〇八八頁一〇行　（感）〔咸〕應兆占，景祐、殿本都作「咸」。

四〇九〇頁七行　成王廣封周公庶子六（子）〔人〕，景祐、殿本都作「人」。

四〇九二頁一三行　言人修（德）行道〔德〕，景祐、殿本都作「修行道德」。

漢書卷九十九中

王莽傳第六十九中

始建國元年正月朔，莽帥公侯卿士奉皇太后璽韍，〔一〕上太皇太后，順符命，去漢號焉。

〔一〕師古曰：「韍謂璽之組，音弗。」

初，莽妻宜春侯王氏女，立爲皇后。〔一〕本生四男：宇、獲、安、臨。二子前誅死，安頗荒忽，〔二〕乃以臨爲皇太子，安爲新嘉辟。〔三〕封宇子六人：千爲功隆公，壽爲功明公，吉爲功成公，宗爲功崇公，世爲功昭公，利爲功著公。大赦天下。

〔一〕師古曰：「王訢爲丞相，初封宜春侯，傳爵至孫咸。莽妻，咸之女。」

〔二〕師古曰：「荒音呼廣反。」

〔三〕師古曰：「辟，君也。謂之辟者，取爲國君之義，音璧。」

莽乃策命孺子曰：「咨爾嬰，昔皇天右乃太祖，〔一〕歷世十二，享國二百一十載，曆數在于予躬。詩不云乎？『侯服于周，天命靡常。』〔二〕封爾爲定安公，永爲新室賓。於戲！〔三〕

敬天之休，〔四〕往踐乃位，毋廢予命。」又曰：「其以平原、安德、漯陰、鬲、重丘，凡戶萬，〔五〕地方百里，爲定安公國。立漢祖宗之廟於其國，與周後並，行其正朔、服色。世世以事其祖宗，永以命德茂功，享歷代之祀焉。以孝平皇后爲定安太后。」讀策畢，莽親執孺子手，流涕歔欷，〔六〕曰：「昔周公攝位，終得復子明辟，今予獨迫皇天威命，不得如意！」哀歎良久。中傅將孺子下殿，北面而稱臣。百僚陪位，莫不感動。

〔一〕師古曰：「右讀曰佑。佑，助也。」

〔二〕師古曰：「大雅文王之詩也。言殷之後嗣，乃爲諸侯，服事周室，是天命無常也。謂微子爲宋公也。」

〔三〕師古曰：「於戲音曰嗚呼。」

〔四〕師古曰：「休，美也。」

〔五〕師古曰：「五縣也。漯音它合反。鬲音與隔同。」

〔六〕師古曰：「歔音虛。欷音許氣反。」

又按金匱，輔臣皆封拜。以太傅、左輔、驃騎將軍安陽侯王舜爲太師，封安新公；大司徒就德侯平晏爲太傅，就新公；少阿、羲和、京兆尹紅休侯劉歆爲國師，嘉新公；廣漢梓潼哀章爲國將，美新公：是爲四輔，位上公。太保、後承承陽侯甄邯〔一〕爲大司馬，承新公；丕進侯王尋爲大司徒，章新公；步兵將軍成都侯王邑爲大司空，隆新公：是爲三公。大阿、右拂、大司空、衞將軍廣陽侯甄豐〔二〕爲更始將軍，廣新公；京兆王興爲衞將軍，奉新公；輕車將軍成武侯孫建爲立國將軍，成新公；京兆王盛爲前將軍，崇新公：是爲四將。凡十一公。王興者，故城門令史。王盛者，賣餅。莽按符命求得此姓名十餘人，兩人容貌應卜相，徑從布衣登用，以視神焉。〔三〕餘皆拜爲郎。是日，封拜卿大夫、侍中、尚書官凡數百人。諸劉爲郡守，皆徙爲諫大夫。

〔一〕師古曰：「承陽音烝陽。」

〔二〕師古曰：「拂讀曰弼。」

〔三〕師古曰：「視讀曰示。」

改明光宮爲定安館，定安太后居之。以故大鴻臚府爲定安公第，皆置門衞使者監領。敕阿乳母不得與語，常在四壁中，〔一〕至於長大，不能名六畜。後莽以女孫宇子妻之。

〔一〕孟康曰：「令定安公居四壁中，不得有所見。」

莽策羣司曰：「歲星司肅，東（獄）〔嶽〕太師典致時雨，〔一〕青煒登平，考景以晷。〔二〕熒惑司悊，南嶽太傅典致時奥，〔三〕赤煒頌平，考聲以律。〔四〕太白司艾，西嶽國師典致時陽，〔五〕白煒象平，考量以銓。〔六〕辰星司謀，北嶽國將典致時寒，〔七〕玄煒和平，考星以漏。〔八〕月刑元股左，司馬典致武應，考方法矩，〔九〕主司天文，欽若昊天，敬授民時，力來農事，以豐年穀。〔一〇〕日德元厷右，司徒典致文瑞，考圜合規，〔一一〕主司人道，五教是輔，帥民承上，宣美風俗，五品乃訓。〔一二〕斗平元心中，司空典致物圖，考度以繩，〔一三〕主司地里，平治水土，掌名山川，衆殖鳥獸，蕃茂草木。」各策命以其職，如典誥之文。

〔一〕應劭曰：「貌之不恭，是謂不肅。肅，敬也。厥罰常雨。常雨，水也。故申戒厥任，欲使雨澤以時也。」晉灼曰：「衆物生於東方，故戒太師也。」

〔二〕服虔曰：「煒音暉。」如淳曰：「青氣之光輝也。」晉灼曰：「言青陽之氣始升而上，以成萬物也。春秋分立表以正東西。東，日之始出也，故考景以晷屬焉。」

〔三〕應劭曰：「視之不明，是謂不悊。悊，智也。厥罰常燠。燠，暑也。」晉灼曰：「南方，盛陽之位。太傅，師傅之稱，故戒之也。」師古曰：「奥音於六反。」

〔四〕晉灼曰：「頌，寬頌也。夏，假也。物假大，乃宣平也。六月陰氣之始，故爲地統。地之中數六，六爲律，律有形有色，色尚黃，故考聲以律屬焉。」師古曰：「頌讀曰容。」

〔五〕應劭曰：「言之不從，是謂不艾。艾，安也。厥罰常陽。陽，旱也。」師古曰：「艾讀曰乂。」

〔六〕應劭曰：「量，斗斛也。銓，權衡也。」晉灼曰：「象，形也，萬物無不成形於西方，大小輕重皆可知，故稱量屬焉。」

〔七〕應劭曰：「聽之不聰，是謂不謀。謀，圖也。厥罰常寒。」晉灼曰：「北，伏也。陽氣伏於下，陰主殺，故戒國將。」

〔八〕應劭曰：「推五星行度以漏刻也。」晉灼曰：「和，合也。萬物皆合藏於北方，水又主平，故曰和平。曆度起於斗分，日月紀於攝提，攝提值斗杓所指以建時節，故考星屬焉。」

〔九〕張晏曰：「月爲刑，司馬主武，又典天，故使主威刑也。」
〔一〇〕師古曰：「欽，敬也。若，順也。力來，勸勉之也。來音郎代反。」
〔一一〕張晏曰：「日爲陽位。」晉灼曰：「肱圜也。五教在寬，則和氣感物，四靈見象，故文瑞屬焉。」師古曰：「厷，古肱字。」
〔一二〕師古曰：「五教，謂父義、母慈、兄友、弟恭、子孝也。五品即五常，謂仁、義、禮、智、信。」
〔一三〕張晏曰：「斗，北斗也，主齊七政。司空主水土，土爲中，故責之。」孟康曰：「易『河出圖，洛出書』，司空主水土，責以其物也。」晉灼曰：「中央爲四季土。土者信，信者直，故爲繩。」

置大司馬司允，〔一〕大司徒司直，大司空司若，〔二〕位皆孤卿。更名大司農曰羲和，後更爲納言，大理曰作士，太常曰秩宗，大鴻臚曰典樂，少府曰共工，〔三〕水衡都尉曰予虞，與三公司卿凡九卿，分屬三公。每一卿置大夫三人，一大夫置元士三人，凡二十七大夫，八十一元士，分主中都官諸職。更名光祿勳曰司中，太僕曰太御，衞尉曰太衞，執金吾曰奮武，中尉曰軍正，又置大贅官，主乘輿服御物，〔四〕後又典兵秩，位皆上卿，號曰六監。改郡太守曰大尹，都尉曰太尉，縣令長曰宰，御史曰執法，公車司馬曰王路四門，長樂宮曰常樂室，未央宮曰壽成室，前殿曰王路堂，〔五〕長安曰常安。更名秩百石曰庶士，三百石曰下士，四百石曰中士，五百石曰命士，六百石曰元士，千石曰下大夫，比二千石曰中大夫，二千石曰上大夫，中二千石曰卿。車服黻冕，各有差品。〔六〕又置司恭、司徒、司明、司聰、司中大夫及誦詩工、徹膳宰，以司過。策曰：「予聞上聖欲昭厥德，罔不慎修厥身，用綏于遠，是用建爾司于五事。毋隱尤，毋將虛，〔七〕好惡不愆，立于厥中。〔八〕於戲，勗哉！」〔九〕令王路設進善之旌，非謗之木，（欲）〔敢〕諫之鼓。〔一〇〕諫大夫四人常坐王路門受言事者。

〔一〕師古曰：「允，信也。」

〔二〕師古曰：「若，順也。」

〔三〕師古曰：「共音曰龔。」

〔四〕師古曰：「贅，聚也，言財物所聚也，音之銳反。」

〔五〕服虔曰：「如言路寢也。」

〔六〕師古曰：「此黻謂衣裳之黻。」

〔七〕師古曰：「尤，過也。將，助也。虛謂虛美也。言勿隱吾過，而助爲虛美。」

〔八〕師古曰：「愆，違也。」

〔九〕師古曰：「於戲讀曰嗚呼。勗，勉也。」

〔一〇〕師古曰：「非音曰誹。」

封王氏齊縗之屬爲侯，大功爲伯，小功爲子，緦麻爲男，其女皆爲任。〔一〕男以「睦」、女以「隆」爲號焉，〔二〕皆授印韍。〔三〕令諸侯立太夫人、夫人、世子，亦受印韍。

〔一〕師古曰：「任，充也。男服之義，男亦任也，音壬。」

〔二〕師古曰：「睦、隆，皆其受封邑之號，取嘉名也。」

〔三〕師古曰：「觳亦印之組。次下並同。」

又曰：「天無二日，土無二王，百王不易之道也。漢氏諸侯或稱王，至于四夷亦如之，違於古典，繆於一統。其定諸侯王之號皆稱公，及四夷僭號稱王者皆更為侯。」

又曰：「帝王之道，相因而通；盛德之祚，百世享祀。予惟黃帝、帝少昊、帝顓頊、帝嚳、帝堯、帝舜、帝夏禹、皋陶、伊尹咸有聖德，假于皇天，〔一〕功烈巍巍，光施于遠。予甚嘉之，營求其後，將祚厥祀。」惟王氏，虞帝之後也，出自帝嚳；劉氏，堯之後也，出自顓頊。於是封姚恂為初睦侯，奉黃帝後；〔二〕梁護為脩遠伯，奉少昊後；〔三〕皇孫功隆公千，奉帝嚳後；劉歆為祁烈伯，奉顓頊後；國師劉歆子疊為伊休侯，奉堯後；〔四〕嬀昌為始睦侯，奉虞帝後；山遵為褒謀子，奉皋陶後；伊玄為褒衡子，奉伊尹後。漢後定安公劉嬰，位為賓。周後衛公姬黨，更封為章平公，亦為賓。殷後宋公孔弘，運轉次移，更封為章昭侯，位為恪。〔五〕夏後遼西姒豐，封為章功侯，亦為恪。〔六〕四代古宗，宗祀于明堂，以配皇始祖考虞帝。周公後褒魯子姬就，宣尼公後褒成子孔鈞，已前定焉。

〔一〕師古曰：「假，至也，升也，音工雅反。」

〔二〕服虔曰：「姚，舜姓，故封為黃帝後。」

〔三〕服虔曰：「以爲伯益之後，故封之。」

〔四〕師古曰：「上言紅休侯劉歆爲國師嘉新公，今此云劉歆爲祁烈伯，又言國師劉歆子爲伊休侯，是則祁烈伯自別一劉歆，非國師也。」

〔五〕師古曰：「恪，敬也。言待之加敬，亦如賓也。周以舜後幷杞、宋爲三恪也。」

〔六〕服虔曰：「姒，夏姓。」

莽又曰：「予前在攝時，建郊宮，定祧廟，立社稷，〔一〕神祇報況，〔二〕或光自上復于下，流爲烏，〔三〕或黃氣熏烝，昭燿章明，以著黃、虞之烈焉。〔四〕自黃帝至于濟南伯王，而祖世氏姓有五矣。〔五〕黃帝二十五子，分賜厥姓十有二氏。虞帝之先，受姓曰姚，其在陶唐曰嬀，在周曰陳，在齊曰田，在濟南曰王。予伏念皇初祖考黃帝，皇始祖考虞帝，以宗祀于明堂，宜序於祖宗之親廟。其立祖廟五，親廟四，后夫人皆配食。郊祀黃帝以配天，黃后以配地。〔六〕以新都侯東弟爲大禖，歲時以祀。〔七〕家之所尚，種祀天下。〔八〕姚、嬀、陳、田、王氏凡五姓者，皆黃、虞苗裔，予之同族也。書不云乎？『惇序九族。』〔九〕其令天下上此五姓名籍于秩宗，皆以爲宗室。世世復，無有所與。〔一〇〕其元城王氏，勿令相嫁娶，以別族理親焉。」〔一一〕封陳崇爲統睦侯，奉胡王後；〔一二〕田豐爲世睦侯，奉敬王後。〔一三〕

〔一〕師古曰：「遠祖曰祧，音吐堯反。」

〔二〕師古曰：「況，賜也。」

〔三〕師古曰：「復音扶目反。」

〔四〕師古曰：「烈，餘業（反）〔也〕。自云承黃、虞之後。」

〔五〕師古曰：「濟南伯王，莽之高祖。」

〔六〕孟康曰：「黃帝之后也。」

〔七〕師古曰：「禖，祀也。立此大祠，常以歲時祀其先也。」

〔八〕師古曰：「言國已立大禖祠先祖矣，其衆庶之家所尙者，各令傳祀勿絕，普天之下同其法。」

〔九〕師古曰：「虞書咎繇謨之辭也。惇，厚也。」

〔一〇〕師古曰：「復音方目反。與讀曰預。」

〔一一〕師古曰：「元城王氏不得與四姓昏娶，以其同祖也。餘它王氏，則不禁焉。」

〔一二〕孟康曰：「追王陳胡公。」

〔一三〕孟康曰：「追王陳敬仲。」

天下牧守皆以前有翟義、趙明等領州郡，懷忠孝，封牧爲男，守爲附城。又封舊恩戴崇、金涉、箕閎、楊並等子皆爲男。

遣騎都尉囂等〔一〕分治黃帝園位於上都橋時，〔二〕虞帝於零陵九疑，胡王於淮陽陳，敬王於齊臨淄，愍王於城陽莒，〔三〕伯王於濟南東平陵，孺王於魏郡元城，〔四〕使者四時致祠。

其廟當作者，以天下初定，且祫祭於明堂太廟。

〔一〕師古曰：「囂音許驕反。」
〔二〕師古曰：「橋山之上，故曰橋時也。」
〔三〕服虔曰：「齊愍王。」
〔四〕師古曰：「莽之高祖名遂字伯紀，曾祖名賀字翁孺，故謂之伯王、孺王。」

以漢高廟爲文祖廟。〔一〕莽曰：「予之皇始祖考虞帝受嬗于唐，〔二〕漢氏初祖唐帝，世有傳國之象，〔三〕予復親受金策於漢高皇帝之靈。惟思褒厚前代，何有忘時？漢氏祖宗有七，〔四〕以禮立廟于定安國。其園寢廟在京師者，勿罷，祠薦如故。予以秋九月親入漢氏高、元、成、平之廟。諸劉更屬籍京兆大尹，勿解其復，各終厥身，〔五〕州牧數存問，勿令有侵冤。」

〔一〕師古曰：「欲法舜受終於文祖。」
〔二〕師古曰：「嬗，古禪字。」
〔三〕師古曰：「堯傳舜，漢傳莽，自以舜後，故言有傳國之象。」
〔四〕蘇林曰：「漢本祀祖宗有四，莽以元帝、成帝、平帝爲宗，故有七。」
〔五〕師古曰：「復音方目反。」

又曰：「予前在大麓，至于攝假，〔一〕深惟漢氏三七之阸，赤德氣盡，思索廣求，〔二〕所以輔劉延期之(述)〔術〕，靡所不用。以故作金刀之利，幾以濟之。〔三〕然自孔子作春秋以爲後王法，至于哀之十四而一代畢，協之於今，亦哀之十四也。〔四〕赤世計盡，終不可强濟。皇天明威，黄德當興，隆顯大命，屬予以天下。〔五〕今百姓咸言皇天革漢而立新，〔六〕廢劉而興王。夫『劉』之爲字『卯、金、刀』也，正月剛卯，金刀之利，皆不得行。〔七〕博謀卿士，僉曰天人同應，昭然著明。其去剛卯莫以爲佩，除刀錢勿以爲利，承順天心，快百姓意。」乃更作小錢，徑六分，重一銖，文曰「小錢直一」，與前「大錢五十」者爲二品，並行。欲防民盜鑄，乃禁不得挾銅炭。

〔一〕師古曰：「大麓者，謂爲大司馬、宰衡時，妄引『舜納于大麓，烈風雷雨不迷』也。攝假，謂初爲攝皇帝，又爲假皇帝。」

〔二〕師古曰：「索亦求也，音山客反。」

〔三〕師古曰：「幾讀曰冀。」

〔四〕張晏曰：「漢哀帝即位六年，平帝五年，居攝三年，凡十四年。」

〔五〕師古曰：「屬音之欲反。」

〔六〕師古曰：「革，改也。」

〔七〕服虔曰：「剛卯，以正月卯日作佩之，長三(尺)〔寸〕，廣一寸，四方，或用(五)〔玉〕，或用金，或用桃，著革帶佩之。今有玉在者，銘其一面曰『正月剛卯』。金刀，莽所鑄之錢也。」晉灼曰：「剛卯長一寸，廣五分，四方。當中央從穿作孔，以采絲〔葺〕〔茸〕其底，如冠纓頭蕤。刻其上面，作兩行書，文曰『正月剛卯既央，靈殳四方，赤青白黃，四色是當。帝令祝融，以教夔、龍，庶疫剛癉，莫我敢當。』其一銘曰『疾日嚴卯，帝令夔化，順爾固伏，化茲靈殳。既正既直，既觚既方，庶疫剛癉，莫我敢當。』」師古曰：「今往往有土中得玉剛卯者，案大小及文，服說是也。莽以劉字上有卯，下有金，旁又有刀，故禁剛卯及金刀也。」

（是歲）四月，徐鄉侯劉快結黨數千人起兵於其國。〔一〕快兄殷，故漢膠東王，時改爲扶崇公。快舉兵攻即墨，殷閉城門，自繫獄。吏民距快，快敗走，至長廣死。莽曰：「昔予之祖濟南愍王困於燕寇，自齊臨淄出保于莒。宗人田單廣設奇謀，獲殺燕將，復定齊國。今即墨士大夫復同心殄滅反虜，予甚嘉其忠者，憐其無辜。其赦殷等，非快之妻子它親屬當坐者皆勿治。弔問死傷，賜亡者葬錢，人五萬。殷知大命，深疾惡快，以故輒伏厥辜。其滿殷國戶萬，地方百里。」又封符命臣十餘人。

〔一〕師古曰：「快，膠東恭王子也。而王子侯表作炔，字從火，與此不同，疑表誤。」

莽曰：「古者，設廬井八家，一夫一婦田百畝，什一而稅，則國給民富而頌聲作。〔一〕此唐虞之道，三代所遵行也。秦爲無道，厚賦稅以自供奉，罷民力以極欲，〔二〕壞聖制，廢井田，是以兼幷起，貪鄙生，强者規田以千數，弱者曾無立錐之居。又置奴婢之市，與牛馬同蘭，〔三〕制於民臣，顓斷其命。姦虐之人因緣爲利，至略賣人妻子，逆天心，誖人倫，〔四〕繆於

『天地之性人爲貴』之義。〔五〕書曰『予則奴戮女』，〔六〕唯不用命者，然後被此辜矣。漢氏減輕田租，三十而稅一，常有更賦，罷癃咸出，〔七〕而豪民侵陵，分田劫假。厥名三十稅一，實什稅五也。〔八〕父子夫婦終年耕芸，〔九〕所得不足以自存。故富者犬馬餘菽粟，驕而爲邪；貧者不厭糟糠，窮而爲姦。〔一〇〕俱陷于辜，刑用不錯。〔一一〕予前在大麓，始令天下公田口井，〔一二〕時則有嘉禾之祥，遭反虜逆賊且止。今更名天下田曰『王田』，奴婢曰『私屬』，皆不得賣買。其男口不盈八，而田過一井者，分餘田予九族鄰里鄉黨。故無田，今當受田者，如制度。敢有非井田聖制，無法惑衆者，投諸四裔，以禦魑魅，〔一三〕如皇始祖考虞帝故事。」

〔一〕師古曰：「給，足也。」

〔二〕師古曰：「罷讀曰疲。」

〔三〕師古曰：「蘭謂遮蘭之，若牛馬蘭圈也。」

〔四〕師古曰：「誖，亂也。誖音布內反。」

〔五〕師古曰：「孝經稱孔子曰『天地之性人爲貴』，故引之。性，生也。」

〔六〕師古曰：「夏書甘誓之辭也。奴戮，戮之以爲奴也。說書者以爲帑，子也，戮及妻子。此說非也。泰誓云『囚奴正士』，豈及子之謂乎？女讀曰汝。」

〔七〕師古曰：「更音工衡反。罷音疲。癃音隆。」

〔八〕師古曰：「解並在食貨志。」

〔九〕師古曰：「芸字與耘同。」

〔一〇〕師古曰：「厭，飽也。」

〔一一〕師古曰：「錯，置也，音千故反。」

〔一二〕師古曰：「計口而爲井田。」

〔一三〕師古曰：「魑，山神也。魅，老物精也。魑音螭。魅音媚。」

是時百姓便安漢五銖錢，以莽錢大小兩行難知，又數變改不信，皆私以五銖錢市買。譌言大錢當罷，莫肯挾。莽患之，復下書：「諸挾五銖錢，言大錢當罷者，比非井田制，投四裔。」於是農商失業，食貨俱廢，民人至涕泣於市道。及坐賣買田宅奴婢，鑄錢，自諸侯卿大夫至于庶民，抵罪者不可勝數。

秋，遣五威將王奇等十二人班符命四十二篇於天下。德祥五事，符命二十五，福應十二，凡四十二篇。其德祥言文、宣之世黃龍見於成紀、新都，高祖考王伯墓門梓柱生枝葉之屬。符命言井石、金匱之屬。福應言雌雞化爲雄之屬。其文爾雅依託，皆爲作說，〔一〕大歸言莽當代漢有天下云。總而說之曰：「帝王受命，必有德祥之符瑞，協成五命，申以福應，〔二〕然後能立巍巍之功，傳于子孫，永享無窮之祚。故新室之興也，德祥發於漢三七九世之後。〔三〕肇命於新都，受瑞於黃支，〔四〕開王於武功，定命於子同，〔五〕成命於巴宕，〔六〕申福於十二應，天所以保祐新室者深矣，固矣！武功丹石出於漢氏平帝末年，火德銷盡，土德當代，皇天眷然，去漢與新，以丹石始命於皇帝。皇帝謙讓，以攝居之，未當天意，故其秋七月，天重以三能文馬。〔七〕皇帝復謙讓，未卽位，故三以鐵契，四以石龜，五以虞符，六以文圭，七以玄印，八以茂陵石書，九以玄龍石，十以神井，十一以大神石，十二以銅符帛圖。申命之瑞，寖以顯著，〔八〕至于十二，以昭告新皇帝。皇帝深惟上天之威不可不畏，故去攝號，猶尚稱假，改元爲初始，欲以承塞天命，克厭上帝之心。〔九〕然非皇天所以鄭重降符命之意。〔一〇〕故是日天復決（其）以勉書。〔一一〕又侍郎王盱見人衣白布單衣，赤繢方領，〔一二〕冠小冠，立于王路殿前，謂盱曰：『今日天同色，以天下人民屬皇帝。』〔一三〕盱怪之，行十餘步，人忽不見。至丙寅暮，漢氏高廟有金匱圖策：『高帝承天命，以國傳新皇帝。』明旦，宗伯忠孝侯劉宏以聞，乃召公卿議，未決，而大神石人談曰：『趣新皇帝之高廟受命，毋留！』〔一四〕於是新皇帝立登車，之漢氏高廟受命。受命之日，丁卯也。丁，火，漢氏之德也。卯，劉姓所以爲字也。明漢劉火德盡，而傳於新室也。皇帝謙謙，既備固讓，十二符應迫著，命不可辭，〔一五〕懼然祗畏，葦然閔漢氏之終不可濟，〔一六〕亹亹在左右之不得從意，〔一七〕爲之三夜不御寢，三日不御食。延問公侯卿大夫，僉曰：『宜奉如上天威命。』於是乃改元定號，海內更始。新室既定，神祇懽喜，申以福應，吉瑞累仍。〔一八〕詩曰：『宜民宜人，受祿于天；保右命之，自天申之。』〔一九〕此之謂也。」五威將奉符命，齎印綬，王侯以下及吏官名更者，〔二〇〕外及匈奴、西域，徼外蠻夷，皆即授新室印綬，因收故漢印綬。賜吏爵人二級，民爵人一級，女子百戶羊酒，蠻夷幣帛各有差。大赦天下。

〔一〕師古曰：「爾雅，近正也。謂近於正經，依古義而爲之說。」

〔二〕師古曰：「五命，謂五行之次，相承以受命也。申，重也。」

〔三〕蘇林曰：「二百一十歲，九天子也。」

〔四〕孟康曰：「獻生犀。」

〔五〕孟康曰：「梓潼縣也，莽改也。」

〔六〕晉灼曰：「巴郡宕渠縣也。」

〔七〕服虔曰：「三台星也。」晉灼曰：「許慎說，文馬縞身金精，周成王時犬戎獻之。」師古曰：「能音台。」

〔八〕師古曰：「寖，漸也。」

〔九〕師古曰：「塞，當也。厭，滿也。」

〔一〇〕師古曰：「鄭重猶言頻煩也。重音直用反。」

〔一一〕孟康曰：「哀章所作策書也。言數有瑞應，莽自謙居攝，天復決其疑，勸勉令爲眞也。」晉灼曰：「勉字當爲龜。是日自復有龜書及天下金匱圖策事也。」師古曰：「孟說是。」

〔一二〕師古曰：「繢者，會五采也。以布爲單衣，以赤加繢爲其方領也。盱音許于反。繢音胡內反。」

〔三〕師古曰：「同色者，言五方天神共齊其謀，同其顏色也。字或作包，包者，言天總包括天下人衆，而與莽也。其義兩通。屬，委也，音之欲反。」

〔四〕師古曰：「趣讀曰促。」

〔五〕師古曰：「迫，促也。著，明也。」

〔六〕師古曰：「懼音瞿。瞿然，自失之意也。蘁然，變動之貌也。瞿音居具反。」

〔七〕師古曰：「亹亹，自勉之意。左右，助也。言欲助漢室而迫天命，不得從其本意也。左右音曰佐佑也。」

〔八〕師古曰：「申，重也。仍，頻也。」

〔九〕師古曰：「大雅假樂之詩也。言有功德宜於衆人者，則受天之福祿。天乃保安而佑助之，命以邦國也。申謂重其意也。右讀曰佑。」

〔一〇〕師古曰：「更，改也。」

五威將乘乾文車，〔一〕駕坤六馬，〔二〕背負鷩鳥之毛，服飾甚偉。〔三〕每一將各置左右前後中帥，凡五帥。衣冠車服駕馬，各如其方面色數。〔四〕將持節，稱太一之使；帥持幢，稱五帝之使。莽策命曰：「普天之下，迄于四表，〔五〕靡所不至。」其東出者，至玄菟、樂浪、高句驪、夫餘；〔六〕南出者，隃徼外，歷益州，〔七〕貶句町王爲侯；西出者，至西域，盡改其王爲侯；北出者，至匈奴庭，授單于印，改漢印文，去「璽」曰「章」。單于欲求故印，陳饒椎破之，語在匈奴傳。單于大怒，而句町、西域後卒以此皆畔。饒還，拜爲大將軍，封威德子。

〔一〕鄭氏曰：「晝天文象於車也。」

〔二〕鄭氏曰：「坤爲牝馬。六，地數。」

〔三〕師古曰：「鷩鳥，雉屬，即鵔鸃也。今俗呼之山雞，非也。鷩音鼈。」

〔四〕師古曰：「色者，東方青，南方赤也。數者，若木數三，火數二之類也。」

〔五〕師古曰：「迄亦至也。」

〔六〕師古曰：「夫餘，亦東北夷也。樂音洛。浪音郎。夫音扶。」

〔七〕師古曰：「隃字與踰同。」

冬，靁，〔一〕桐華。

〔一〕師古曰：「古雷字。」

置五威司命，中城四關將軍。司命司上公以下，中城主十二城門。策命統睦侯陳崇曰：「咨爾崇。夫不用命者，亂之原也；大姦猾者，賊之本也；鑄僞金錢者，妨寶貨之道也；驕奢踰制者，凶害之端也；漏泄省中及尚書事者，『機事不密則害成』也；〔一〕拜爵王庭，謝恩私門者，祿去公室，政從亡矣：凡此六條，國之綱紀。是用建爾作司命，『柔亦不茹，剛亦不吐，不侮鰥寡，不畏强圉』，〔二〕帝命帥繇，統睦于朝。」〔三〕命說符侯崔發曰：「『重門擊柝，以待暴客』。〔四〕女作五威中城將軍，〔五〕中德既成，天下說符。」〔六〕命明威侯王級曰：「繞霤之固，南當荆楚。〔七〕女作五威前關將軍，振武奮衞，明威于前。」命尉睦侯王嘉曰：「羊頭之阸，北當燕趙。〔八〕女作五威後關將軍，壺口捶扼，尉睦于後。」〔九〕命(堂)〔掌〕威侯王奇曰：「肴黽之險，東當鄭衛。〔一〇〕女作五威左關將軍，函谷批難，掌威于左。」〔一一〕命懷羌子王福曰：「汧隴之阻，西當戎狄。〔一二〕女作五威右關將軍，成固據守，懷羌于右。」

〔一〕師古曰：「易上繫之辭曰『君不密則失臣，臣不密則失身，機事不密則害成』，故引之。」

〔二〕師古曰：「引詩大雅美仲山甫之辭，其義並解於上。」

〔三〕師古曰：「帥，循也。繇讀與由同。」

〔四〕師古曰：「易下繫之辭也。擊柝，謂擊木以守夜也。暴客，謂姦暴之人來為寇害者也。柝音他各反。」

〔五〕師古曰：「女讀曰汝。其下並同。」

〔六〕師古曰：「說音悅。」

〔七〕服虔曰：「隘險之道。」師古曰：「謂之繞霤者，言四面塞阸，其道屈曲，谿谷之水，回繞而霤也。其處即今商州界七盤十二繞是也。霤音力救反。」

〔八〕師古曰：「羊頭，山名，在上黨壺關縣。」

〔九〕師古曰：「壺口亦山名也。捶扼，謂據險阸而捶擊也。捶音之蘂反。」

〔一〇〕師古曰：「肴，肴山也。黽，黽池也。皆在陝縣之東。黽音莫善反。」

〔一一〕師古曰：「批謂糾閉之也。函谷故關，今在桃林縣界。批音步結反。」

〔一二〕師古曰：「汧，扶風汧縣，有吳山、汧水之阻。隴謂隴坻也。汧隴相連。汧音苦堅反。坻音丁禮反。」

又遣諫大夫五十人分鑄錢於郡國。

是歲長安狂女子碧呼道中〔一〕曰：「高皇帝大怒，趣歸我國。不者，九月必殺汝！」〔二〕莽收捕殺之。治者掌寇大夫陳成自免去官。〔三〕眞定劉都等謀舉兵，發覺，皆誅。眞定、常山大雨雹。〔四〕

〔一〕師古曰：「碧者，女子名也。呼，叫也，音火故反。」

〔二〕師古曰：「趣讀曰促。」

〔三〕師古曰：「狂妄之人，職在掌寇，故云治者。」

〔四〕師古曰：「雨音于具反。」

二年二月，赦天下。

五威將帥七十二人還奏事，漢諸侯王爲公者，悉上璽綬爲民，無違命者。封將爲子，帥爲男。

初設六筦之令。〔一〕命縣官酤酒，賣鹽鐵器，鑄錢，諸采取名山大澤衆物者稅之。又令市官收賤賣貴，賒貸予民，收息百月三。〔二〕犧和置酒士，郡一人，乘傳督酒利。〔三〕禁民不得挾弩鎧，徙西海。

〔一〕師古曰：「筦亦管字也。管，主也。」
〔二〕如淳曰：「出百錢與民用，月收其息三錢也。」師古曰：「貸音吐戴反。」
〔三〕師古曰：「督，視察之。傳音張戀反。」

匈奴單于求故璽，莽不與，遂寇邊郡，殺略吏民。

十一月，立國將軍建奏：「西域將欽上言，〔一〕九月辛巳，戊己校尉史陳良、終帶共賊殺校尉刁護，〔二〕劫略吏士，自稱廢漢大將軍，亡入匈奴。又今月癸酉，不知何一男子遮臣建車前，自稱『漢氏劉子輿，成帝下妻子也。〔三〕劉氏當復，〔四〕趣空宮。』〔五〕收繫男子，即常安姓武字仲。皆逆天違命，大逆無道。請論仲及陳良等親屬當坐者。」奏可。漢氏高皇帝比著戒云，罷吏卒，爲賓食，〔六〕誠欲承天心，全子孫也。其宗廟不當在常安城中，及諸劉爲諸侯者當與漢俱廢。陛下至仁，久未定。前故安衆侯劉崇、徐鄉侯劉快、〔七〕陵鄉侯劉曾、〔八〕扶恩侯劉貴等〔九〕更聚衆謀反。〔一〇〕今狂狡之虜或妄自稱亡漢將軍，或稱成帝子子輿，至犯夷滅，連未止者，此聖恩不蚤絕其萌牙故也。臣愚以爲漢高皇帝爲新室賓，享食明堂。成帝，異姓之兄弟，平帝，壻也，皆不宜復入其廟。元帝與皇太后爲體，〔一一〕聖恩所隆，禮亦宜之。臣請漢氏諸廟在京師者皆罷。諸劉爲諸侯者，以戶多少就五等之差；其爲吏者皆罷，待除於家。〔一二〕上當天心，稱高皇帝神靈，〔一三〕塞狂狡之萌。」莽曰：「可。嘉新公國師以符命爲予四輔，明德侯劉龔、率禮侯劉嘉等凡三十二人皆知天命，或獻天符，或貢昌言，〔一四〕或捕告反虜，厥功茂焉。諸劉與三十二人同宗共祖者勿罷，賜姓曰王。」唯國師以女配莽子，故不賜姓。改定安太后號曰黃皇室主，絕之於漢也。

〔一〕師古曰：「但欽也。」

〔二〕師古曰：「刁音貂。」

〔三〕師古曰：「下妻猶言小妻。」

〔四〕師古曰：「復音扶福反。」

〔五〕師古曰：「趣讀曰促。」

〔六〕師古曰：「比，頻也。言高帝頻戒云，勿使吏卒守漢廟，欲爲寄食之賓於王氏廟中。」

〔七〕師古曰：「並解於上。」

〔八〕師古曰：「楚思王子。」

〔九〕師古曰：「不知誰子孫。」

〔一〇〕師古曰：「更音工衡反。」

〔一一〕師古曰：「夫婦一體也。」

〔一二〕師古曰：「罷黜其職，各使退歸，而言在家待還除。」

〔一三〕師古曰：「稱音尺孕反。」

〔一四〕師古曰：「昌，當也。」

冬十二月，雷。

更名匈奴單于曰降奴服于。莽曰：「降奴服于知〔一〕威侮五行，〔二〕背畔四條，〔三〕侵犯西域，延及邊垂，爲元元害，辠當夷滅。命遣立國將軍孫建等凡十二將，十道並出，共行皇天之威，罰于知之身。〔四〕惟知先祖故呼韓邪單于稽侯狦〔五〕累世忠孝，保塞守徼，不忍以一知之罪，滅稽侯狦之世。今分匈奴國土人民以爲十五，立稽侯狦子孫十五人爲單于。遣中郎將藺苞、戴級馳之塞下，召拜當爲單于者。諸匈奴人當坐虜知之法者，皆赦除之。」遣五威將軍苗訢、虎賁將軍王況出五原，厭難將軍陳欽、震狄將軍王巡出雲中，〔六〕振武將軍王嘉、平狄將軍王萌出代郡，相威將軍李棽、鎮遠將軍李翁出西河，〔七〕誅貉將軍陽俊、討穢將軍嚴尤出漁陽，奮武將軍王駿、定胡將軍王晏出張掖，及偏裨以下百八十人。募天下囚徒、丁男、甲卒三十萬人，轉衆郡委輸五大夫衣裘、兵器、糧食，長吏送自負海江淮至北邊，使者馳傳督趣，以軍興法從事，〔八〕天下騷動。先至者屯邊郡，須畢具乃同時出。

〔一〕師古曰：「知者，莽改單于之名也，本名囊知牙斯。」

〔二〕師古曰：「引夏書甘誓之文。」

〔三〕師古曰：「四條，莽所與作制者，事在匈奴傳。」

〔四〕師古曰：「共讀曰恭。」

〔五〕師古曰：「姍音删，又音先安反。」

〔六〕師古曰：「厭音一涉反。」

〔七〕師古曰：「埊音所林反。」

〔八〕師古曰：「傳音張戀反。趣音促。」

莽以錢幣訖不行，〔一〕復下書曰：「民以食爲命，以貨爲資，是以八政以食爲首。寶貨皆重則小用不給，皆輕則僦載煩費，〔二〕輕重大小各有差品，則用便而民樂。」於是造寶貨五品，語在食貨志。百姓不從，但行小大錢二品而已。盜鑄錢者不可禁，乃重其法，一家鑄錢，五家坐之，沒入爲奴婢。吏民出入，持布錢以副符傳，〔三〕不持者，廚傳勿舍，關津苛留。〔四〕公卿皆持以入宮殿門，欲以重而行之。

〔一〕師古曰：「訖，竟也。」

〔二〕師古曰：「僦，送也，一曰賃也，音子就反。」

〔三〕師古曰：「舊法，行者持符傳，即不稽留。今更令持布錢，與符相副，乃得過也。傳音張戀反。其下亦同。」

〔四〕師古曰：「廚，行道飲食處。傳，置驛之舍也。苛，問也，音何。」

是時爭爲符命封侯，其不爲者相戲曰：「獨無天帝除書乎？」司命陳崇白莽曰：「此開姦臣作福之路而亂天命，宜絕其原。」莽亦厭之，遂使尚書大夫趙並驗治，非五威將率所班，皆下獄。

初，甄豐、劉歆、王舜爲莽腹心，倡導在位，〔一〕褒揚功德；「安漢」、「宰衡」之號及封莽母、兩子、兄子，皆豐等所共謀，而豐、舜、歆亦受其賜，並富貴矣，非復欲令莽居攝也。居攝之萌，出於泉陵侯劉慶、前煇光謝囂、長安令田終術。莽羽翼已成，意欲稱攝。豐等承順其意，莽輒復封舜、歆兩子及豐孫。豐等爵位已盛，心意既滿，又實畏漢宗室、天下豪桀。而疏遠欲進者，並作符命，莽遂據以即眞，舜、歆內懼而已。豐素剛强，莽覺其不說，〔二〕故徙大阿、右拂、大司空豐，託符命文，爲更始將軍，〔三〕與賣餅兒王盛同列。豐父子默默。時子尋爲侍中京兆大尹茂德侯，即作符命，言新室當分陝，立二伯，〔四〕以豐爲右伯，太傅平晏爲左伯，如周召故事。莽即從之，拜豐爲右伯。當述職西出，未行，尋復作符命，言故漢氏平帝后黃皇室主爲尋之妻。莽以詐立，心疑大臣怨謗，欲震威以懼下，因是發怒曰：「黃皇室主天下母，此何謂也！」收捕尋。尋亡，豐自殺。尋隨方士入華山，歲餘捕得，辭連國師公歆子侍中東通靈將、五司大夫隆威侯棻，棻弟右曹長水校尉伐虜侯泳，大司空邑弟左〔闕〕〔關〕將軍〔堂〕〔掌〕威侯奇，及歆門人侍中騎都尉丁隆等，牽引公卿黨親列侯以下，死者數百人。尋手理有「天子」字，莽解其臂入視之，曰：「此一大子也，或曰一六子也。六者，戮也。明尋父子當戮死也。」乃流棻于幽州，放尋于三危，殛隆于羽山，〔五〕皆驛車載其屍傳致云。

〔一〕師古曰：「倡音赤上反。」

〔二〕師古曰：「說讀曰悅。」

〔三〕師古曰：「拂讀曰弼。」

〔四〕師古曰：「分陝者，欲依周公、召公故事，自陝以東周公主之，自陝以西召公主之。陝即今陝州，是其地也。伯，長也。陝音式冉反。」

〔五〕師古曰：「效舜之罰共工等也。殛，誅也，音居力反。」

莽為人侈口蹷顄，〔一〕露眼赤精，大聲而嘶。〔二〕長七尺五寸，好厚履高冠，以氂裝衣，〔三〕反膺高視，瞰臨左右。〔四〕是時有用方技待詔黃門者，或問以莽形貌，待詔曰：「莽所謂鴟目虎吻豺狼之聲者也，故能食人，亦當為人所食。」問者告之，莽誅滅待詔，而封告者。後常翳雲母屏面，〔五〕非親近莫得見也。

〔一〕師古曰：「侈，大也。蹷，短也。顄，頤也。蹷音其月反。顄音胡感反。」

〔二〕師古曰：「嘶，聲破也，音先奚反。」

〔三〕師古曰：「毛之強曲者曰氂，以裝褚衣中，令其張起也。氂音力之反，字或作㹈，音義同。」

〔四〕師古曰：「瞰謂遠視也，音口濫反。」

〔五〕師古曰：「屏面即便面，蓋扇之類也。解在張敞傳。」

是歲，以初睦侯姚恂爲寧始將軍。

三年，莽曰：「百官改更，職事分移，律令儀法，未及悉定，且因漢律令儀法以從事。令公卿大夫諸侯二千石舉吏民有德行通政事能言語明文學者各一人，詣王路四門。」

遣尚書大夫趙並使勞北邊，還言五原北假膏壤殖穀，〔一〕異時常置田官。乃以並爲田禾將軍，發戍卒屯田北假，以助軍糧。

〔一〕師古曰：「北假，地名也。膏壤，言其土肥美也。殖，生也。」

是時諸將在邊，須大衆集，〔一〕吏士放縱，而內郡愁於徵發，民棄城郭流亡爲盜賊，并州、平州尤甚。莽令七公六卿號皆兼稱將軍，遣著武將軍逯並等塡名都，〔二〕中郎將、繡衣執法各五十五人，分塡緣邊大郡，督大姦猾擅弄兵者，皆便爲姦於外，撓亂州郡，〔三〕貨賂爲市，侵漁百姓。莽下書曰：「虜知罪當夷滅，故遣猛將分十二部，將同時出，一舉而決絕之矣。內置司命軍正，外設軍監十有二人，誠欲以司不奉命，令軍人咸正也。今則不然，各爲權勢，恐猲良民，〔四〕妄封人頸，得錢者去。〔五〕毒蠚並作，農民離散。〔六〕司監若此，可謂稱不？〔七〕自今以來，敢犯此者，輒捕繫，以名聞。」然猶放縱自若。

〔一〕師古曰：「須，待也。」

〔二〕師古曰：「逯音錄。塡音竹刃反。此下亦同。」

〔三〕師古曰：「撓音火高反，其字從手。」

〔四〕師古曰：「猲，以威力脅之也，音呼葛反。」

〔五〕如淳曰：「權臣妄以法枉良人爲僮僕，封其頸以別之也。得顧錢，乃去封。」

〔六〕師古曰：「蠚音呼各反。」

〔七〕師古曰：「稱音尺孕反。」

而藺苞、戴級到塞下，招誘單于弟咸、咸子登入塞，脅拜咸爲孝單于，賜黃金千斤，錦繡甚多，遣去；將登至長安，拜爲順單于，留邸。

太師王舜自莽篡位後病悸，寖劇，死。〔一〕莽曰：「昔齊太公以淑德累世，爲周氏太師，蓋予之所監也。〔二〕其以舜子延襲父爵，爲安新公，延弟褒新侯匡爲太師將軍，永爲新室輔。」

〔一〕師古曰：「心動曰悸。寖，漸也。悸音葵季反。」

〔二〕師古曰：「監謂視見也。」

爲太子置師友各四人，秩以大夫。以故大司徒馬宮爲師疑，故少府宗伯鳳爲傅丞，博士袁聖爲阿輔，京兆尹王嘉爲保拂，〔一〕是爲四師；故尚書令唐林爲胥附，博士李充爲犇走，〔二〕諫大夫趙襄爲先後，中郎將廉丹爲禦侮，是爲四友。又置師友祭酒及侍中、諫議、六經祭酒各一人，凡九祭酒，秩上卿。琅邪左咸爲講春秋、潁川滿昌爲講詩、長安國由爲講易、平陽唐昌爲講書、沛郡陳咸爲講禮、崔發爲講樂祭酒。遣謁者持安車印綬，即拜楚國龔勝爲太子師友祭酒，勝不應徵，不食而死。

〔一〕師古曰：「拂讀曰弼。」

〔二〕師古曰：「犇，古奔字。」

寧始將軍姚恂免，侍中崇祿侯孔永爲寧始將軍。

是歲，池陽縣有小人景，長尺餘，或乘車馬，或步行，(據)〔操〕持萬物，小大各相稱，〔一〕三日止。

〔一〕師古曰：「車馬及物皆稱其人之形。」

瀕河郡蝗生。〔一〕

〔一〕師古曰：「謂緣河南北諸郡。瀕音頻，又音賓。」

河決魏郡，泛清河以東數郡。先是，莽恐河決爲元城冢墓害。及決東去，元城不憂水，故遂不隄塞。

四年二月，赦天下。

夏，赤氣出東南，竟天。

厭難將軍陳(歆)〔欽〕言捕虜生口，虜犯邊者皆孝單于咸子角所爲。莽怒，斬其子登於長安，以視諸蠻夷。〔一〕

〔一〕師古曰：「視音曰示。」

大司馬甄邯死，寧始將軍孔永爲大司馬，侍中大贅侯輔爲寧始將軍。

莽每當出，輒先搜索城中，名曰「橫搜」。〔一〕是月，橫搜五日。

〔一〕師古曰：「索音山各反。橫音胡孟反。」

莽至明堂，授諸侯茅土。下書曰：「予以不德，襲于聖祖，爲萬國主。思安黎元，在于建侯，分州正域，以美風俗。追監前代，爰綱爰紀。惟在堯典，十有二州，衞有五服。〔一〕詩國十五，抪徧九州。〔二〕殷頌有『奄有九有』之言。〔三〕禹貢之九州無幷、幽，周禮司馬則無徐、梁。帝王相改，各有云爲。或昭其事，或大其本，厥義著明，其務一矣。昔周二后受命，故有東都、西都之居。予之受命，蓋亦如之。其以洛陽爲新室東都，常安爲新室西都。邦畿連體，各有采任。州從禹貢爲九，爵從周氏有五。諸侯之員千有八百，附城之數亦如之，以俟有功。諸公一同，有衆萬戶，土方百里。侯伯一國，衆戶五千，土方七十里。子男一則，衆戶二千有五百，土方五十里。附城大者食邑九成，衆戶九百，土方三十里。自九以下，降殺以兩，〔四〕至於一成。〔五〕五差備具，合當一則。今已受茅土者，公十四人，侯九十三人，伯二十一人，子百七十一人，男四百九十七人，凡七百九十六人。附城千五百一十一人。九族之女爲任者，八十三人。及漢氏女孫中山承禮君、遵德君、修義君更以爲任。十有一公，九卿，十二大夫，二十四元士。定諸國邑采之處，使侍中講禮大夫孔秉等與州部衆郡曉知地理圖籍者，共校治于壽成朱鳥堂。予數與羣公祭酒上卿親聽視，咸已通矣。夫褒德賞功，所以顯仁賢也；九族和睦，所以褒親親也。予永惟匪解，思稽前人，〔六〕將章黜陟，以明好惡，安元元焉。」以圖簿未定，未授國邑，且令受奉都內，月錢數千。〔七〕諸侯皆困乏，至有庸作者。

〔一〕師古曰：「並解於上。」

〔二〕師古曰：「謂周南、召南、衞、王、鄭、齊、魏、唐、秦、陳、鄶、曹、豳、魯、商，凡十五國也。一曰，周南、召南、邶、鄘、衞、王、鄭、齊、魏、唐、秦、陳、鄶、曹、豳，是爲十五國。㨗音普胡反。」

〔三〕師古曰：「商頌玄鳥之詩，美湯有功德，故能覆有九州。」

〔四〕師古曰：「兩兩而降也。殺音所例反。」

〔五〕如淳曰：「十里爲成。」

〔六〕師古曰：「解音曰懈。稽，考也。」

〔七〕師古曰：「奉音扶用反。」

中郎區博諫莽曰：〔一〕「井田雖聖王法，其廢久矣。周道旣衰，而民不從。秦知順民之心，可以獲大利也，故滅廬井而置阡陌，遂王諸夏，訖今海內未厭其敝。今欲違民心，追復千載絕迹，〔二〕雖堯舜復起，而無百年之漸，弗能行也。天下初定，萬民新附，誠未可施行。」莽知民怨，乃下書曰：「諸名食王田，皆得賣之，勿拘以法。犯私買賣庶人者，且一切勿治。」

〔一〕師古曰：「區，姓也，音一侯反。」

〔二〕師古曰：「復音扶目反。」

初，五威將帥出，改句町王以爲侯，王邯怨怒不附。〔一〕莽諷牂柯大尹周歆詐殺邯。邯弟承起兵攻殺歆。先是，莽發高句驪兵，當伐胡，不欲行，郡强迫之，皆亡出塞，因犯法爲寇。遼西大尹田譚追擊之，爲所殺。州郡歸咎於高句驪侯騶。嚴尤奏言：「貉人犯法，不從騶起，正有它心，宜令州郡且尉安之。〔二〕今猥被以大罪，恐其遂畔，〔三〕夫餘之屬必有和者。〔四〕匈奴未克，夫餘、穢貉復起，此大憂也。」莽不尉安，穢貉遂反，詔尤擊之。尤誘高句驪侯騶至而斬焉，傳首長安。莽大說，下書曰：「乃者，命遣猛將，共行天罰，〔五〕誅滅虜知，分爲十二部，或斷其右臂，或斬其左腋，或潰其胸腹，或紬其兩脅。〔六〕今年刑在東方，〔七〕誅貉之部先縱焉。捕斬虜騶，平定東域，虜知殄滅，在于漏刻。此乃天地羣神社稷宗廟佑助之福，公卿大夫士民同心將率虓虎之力也。〔八〕予甚嘉之。其更名高句驪爲下句驪，布告天下，令咸知焉。」於是貉人愈犯邊，東北與西南夷皆亂云。

〔一〕師古曰：「邯，句町王之名也，音下甘反。」

〔二〕師古曰：「假令驕有惡心，亦當且慰安。」
〔三〕師古曰：「猥，多也，厚也。被，加也，音皮義反。」
〔四〕師古曰：「和，應也，音胡臥反。」
〔五〕師古曰：「共讀曰恭。」
〔六〕師古曰：「紬音與抽同。」
〔七〕張晏曰：「是歲在壬申，刑在東方。」
〔八〕師古曰：「虓音火交反。」

莽志方盛，以爲四夷不足吞滅，專念稽古之事，復下書曰：「伏念予之皇始祖考虞帝，受終文祖，在璇璣玉衡以齊七政，遂類于上帝，禋于六宗，望秩于山川，徧于羣神，巡狩五嶽，羣后四朝，敷奏以言，明試以功。〔一〕予之受命即眞，到于建國五年，已五載矣。陽九之阸既度，百六之會已過。歲在壽星，塡在明堂，倉龍癸酉，德在中宮。〔二〕觀晉掌歲，龜策告從，〔三〕其以此年二月建寅之節東巡狩，具禮儀調度。」〔四〕羣公奏請募吏民人馬布帛綿，又請內郡國十二買馬，發帛四十五萬匹，輸常安，前後毋相須。〔五〕至者過半，莽下書曰：「文母太后體不安，其且止待後。」

〔一〕師古曰：「解並在前。」
〔二〕服虔曰：「倉龍，太歲也。」張晏曰：「太歲起於甲寅爲龍，東方倉。癸德在中宮也。」晉灼曰：「壽星，角亢也。東宮倉龍，房心也。心爲明堂，塡星所在，其國昌。莽自謂土也，土行主塡星。癸德在中宮，宮又土也。」

〔三〕孟康曰：「觀辰星進退。掌，主也。」晉灼曰：「國語晉文公以卯出酉入，過五鹿得土，歲在壽星，其日戊申。莽欲法之，以爲吉祥。正以二月建寅之節東巡狩者，取萬物生之始也。覩晉識太歲所在，宿度所合，卜筮皆吉，故法之。」

〔四〕師古曰：「調音徒釣反。」

〔五〕師古曰：「須，待也。」

是歲，改十一公號，以「新」爲「心」，後又改「心」爲「信」。

五年二月，文母皇太后崩，葬渭陵，與元帝合而溝絕之。〔一〕立廟於長安，新室世世獻祭。元帝配食，坐於牀下。莽爲太后服喪三年。

〔一〕如淳曰：「葬於司馬門內，作溝絕之。」

大司馬孔永乞骸骨，賜安車駟馬，以特進就朝位。同風侯逯並爲大司馬。

是時，長安民聞莽欲都雒陽，不肯繕治室宅，〔一〕或頗徹之。莽曰：「玄龍石文曰『定帝德，國雒陽』。符命著明，敢不欽奉！以始建國八年，歲纏星紀，〔二〕在雒陽之都。其謹繕脩常安之都，勿令壞敗。敢有犯者，輒以名聞，請其罪。」

〔一〕師古曰：「繕，補也。」

〔二〕孟康曰：「纏，居也。星紀在斗、牽牛間。」師古曰：「纏，踐歷也，音直連反。」

是歲，烏孫大小昆彌遣使貢獻。大昆彌者，中國外孫也。其胡婦子爲小昆彌，而烏孫歸附之。莽見匈奴諸邊並侵，意欲得烏孫心，乃遣使者引小昆彌使置大昆彌使上。保成師友祭酒滿昌劾奏使者曰：「夷狄以中國有禮誼，故詘而服從。大昆彌，君也，今序臣使於君使之上，非所以有夷狄也。奉使大不敬！」莽怒，免昌官。

西域諸國以莽積失恩信，焉耆先畔，殺都護但欽。

十一月，彗星出，二十餘日，不見。

是歲，以犯挾銅炭者多，除其法。

明年改元曰天鳳。

天鳳元年正月，赦天下。

莽曰：「予以二月建寅之節行巡狩之禮，太官齎糒乾肉，內者行張坐臥，〔一〕所過毋得有所給。〔二〕予之東巡，必躬載耒，每縣則耕，以勸東作。〔三〕予之南巡，必躬載耨，每縣則薅，以勸南僞。〔四〕予之西巡，必躬載銍，每縣則穫，以勸西成。予之北巡，必躬載拂，每縣則粟，以勸蓋藏。〔五〕畢北巡狩之禮，卽于土中居雒陽之都焉。敢有趨讙犯法，輒以軍法從事。」〔六〕羣公奏言：「皇帝至孝，往年文母聖體不豫，躬親供養，衣冠稀解。因遭棄羣臣悲哀，顏色未復，飲食損少。今一歲四巡，道路萬里，春秋尊，非糒乾肉之所能堪。且無巡狩，須閔大服，以安聖體。〔七〕臣等盡力養牧兆民，奉稱明詔。」〔八〕莽曰：「羣公、羣牧、羣司、諸侯、庶尹願盡力相帥養牧兆民，欲以稱予，繇此敬聽，〔九〕其勗之哉！毋食言焉。更以天鳳七年，歲在大梁，倉龍庚辰，行巡狩之禮。厥明年，歲在實沈，倉龍辛巳，即土之中雒陽之都。」乃遣太傅平晏、大司空王邑之雒陽，營相宅兆，圖起宗廟、社稷、郊兆云。

〔一〕師古曰：「糒，乾飯也。張坐臥，謂帷帳茵席也。糒音備。」

〔二〕師古曰：「言自齎食及帷帳以行，在路所經過，不須供費也。」

〔三〕師古曰：「耒，耕曲木也，音力對反。」

〔四〕師古曰：「耨，鉏也。薅，耘去草也。耨音奴豆反。薅音火高反。僞讀曰訛。訛，化也。」

〔五〕師古曰：「拂音佛，所以擊治禾者也，今謂之連枷。粟謂治粟。」

〔六〕劉德曰：「趨讙，走呼也。」

〔七〕師古曰：「閔，盡也，音口決反。」

〔八〕師古曰：「稱，副也。」

〔九〕師古曰：「繇讀與由同。」

三月壬申晦，日有食之。大赦天下。策大司馬逯並曰：「日食無光，干戈不戢，其上大

司馬印韍，就侯氏朝位。太傅平晏勿領尚書事，省侍中諸曹兼官者。以利苗男訢為大司馬。」〔一〕

〔一〕如淳曰：「利苗，邑名。」

莽卽眞，尤備大臣，抑奪下權，朝臣有言其過失者，輒拔擢。孔仁、趙博、費興等以敢擊大臣，故見信任，〔一〕擇名官而居之。公卿入宮，吏有常數，太傅平晏從吏過例，掖門僕射苛問不遜，〔二〕戊曹士收繫僕射。〔三〕莽大怒，使執法發車騎數百圍太傅府，捕士，卽時死。大司空士夜過奉常亭，亭長苛之，告以官名，亭長醉曰：「寧有符傳邪？」〔四〕士以馬箠擊亭長，〔五〕亭長斬士，亡，郡縣逐之。家上書，〔六〕莽曰：「亭長奉公，勿逐。」大司空邑斥士以謝。國將哀章頗不清，莽為選置和叔，〔七〕敕曰：「非但保國將閨門，當保親屬在西州者。」諸公皆輕賤，而章尤甚。

〔一〕師古曰：「費音扶味反。」

〔二〕師古曰：「僕射苛問平晏，其言不遜。」

〔三〕應劭曰：「莽自以土行，故使太傅置戊曹士。士，掾也。」蘇林曰：「士者，曹掾，屬公府，諸曹次第之名也。」師古曰：「應說是。」

〔四〕師古曰：「傳音張戀反。」

〔五〕師古曰：「箠，策也，音止蘂反。」

〔六〕師古曰：「亭長家上書自治。」

〔七〕師古曰：「特爲置此官。」

四月，隕霜，殺屮木，〔一〕海瀕尤甚。〔二〕六月，黃霧四塞。七月，大風拔樹，飛北闕直城門屋瓦。〔三〕雨雹，殺牛羊。

〔一〕師古曰：「屮，古草字。」

〔二〕師古曰：「邊海之地也。瀕音頻，又音賓。」

〔三〕師古曰：「北闕直城門瓦皆飛也。直城門，長安城門名也。解在成紀。」

莽以周官、王制之文，置卒正、連率、大尹，職如太守；屬令、屬長，職如都尉。置州牧、部監二十五人，見禮如三公。監位上大夫，各主五郡。公氏作牧，侯氏卒正，伯氏連率，子氏屬令，男氏屬長，皆世其官。其無爵者爲尹。分長安城旁六鄉，置帥各一人。分三輔爲六尉郡，〔一〕河東、河內、弘農、河南、潁川、南陽爲六隊郡，〔二〕置大夫，職如太守；屬正，職如都尉。更名河南大尹曰保忠信卿。益河南屬縣滿三十。置六郊州長各一人，人主五縣。及它官名悉改。大郡至分爲五。郡縣以亭爲名者三百六十，以應符命文也。緣邊又置竟尉，以男爲之。〔三〕諸侯國閒田，爲黜陟增減云。〔四〕莽下書曰：「常安西都曰六鄉，衆縣曰六尉。義陽東都曰六州，衆縣曰六隊。粟米之內曰內郡，〔五〕其外曰近郡。有鄣徼者曰邊郡。合百二十有五郡。九州之內，縣二千二百有三。公作甸服，是爲惟城；諸在侯服，是爲惟寧；在采、任諸侯，是爲惟翰；〔六〕在賓服，是爲惟屏；〔七〕在揆文教，奮武衞，是爲惟垣；在九州之外，是爲惟藩：〔八〕各以其方爲稱，總爲萬國焉。」其後，歲復變更，一郡至五易名，而還復其故。吏民不能紀，每下詔書，輒繫其故名，曰：「制詔陳留大尹、太尉：其以益歲以南付新平。〔九〕新平，故淮陽。以雍丘以東付陳定。陳定，故梁郡。以封丘以東付治亭。治亭，故東郡。以陳留以西付祈隧。祈隧，故滎陽。陳留已無復有郡矣。大尹、太尉，皆詣行在所。」其號令變易，皆此類也。

〔一〕師古曰：「三輔黃圖云：『渭城、安陵以西，北至栒邑、義渠十縣，屬京尉大夫府，居故長安寺；高陵以北十縣，屬師尉大夫府，居故廷尉府；新豐以東，至湖十縣，屬翊尉大夫府，居城東；霸陵、杜陵，東至藍田，西至武功、郁夷十縣，屬光尉大夫府，居城南；茂陵、槐里以西，至汧十縣，屬扶尉大夫府，居城西；長陵、池陽以北，至雲陽、祋祤十縣，屬列尉大夫府，居城北。』」

〔二〕師古曰：「隊音遂。」

〔三〕師古曰：「竟音曰境。」

〔四〕師古曰：「閒音閑。以擬有功封賜，有罪黜陟也。」

〔五〕師古曰：「禹貢去王城四百里納粟，五百里納米，皆在甸服之內。」

〔六〕師古曰：「采，采服也。任，男服也。」

〔七〕師古曰：「賓服卽古衞服也，取諸侯賓服以爲名。」

〔八〕師古曰：「凡此惟城以下，取詩大雅板之篇云『价人惟藩，大師惟垣，大邦惟屏，大宗惟翰，懷德惟寧，宗子惟城』，以爲名號也。解在諸侯王表。」

〔九〕蘇林曰：「陳留圉縣，莽改曰益歲。」

令天下小學，戊子代甲子爲六旬首。冠以戊子爲元日，〔一〕昏以戊寅之旬爲忌日。〔二〕百姓多不從者。

〔一〕師古曰：「冠音工喚反。元，善也。」

〔二〕師古曰：「昏謂娶妻也。」

匈奴單于知死，弟咸立爲單于，求和親。莽遣使者厚賂之，詐許還其侍子登，因購求陳良、終帶等。單于卽執良等付使者，檻車詣長安。莽燔燒良等於城北，令吏民會觀之。緣邊大飢，人相食。諫大夫如普行邊兵，〔一〕還言「軍士久屯塞苦，邊郡無以相贍。今單于新和，宜因是罷兵。」校尉韓威進曰：「以新室之威而吞胡虜，無異口中蚤蝨。臣願得勇敢之士五千人，不齎斗糧，飢食虜肉，渴飲其血，可以橫行。」莽壯其言，以威爲將軍。然采普言，徵還諸將在邊者。免陳欽等十八人，又罷四關塡都尉諸屯兵。會匈奴使還，單于知侍子登前誅死，發兵寇邊，莽復發軍屯。於是邊民流入內郡，爲人奴婢，乃禁吏民敢挾邊民者棄市。

〔一〕師古曰：「行音下更反。」

益州蠻夷殺大尹程隆，三邊盡反。遣平蠻將軍(馬)〔馮〕茂將兵擊之。

寧始將軍侯輔免，講易祭酒戴參爲寧始將軍。

二年二月，置酒王路堂，公卿大夫皆佐酒。〔一〕大赦天下。

〔一〕師古曰：「助行酒。」

是時，日中見星。

大司馬苗訢左遷司命，以延德侯陳茂爲大司馬。

訟言黃龍墮死黃山宮中，百姓犇走往觀者有萬數。莽惡之，〔一〕捕繫問語所從起，不能得。

〔一〕師古曰：「莽自謂黃德，故有此妖。」

單于咸既和親，求其子登屍，莽欲遣使送致，恐咸怨恨害使者，乃收前言當誅侍子者故將軍陳欽，以他辠繫獄。欽曰：「是欲以我爲說於匈奴也。」〔一〕遂自殺。莽選儒生能顓對者〔二〕濟南王咸爲大使，五威將琅邪伏黯等爲帥，使送登屍。敕令掘單于知墓，棘鞭其屍。

又令匈奴卻塞於漢北，責單于馬萬匹，牛三萬頭，羊十萬頭，及稍所略邊民生口在者皆還之。莽好爲大言如此。咸到單于庭，陳莽威德，責單于背畔之辠，應敵從横，單于不能詘，遂致命而還之。入塞，咸病死，封其子爲伯，伏黯等皆爲子。

〔一〕師古曰：「說，解說也。託言以其前建議誅侍子，今故殺之。」

〔二〕師古曰：「顓與專同。專對，謂應對無方，能專其事。」

莽意以爲制定則天下自平，故銳思於地里，制禮作樂，講合六經之說。公卿旦入暮出，議論連年不決，不暇省獄訟冤結民之急務。縣宰缺者，數年守兼，〔一〕一切貪殘日甚。中郎將、繡衣執法在郡國者，並乘權勢，傳相舉奏。又十一公士分布勸農桑，班時令，案諸章，冠蓋相望，交錯道路，召會吏民，逮捕證左，郡縣賦斂，遞相賕賂，白黑紛然，〔二〕守闕告訴者多。莽自見前顓權以得漢政，故務自擥衆事，〔三〕有司受成苟免。〔四〕諸寶物名、帑藏、錢穀官，皆宦者領之；〔五〕吏民上封事書，宦官左右開發，尚書不得知。其畏備臣下如此。又好變改制度，政令煩多，當（奏）〔奉〕行者，輒質問乃以從事，〔六〕前後相乘，憒眊不渫。〔七〕莽常御燈火至明，猶不能勝。尚書因是爲姦寢事，上書待報者連年不得去，拘繫郡縣者逢赦而後出，衞卒不交代三歲矣。穀常貴，邊兵二十餘萬人仰衣食，縣官愁苦。〔八〕五原、代郡尤被其毒，起爲盜賊，數千人爲輩，轉入旁郡。莽遣捕盜將軍孔仁將兵與郡縣合擊，歲餘乃定，邊郡亦略

將盡〔九〕

〔一〕師古曰：「不拜正官，權令人守兼。」

〔二〕師古曰：「白黑謂清濁也。紛然，亂意也，言清濁不分也。」

〔三〕師古曰：「擥與擥同，其字從手。」

〔四〕師古曰：「莽事事自決，成熟乃以付吏，吏苟免罪責而已。」

〔五〕師古曰：「帑音他莽反，又音奴。」

〔六〕師古曰：「質，正也。」

〔七〕師古曰：「乘，積也，登也。憒眊，不明也。渫，散也，徹也。憒音工內反。眊音莫報反。」

〔八〕師古曰：「仰音牛向反。」

〔九〕師古曰：「言其逃亡，結爲盜賊，在者少也。」

邯鄲以北大雨霧，水出，深者數丈，流殺數千人。

立國將軍孫建死，司命趙閎爲立國將軍。寧始將軍戴參歸故官，南城將軍廉丹爲寧始將軍。

三年二月乙酉，地震，大雨雪，〔一〕關東尤甚，深者一丈，竹柏或枯。大司空王邑上書言：「視事八年，功業不效，司空之職尤獨廢頓，至乃有地震之變。願乞骸骨。」莽曰：「夫地有動有震，震者有害，動者不害。春秋記地震，易繫坤動，動靜辟脅，萬物生焉。〔二〕災異之變，各有云爲。天地動威，以戒予躬，公何辜焉，而乞骸骨，非所以助予者也。使諸吏散騎司祿大衞脩寧男遵諭予意焉。」

〔一〕師古曰：「雨音于具反。」

〔二〕師古曰：「辟音闢。闢，開也。脅，收斂也。易上繫之辭曰：『夫坤，其動也闢，其靜也翕，是以廣生焉。』故莽引之也。翕脅之聲相近，義則同。」

五月，莽下吏祿制度，曰：「予遭陽九之阸，百六之會，國用不足，民人騷動，自公卿以下，一月之祿十緵布二匹，〔一〕或帛一匹。予每念之，未嘗不戚焉。今阸會已度，府帑雖未能充，略頗稍給，其以六月朔庚寅始，賦吏祿皆如制度。」四輔公卿大夫士，下至輿僚，凡十五等。僚祿一歲六十六斛，稍以差增，上至四輔而爲萬斛云。莽又曰：「『普天之下，莫非王土；率土之賓，莫非王臣。』〔二〕蓋以天下養焉。周禮膳羞百有二十品，今諸侯各食其同、國、則；〔三〕辟、任、附城食其邑；〔四〕公、卿、大夫、元士食其采。〔五〕多少之差，咸有條品。歲豐穰則充其禮，〔六〕有災害則有所損，與百姓同憂喜也。其用上計時通計，天下幸無災害者，太官膳羞備其品矣；即有災害，以什率多少而損膳焉。東嶽太師立國將軍保東方三州一部二十五郡；南嶽太傅前將軍保南方二州一部二十五郡；西嶽國師寧始將軍保西方一州二部二十五郡；北嶽國將衞將軍保北方二州一部二十五郡；大司馬保納卿、言卿、仕卿、作卿、京尉、扶尉、兆隊、右隊、中部左洎前七部；〔七〕大司徒保樂卿、典卿、宗卿、秩卿、翼尉、光尉、左隊、前隊、中部、右部，有五郡；大司空保予卿、虞卿、共卿、工卿、師尉、列尉、祈隊、後隊、中部洎後十郡；〔八〕及六司，六卿，皆隨所屬之公保其災害，亦以十率多少而損其祿。郎、從官、中都官吏食祿都內之委者，以太官膳羞備損而爲節。〔九〕諸侯、辟、任、附城、羣吏亦各保其災害。幾上下同心，〔一〇〕勸進農業，安元元焉。」莽之制度煩碎如此，課計不可理，吏終不得祿，各因官職爲姦，受取賕賂以自共給。〔一一〕

〔一〕孟康曰：「緵，八十（緵）〔縷〕也。」師古曰：「緵音子公反。」

〔二〕師古曰：「莽引小雅北山之詩也。」

〔三〕師古曰：「謂公食同，侯伯食國，子男食則也。」

〔四〕師古曰：「辟，君也。任，公主也。辟音壁。任音壬。」

〔五〕師古曰：「謂因官職而食地也。」

〔六〕師古曰：「穰音人掌反。」

〔七〕服虔曰：「大司馬保此官，皆如郡守也。」晉灼曰：「左與前故特七部。」師古曰：「洎亦臮字也。臮，及也。隊音遂。此下並同。」

〔八〕師古曰：「共讀曰龔。」

〔九〕師古曰：「言隨其多少。」

〔10〕師古曰：「幾音曰冀。」

〔11〕師古曰：「共讀曰供。」

是月戊辰，長平館西岸崩，邕涇水不流，毀而北行。〔一〕遣大司空王邑行視，〔二〕還奏狀，羣臣上壽，以爲河圖所謂「以土填水」，〔三〕匈奴滅亡之祥也。乃遣并州牧宋弘、游擊都尉任萌等將兵擊匈奴，至邊止屯。

〔一〕師古曰：「邕讀曰壅。」

〔二〕師古曰：「行音下更反。」

〔三〕師古曰：「填讀與鎮同。」

七月辛酉，霸城門災，民間所謂青門也。〔一〕

〔一〕師古曰：「三輔黄圖云長安城東出南頭名霸城門，俗以其色青，名曰青門。」

戊子晦，日有食之。大赦天下。復令公卿大夫諸侯二千石舉四行各一人。〔一〕大司馬陳茂以日食免，武建伯嚴尤爲大司馬。〔二〕

〔一〕師古曰：「依漢光祿之四科。」

〔二〕如淳曰：「莽之伯、子、男號也。」

十月戊辰，王路朱鳥門鳴，晝夜不絕，崔發等曰：「虞帝闢四門，通四聰。〔一〕門鳴者，明當修先聖之禮，招四方之士也。」於是令羣臣皆賀，所舉四行從朱鳥門入而對策焉。

〔一〕師古曰：「虞書敍舜之德也，『闢四門，明四目，達四聰』，故引之。」

平蠻將軍馮茂擊句町，士卒疾疫，死者什六七，賦斂民財什取五，益州虛耗而不克，徵還下獄死。更遣寧始將軍廉丹與庸部牧史熊擊句町，頗斬首，有勝。莽徵丹、熊，丹、熊願益調度，必克乃還。復大賦斂，就都大尹馮英不肯給，上言「自越巂遂久仇牛、同亭邪豆之屬反畔以來，積且十年，〔一〕郡縣距擊不已。續用馮茂，苟施一切之政。僰道以南，山險高深，茂多毆衆遠居，〔二〕費以億計，吏士離毒氣死者什七。〔三〕今丹、熊懼於自詭期會，〔四〕調發諸郡兵穀，復訾民取其十四，〔五〕空破梁州，功終不遂。〔六〕宜罷兵屯田，明設購賞。」莽怒，免英官。後頗覺寤，曰：「英亦未可厚非。」復以英爲長沙連率。

〔一〕服虔曰：「遂久，縣也。仇牛等越巂旁夷。」

〔二〕師古曰：「毆讀與驅同。」

〔三〕師古曰：「離，遭也。」

〔四〕師古曰：「詭，責也。自以爲憂責。」

〔五〕師古曰：「發人訾財，十取其四也。」

〔六〕師古曰：「遂，成也。」

翟義黨王孫慶捕得，莽使太醫、尚方與巧屠共刳剝之，〔一〕量度五藏，〔二〕以竹筳導其

脈，知所終始，〔三〕云可以治病。〔四〕

〔一〕師古曰：「刳，剖也，音口胡反。」

〔二〕師古曰：「度音徒各反。」

〔三〕師古曰：「筳，竹挺也，音庭。」

〔四〕師古曰：「以知血脈之原，則盡攻療之道也。」

是歲，遣大使五威將王駿、西域都護李崇將戊己校尉出西域，諸國皆郊迎貢獻焉。諸國前殺都護但欽，駿欲襲之，命佐帥何封、戊己校尉郭欽別將。〔一〕焉耆詐降，伏兵擊駿等，皆死。欽、封後到，襲擊老弱，從車師還入塞。莽拜欽爲填外將軍，〔二〕封剿胡子，〔三〕何封爲集胡男。西域自此絕。

〔一〕師古曰：「別領兵在後也。將音子亮反。」

〔二〕師古曰：「填音竹刃反。」

〔三〕師古曰：「剿音子小反。」

校勘記

四一〇一頁一二行　東（獄）〔嶽〕太師　景祐、殿本都作「嶽」，此誤。

四一〇四頁三行　（欲）〔敢〕諫之鼓。　景祐本作「敢」。王念孫說作「敢」是。

四一〇七頁三行　烈，餘業（反）〔也〕。　景祐、殿本都作「也」，此誤。

四一〇九頁一行　所以輔劉延期之(述)〔術〕，　景祐、殿、局本都作「術」，此誤。

四一〇九頁一五行　長三(尺)〔寸〕，廣一寸，四方，或用(五)〔玉〕，　景祐、殿、局本「尺」都作「寸」，通鑑注同。「五」都作「玉」，此誤，下同。

四一一〇頁一行　以采絲(茸)〔葺〕其底，　殿本作「葺」。王先謙說殿本是。

四一一〇頁五行　(是歲)四月，　景祐本無「是歲」二字。

四一一三頁七行　故是日天復決(其)以勉書。李慈銘說「其」字衍。

四一一七頁一行　命(堂)〔掌〕威侯王奇曰：　王念孫說「堂」當作「掌」。按下文「堂威」，通鑑作「掌威」。

四一二三頁一二行　大司空邑弟左(闕)〔關〕將軍(堂)〔掌〕威侯奇，　錢大昭說「闕」當作「關」。按景祐、殿本都作「關」。王先謙說「堂」當作「掌」。通鑑並同。

四一二七頁六行　(據)〔操〕持萬物，　景祐、殿本都作「操」。王先謙說作「操」是。

四一二八頁一行　厭難將軍陳(歆)〔欽〕　楊樹達說上下文都作「欽」，「歆」是誤字。

四一三九頁三行　遣平蠻將軍(馬)〔馮〕茂將兵擊之。　景祐、殿本都作「馮」。

四一四〇頁一二行　當(奏)〔奉〕行者，　景祐、殿本都作「奉」。王先謙說「奏」字誤。

四一四三頁八行　緵，八十(緵)〔縷〕也。　景祐、殿、局本都作「縷」。

漢書卷九十九下

王莽傳第六十九下

四年五月，莽曰：「保成師友祭酒唐林、故諫議祭酒琅邪紀逡，〔一〕孝弟忠恕，敬上愛下，博通舊聞，德行醇備，至於黃髮，靡有愆失。〔二〕其封林為建德侯，逡為封德侯，位皆特進，見禮如三公。〔三〕賜弟一區，錢三百萬，授几杖焉。」

〔一〕師古曰：「逡音千旬反，字或從彳，其音同耳。」

〔二〕師古曰：「黃髮，老稱，謂白髮盡落，更生黃者。」

〔三〕師古曰：「朝見之禮。」

六月，更授諸侯茅土於明堂，曰：「予制作地理，建封五等，考之經藝，合之傳記，通於義理，論之思之，至於再三，自始建國之元以來九年于茲，乃今定矣。予親設文石之平，陳菁茅四色之土，〔一〕欽告于岱宗泰社后土、先祖先妣，以班授之。〔二〕各就厥國，養牧民人，用成功業。其在緣邊，若江南，非詔所召，遣侍于帝城者，納言掌貨大夫且調都內故錢，予其祿，〔三〕公歲八十萬，侯伯四十萬，子男二十萬。」然復不能盡得。莽好空言，慕古法，多封爵人，性實遴嗇，〔四〕託以地理未定，故且先賦茅土，用慰喜封者。

〔一〕師古曰：「尚書禹貢『苞匭菁茅』，儒者以爲菁，菜名也，茅，三脊茅也。而莽此言以菁茅爲一物，則是謂善茅爲菁茅也。土有五色，而此云四者，中央之土不以封也。菁音精。」

〔二〕師古曰：「欽，敬也。班，布也。」

〔三〕師古曰：「調謂發取之，音徒釣反。次下亦同。」

〔四〕師古曰：「遴讀與吝同。」

是歲，復明六筦之令。每一筦下，爲設科條防禁，犯者罪至死，吏民抵罪者浸衆。又一切調上公以下諸有奴婢者，率一口出錢三千六百，天下愈愁，盜賊起。納言馮常以六筦諫，莽大怒，免常官。置執法左右刺姦。選用能吏侯霸等分督六尉、六隊，〔一〕如漢刺史，與三公士郡一人從事。

〔一〕師古曰：「督，察也。隊音遂。」

臨淮瓜田儀等爲盜賊，依阻會稽長州，〔一〕琅邪女子呂母亦起。初，呂母子爲縣吏，爲宰所冤殺。〔二〕母散家財，以酤酒買兵弩，〔三〕陰厚貧窮少年，得百餘人，遂攻海曲縣，殺其宰以祭子墓。引兵入海，其衆浸多，後皆萬數。莽遣使者即赦盜賊，還言「盜賊解，輒復合。問其故，皆曰愁法禁煩苛，不得舉手。力作所得，不足以給貢稅。閉門自守，又坐鄰伍鑄錢挾銅，姦吏因以愁民。民窮，悉起為盜賊。」莽大怒，免之。其或順指，言「民驕黠當誅」，及言「時運適然，且滅不久」，莽說，輒遷之。〔四〕

〔一〕服虔曰：「姓瓜田，名儀。」師古曰：「長州即枚乘所云長州之苑。」

〔二〕師古曰：「宰，縣令。」

〔三〕師古曰：「酤音姑。」

〔四〕師古曰：「說讀曰悅。」

是歲八月，莽親之南郊，鑄作威斗。威斗者，以五石銅為之，〔一〕若北斗，長二尺五寸，欲以厭勝衆兵。〔二〕既成，令司命負之，莽出在前，入在御旁。鑄斗日，大寒，百官人馬有凍死者。

〔一〕李奇曰：「以五色藥石及銅為之。」蘇林曰：「以五色銅鑛冶之。」師古曰：「李說是也。若今作鍮石之為。」

〔二〕師古曰：「厭音一葉反。」

五年正月朔，北軍南門災。

以大司馬司允費興為荊州牧，見，問到部方略，興對曰：「荊、揚之民率依阻山澤，以漁采爲業。〔一〕間者，國張六筦，稅山澤，妨奪民之利，連年久旱，百姓飢窮，故爲盜賊。興到部，欲令明曉告盜賊歸田里，假貸犂牛種食，〔二〕闊其租賦，〔三〕幾可以解釋安集。」〔四〕莽怒，免興官。

〔一〕師古曰：「漁謂捕魚也。采謂采取蔬果之屬。」
〔二〕師古曰：「貸音土戴反。」
〔三〕師古曰：「闊，寬也。」
〔四〕師古曰：「幾讀曰冀。」

天下吏以不得奉祿，並爲姦利，郡尹縣宰家累千金。莽下詔曰：「詳考始建國二年胡虜猾夏以來，諸軍吏及緣邊吏大夫以上爲姦利增產致富者，收其家所有財產五分之四，以助邊急。」公府士馳傳天下，考覆貪饕，〔一〕開吏告其將，奴婢告其主，幾以禁姦，〔二〕姦愈甚。

〔一〕師古曰：「傳音張戀反。饕音吐高反。」
〔二〕師古曰：「幾讀曰冀。」

皇孫功崇公宗坐自畫容貌，被服天子衣冠，刻印三：一曰「維祉冠存己夏處南山臧薄冰」，〔一〕二曰「肅聖寶繼」，〔二〕三曰「德封昌圖」。〔三〕又宗舅呂寬家前徙合浦，私與宗通，發覺按驗，宗自殺。莽曰：「宗屬爲皇孫，爵爲上公，知寬等叛逆族類，而與交通；刻銅印三，文意甚害，不知厭足，窺欲非望。春秋之義，『君親毋將，將而誅焉。』〔四〕迷惑失道，自取此辜，烏呼哀哉！宗本名會宗，以制作去二名，今復名會宗。貶厥爵，改厥號，賜謚爲功崇繆伯，以諸伯之禮葬于故同穀城郡。」〔五〕宗姊妨爲衞將軍王興夫人，祝詛姑，殺婢以絕口。事發覺，莽使中常侍蔕惲責問妨，〔六〕并以責興，皆自殺。事連及司命孔仁妻，亦自殺。仁見莽免冠謝，莽使尚書劾仁：「乘乾車，駕巛馬，左蒼龍，右白虎，前朱雀，後玄武，右杖威節，左負威斗，號曰赤星，非以驕仁，乃以尊新室之威命也。仁擅免天文冠，大不敬。」有詔勿劾，更易新冠。其好怪如此。〔七〕

〔一〕文穎曰：「祉，福祚也。冠存己，欲襲代也。」應劭曰：「夏處南山，就陰涼也。臧薄冰，亦以除暑也。」

〔二〕應劭曰：「莽自謂承聖舜後，能肅敬，得天寶龜以立。宗欲繼其緒。」

〔三〕蘇林曰：「宗自言以德見封，當遂昌熾，受天下圖籍。」

〔四〕師古曰：「春秋公羊傳之辭也。以公子牙將爲殺逆而誅之，故云然也。親謂父母也。」

〔五〕師古曰：「同者，宗所封一同之地。」

〔六〕師古曰：「蔕音帶，又音徒蓋反。」

〔七〕師古曰：「言莽性好爲鬼神怪異之事。」

以直道侯王涉爲衞將軍。涉者，曲陽侯根子也。根，成帝世爲大司馬，薦莽自代，莽恩之，〔一〕以爲曲陽非令稱，〔二〕乃追諡根曰直道讓公，涉嗣其爵。

〔一〕師古曰：「懷其舊恩也。」

〔二〕師古曰：「令，善也。曲陽之名，非善稱也。」

是歲，赤眉力子都、樊崇等以饑饉相聚，起於琅邪，轉鈔掠，衆皆萬數。遣使者發郡國兵擊之，不能克。

六年春，莽見盜賊多，乃令太史推三萬六千歲曆紀，六歲一改元，布天下。下書曰：「紫閣圖曰『太一、黃帝皆僊上天，〔一〕張樂崑崙虔山之上。後世聖主得瑞者，當張樂秦終南山之上』。〔二〕予之不敏，奉行未明，乃今諭矣。復以寧始將軍爲更始將軍，以順符命。易不云乎？『日新之謂盛德，生生之謂易。』〔三〕予其饗哉！」欲以誑燿百姓，銷解盜賊。衆皆笑之。

〔一〕師古曰：「僊，古仙字。上，升也。」

〔二〕服虔云：「長安南山，詩所謂終南，故秦地，故言秦也。」

〔三〕李奇曰：「易道生諸當生者也。」師古曰：「下繫之辭。體化合變，故曰日新。」

初獻新樂於明堂、太廟。羣臣始冠麟韋之弁。〔一〕或聞其樂聲，曰：「清厲而哀，非興國之聲也。」

〔一〕李奇曰：「鹿皮冠。」

是時，關東饑旱數年，力子都等黨衆寖多。〔一〕更始將軍廉丹擊益州不能克，徵還。更遣復位後大司馬護軍郭興、庸部牧李曅擊蠻夷若豆等，太傅犧叔士孫喜清潔江湖之盜賊。而匈奴寇邊甚。莽乃大募天下丁男及死罪囚、吏民奴，名曰豬突豨勇，以爲鋭卒。一切稅天下吏民，訾三十取一，縑帛皆輸長安。令公卿以下至郡縣黃綬皆保養軍馬，〔二〕多少各以秩爲差。又博募有奇技術可以攻匈奴者，將待以不次之位。言便宜者以萬數：或言能度水不用舟楫，〔三〕連馬接騎，濟百萬師；或言不持斗糧，服食藥物，三軍不飢；或言能飛，一日千里，可窺匈奴。莽輒試之，取大鳥翮爲兩翼，〔四〕頭與身皆著毛，通引環紐，飛數百步墮。莽知其不可用，苟欲獲其名，皆拜爲理軍，賜以車馬，待發。

〔一〕師古曰：「寖，漸也。」

〔二〕師古曰：「保者，言不許其有死失。」

〔三〕師古曰：「楫，所以刺舟也，音集，其字從木。」

〔四〕師古曰：「羽本曰翮，音胡隔反。」

初，匈奴右骨都侯須卜當，其妻王昭君女也，嘗內附。莽遣昭君兄子和親侯王歙誘呼

〔管〕〔當〕至塞下，脅將詣長安，强立以爲須卜善于後安公。〔一〕始欲誘迎當，大司馬嚴尤諫曰：「當在匈奴右部，兵不侵邊，單于動靜，輒語中國，此方面之大助也。于今迎當置長安槀街，一胡人耳，〔二〕不如在匈奴有益。」莽不聽。既得當，欲遣尤與廉丹擊匈奴，皆賜姓徵氏，號二徵將軍，當誅單于輿而立當代之。〔三〕出車城西橫廄，未發。尤素有智略，非莽攻伐西夷，數諫不從，著古名將樂毅、白起不用之意及言邊事凡三篇，奏以風諫莽。〔四〕及當出廷議，尤固言匈奴可且以爲後，先憂山東盜賊。莽大怒，乃策尤曰：「視事四年，蠻夷猾夏不能遏絕，寇賊姦宄不能殄滅，不畏天威，不用詔命，皃佷自臧，持必不移，〔五〕懷執異心，非沮軍議。〔六〕未忍致于理，其上大司馬武建伯印韍，〔七〕歸故郡。」以降符伯董忠爲大司馬。

〔一〕師古曰：「善于者，匈奴之號也。後安公者，中國之爵。兩加之。」

〔二〕師古曰：「槀街，蠻夷館所在也，解在陳湯傳。槀音工早反。」

〔三〕師古曰：「輿者，時見爲單于之名。」

〔四〕師古曰：「風讀曰諷。」

〔五〕師古曰：「皃，古貌字也。皃佷，言其佷戾見於容貌也。臧，善也。自以爲善，而固持其所見，不可移易。」

〔六〕師古曰：「沮，壞也，音材汝反。」

〔七〕師古曰：「韍者，印之組。」

翼平連率田況奏郡縣訾民不實，〔一〕莽復三十稅一。以況忠言憂國，進爵爲伯，賜錢二百萬。衆庶皆詈之。青、徐民多棄鄉里流亡，老弱死道路，壯者入賊中。

〔一〕師古曰：「舉百姓貲財，不以實數。」

夙夜連率韓博上言：「有奇士，長丈，大十圍，來至臣府，曰欲奮擊胡虜。自謂巨毋霸，出於蓬萊東南，五城西北昭如海瀕，〔一〕軺車不能載，三馬不能勝。卽日以大車四馬，建虎旗，載霸詣闕。霸臥則枕鼓，以鐵箸食，此皇天所以輔新室也。願陛下作大甲高車，賁育之衣，遣大將一人與虎賁百人迎之於道。京師門戶不容者，開高大之，以視百蠻，〔二〕鎭安天下。」博意欲以風莽。〔三〕莽聞惡之，留霸在所新豐，〔四〕更其姓曰巨母氏，謂因文母太后而霸王符也。〔五〕徵博下獄，以非所宜言，棄市。

〔一〕師古曰：「昭如，海名也。瀕，涯也，音頻，又音賓。」

〔二〕晉灼曰：「視音曰示。」

〔三〕晉灼曰：「諷言毋得篡盜而霸。」

〔四〕師古曰：「在所，謂其見到之處。」

〔五〕師古曰：「莽字巨君，若言文母出此人，使我致霸王。」

明年改元曰地皇，從三萬六千歲曆號也。

地皇元年正月乙未，赦天下。下書曰：「方出軍行師，敢有趨讙犯法者，輒論斬，毋須時，〔一〕盡歲止。」〔二〕於是春夏斬人都市，百姓震懼，道路以目。

〔一〕師古曰：「趨讙，謂趨走而讙譁也。須，待也。」

〔二〕師古曰：「至此歲盡而止。」

二月壬申，日正黑。莽惡之，下書曰：「乃者日中見昧，陰薄陽，黑氣爲變，百姓莫不驚怪。兆域大將軍王匡遣吏考問上變事者，欲蔽上之明，是以適見于天，〔一〕以正于理，塞大異焉。」

〔一〕師古曰：「適音讁。讁，責也，音徒厄反。見音胡電反。」

莽見四方盜賊多，復欲厭之，〔一〕又下書曰：「予之皇初祖考黃帝定天下，將兵爲上將軍，建華蓋，立斗獻，〔二〕內設大將，外置大司馬五人，大將軍二十五人，偏將軍百二十五人，裨將軍千二百五十人，校尉萬二千五百人，司馬三萬七千五百人，候十一萬二千五百人，當百二十二萬五千人，〔三〕士吏四十五萬人，士千三百五十萬人，〔四〕應協於易『弧矢之利，以威天下』。〔五〕予受符命之文，稽前人，將條備焉。」〔六〕於是置前後左右中大司馬之位，賜諸州牧號爲大將軍，郡卒正、連帥、大尹爲偏將軍，屬令長裨將軍，縣宰爲校尉。乘傳使者經歷郡國，日且十輩，〔七〕倉無見穀〔八〕以給，傳車馬不能足，賦取道中車馬，〔九〕取辦於民。

〔一〕師古曰：「厭音一葉反。」

〔二〕師古曰：「獻音犧。謂斗魁及杓末，如勺之形也。」

〔三〕晉灼曰：「當亦官名也。」師古曰：「當百，官名，百非其數。」

〔四〕晉灼曰：「自五大司馬至此皆以五乘之也。」師古曰：「晉說非也。從上計之，或五或十，或兩或三。」

〔五〕師古曰：「易下繫辭曰：『弦木爲弧，剡木爲矢，弧矢之利，以威天下。』言所立將率，以合此意。木弓曰弧。」

〔六〕師古曰：「稽，考也，考法於前人也。」

〔七〕師古曰：「傳音張戀反。次下亦同。」

〔八〕師古曰：「見謂見在也。」

〔九〕師古曰：「於道中行者，卽執取之，以充事也。」

七月，大風毁王路堂。復下書曰：「乃壬午餔時，有列風雷雨發屋折木之變，〔一〕予甚弁焉，予甚栗焉，予甚恐焉。〔二〕伏念一旬，迷乃解矣。〔三〕昔符命文立安爲新遷王，〔四〕臨國雒陽，爲統義陽王。是時予在攝假，謙不敢當，而以爲公。其後金匱文至，議者皆曰：『臨國雒陽爲統，謂據土中爲新室統也，宜爲皇太子。』自此後，臨久病，雖瘳不平，朝見挈茵輿行。〔五〕見王路堂者，張於西廂及後閤更衣中，〔六〕又以皇后被疾，臨且去本就舍，妃妾在東永巷。〔七〕壬午，列風毁王路西廂及後閤更衣中室。昭寧堂池東南榆樹大十圍，東僵，擊東閣，閣卽東永巷之西垣也。皆破折瓦壞，發屋拔木，予甚驚焉。又候官奏月犯心前星，厥有占，予甚憂之。伏念紫閣圖文，太一、黃帝皆得瑞以僊，後世褒主當登終南山。〔八〕所謂新遷王者，乃太一新遷之後也。〔九〕統義陽王乃用五統以禮義登陽上遷之後也。臨有兄而稱太子，名不正。宣尼公曰：『名不正，則言不順，至於刑罰不中，民無錯手足。』〔一〇〕惟即位以來，陰陽未和，風雨不時，數遇枯旱蝗螟爲災，穀稼鮮耗，百姓苦飢，〔一一〕蠻夷猾夏，寇賊姦宄，人民正營，無所錯手足。〔一二〕深惟厥咎，在名不正焉。其立安爲新遷王，臨爲統義陽王，幾以保全二子，〔一三〕子孫千億，外攘四夷，內安中國焉。」

〔一〕師古曰：「列風，暴列之風。」

〔二〕師古曰：「弁，疾也。一曰弁，撫手也，言驚懼也。」

〔三〕師古曰：「先言列風雷雨，後言迷乃解矣，蓋取舜『納于大麓，列風雷雨不迷』以爲言也。」

〔四〕服虔曰：「安，莽第三子也。遷音仙。莽改汝南新蔡曰新遷。」師古曰：「遷猶僊耳，不勞假借音。」

〔五〕服虔曰：「有疾以執茵輿之行也。」晉灼曰：「漢儀注皇后、婕妤乘輦，餘者以茵，四人舉以行。豈今之板輿而鋪茵乎？」師古曰：「晉說非也。此直謂坐茵褥之上，而令四人對舉茵之四角，輿而行，何謂板輿乎？」

〔六〕李奇曰：「張，帳也。」晉灼曰：「更衣中，謂朝賀易衣服處，室屋名也。」

〔七〕師古曰：「言臨侍疾，故去其本所居，而來就此止息，是以妃妾在東永巷也。」

〔八〕李奇曰：「褒主，大主也。」

〔九〕服虔曰：「太一、黃帝欲令安追繼其後也。」

〔一〇〕師古曰：「論語載孔子對子路之言。錯，安置也，音千故反。」莽追諡孔子爲褒成宣尼公。

〔一一〕師古曰：「鮮，少也。耗，虛也。鮮音先踐反。耗音火到反。」

〔一二〕師古曰：「正營，惶恐不安之意也。正音征。」

〔一三〕師古曰：「幾讀曰冀。」

是月，杜陵便殿乘輿虎文衣廢藏在室匣中者〔一〕出，自樹立外堂上，〔二〕良久乃委地。吏卒見者以聞，莽惡之，下書曰：「寶黃廝赤，〔三〕其令郎從官皆衣絳。」

〔一〕師古曰：「匣，匱也，音狎。」

〔二〕師古曰：「樹，豎也。」

〔三〕服虔曰：「以黃爲寶，自用其行氣也。廝赤，廝役賤者皆衣赤，賤漢行也。」

望氣爲數者多言有土功象，莽又見四方盜賊多，欲視爲自安能建萬世之基者，〔一〕乃下書曰：「予受命遭陽九之厄，百六之會，府帑空虛，百姓匱乏，宗廟未修，且祫祭於明堂太廟，夙夜永念，非敢寧息。深惟吉昌莫良於今年，予乃卜波水之北，郎池之南，惟玉食。〔二〕予又卜金水之南，明堂之西，亦惟玉食。予將（新）〔親〕築焉。」於是遂營長安城南，〔三〕提封百頃。九月甲申，莽立載行視，〔四〕親舉築三下。司徒王尋、大司空王邑持節，及侍中常侍執法杜林等數十人將作。〔五〕崔發、張邯說莽曰：「德盛者文縟，〔六〕宜崇其制度，宣視海內，〔七〕且令萬世之後無以復加也。」莽乃博徵天下工匠諸圖畫，以望法度算，及吏民以義入錢穀助作者，駱驛道路。〔八〕壞徹城西苑中建章、承光、包陽、大臺、儲元宮及平樂、當路、陽祿館，凡十餘所，〔九〕取其材瓦，以起九廟。是月，大雨六十餘日。令民入米六百斛爲郎，其郎吏增秩賜爵至附城。九廟：一曰黃帝太初祖廟，二曰帝虞始祖昭廟，三曰陳胡王統祖穆廟，四曰齊敬王世祖昭廟，五曰濟北愍王王祖穆廟，凡五廟不墮云；〔一〇〕六曰濟南伯王尊禰昭廟，七曰元城孺王尊禰穆廟，八曰陽平頃王戚禰昭廟，九曰新都顯王戚禰穆廟。殿皆重屋。太初祖廟東西南北各四十丈，高十七丈，餘廟半之。爲銅薄櫨，〔一一〕飾以金銀琱文，〔一二〕窮極百工之巧。帶高增下，〔一三〕功費數百鉅萬，卒徒死者萬數。

〔一〕師古曰：「視音示。」

〔二〕劉德曰：「長安南也。」晉灼曰：「黃圖波、浪，二水名也，在甘泉苑中。」師古曰：「晉說非也。黃圖有西波池、郎池，皆在石城南上林中。玉食，謂龜爲玉兆之文而墨食也。波音（波）〔彼〕皮反。」

〔三〕師古曰：「蓋所謂金水之南，明堂之西。」

〔四〕師古曰：「立載謂立而乘車也。行音下更反。」

〔五〕師古曰：「將領築作之人。」

〔六〕師古曰：「文，禮文也。縟，繁也，音辱。」

〔七〕師古曰：「視讀曰示。」

〔八〕師古曰：「駱驛，言不絕。」

〔九〕師古曰：「自建章以下至陽祿，皆上林苑中館。」

〔一〇〕師古曰：「墮，毀也，音火規反。」

〔一一〕師古曰：「薄櫨，柱上枅，即今所謂楷也。櫨音盧。」

〔一二〕師古曰：「琱字與彫同。」

〔一三〕師古曰：「本因高地而建立之，其旁下者更增築。」

鉅鹿男子馬適求等謀舉燕趙兵以誅莽，〔一〕大司空士王丹發覺以聞。莽遣三公大夫逮治黨與，〔二〕連及郡國豪傑數千人，皆誅死。封丹爲輔國侯。

〔一〕師古曰：「馬適，姓也。求，名也。」

〔二〕師古曰：「逮，逮捕之也。已解於上。」

自莽爲不順時令，百姓怨恨，莽猶安之，又下書曰：「惟設此壹切之法以來，常安六鄉巨邑之都，枹鼓稀鳴，盜賊衰少，〔一〕百姓安土，歲以有年，此乃立權之力也。今胡虜未滅誅，蠻僰未絕焚，江湖海澤麻沸，盜賊未盡破殄，〔二〕又興奉宗廟社稷之大作，民衆動搖。今復壹切行此令，盡二年止之，以全元元，救愚姦。」

〔一〕師古曰：「巨，大也。枹，所以擊鼓者也，音孚，其字從木。」

〔二〕師古曰：「麻沸，言如亂麻而沸涌。」

是歲，罷大小錢，更行貨布，長二寸五分，廣一寸，直貨錢二十五。貨錢徑一寸，重五

銖，枚直一。兩品並行。敢盜鑄錢及偏行布貨，伍人知不發舉，皆沒入爲官奴婢。〔一〕

〔一〕師古曰：「伍人，同伍之人，若今伍保者也。」

太傅平晏死，以予虞唐尊爲太傅。尊曰：「國虛民貧，咎在奢泰。」乃身短衣小褏，乘牝馬柴車，〔一〕藉槀，瓦器，〔二〕又以歷遺公卿。〔三〕出見男女不異路者，尊自下車，以象刑赭幡汙染其衣。〔四〕莽聞而說之，〔五〕下詔申敕公卿思與厥齊。〔六〕封尊爲平化侯。

〔一〕師古曰：「柴車即棧車。」

〔二〕師古曰：「藉槀，去蒲蒻也。瓦器，以瓦爲食器。」

〔三〕師古曰：「以瓦器盛食，遺公卿也。」

〔四〕師古曰：「赭幡，以赭汁漬巾幡。」

〔五〕師古曰：「說讀曰悅。」

〔六〕師古曰：「令與尊同此操行也。論語稱孔子曰『見賢思齊』，故莽云然。」

是時，南郡張霸、江夏羊牧、王匡等起雲杜綠林，號曰下江兵，〔一〕衆皆萬餘人。武功中水鄉民三舍墊爲池。〔二〕

〔一〕晉灼曰：「本起江夏雲杜縣，後分西上，入南郡，屯藍田，故號下江兵也。」

〔二〕師古曰：「墊，陷也，音丁念反。」

二年正月，以州牧位三公，刺舉怠解，〔一〕更置牧監副，秩元士，冠法冠，行事如漢刺史。

〔一〕師古曰：「解讀曰懈。」

是月，莽妻死，諡曰孝睦皇后，葬渭陵長壽園西，令永侍文母，名陵曰億年。初莽妻以莽數殺其子，涕泣失明，莽令太子臨居中養焉。莽妻旁侍者原碧，莽幸之。後臨亦通焉，恐事泄，謀共殺莽。臨妻愔，國師公女，〔二〕能爲星，語臨宮中且有白衣會。臨喜，以爲所謀且成。後貶爲統義陽王，出在外第，愈憂恐。會莽妻病困，臨予書曰：「上於子孫至嚴，前長孫、中孫年俱三十而死。〔三〕今臣臨復適三十，誠恐一旦不保中室，則不知死命所在！」〔三〕莽候妻疾，見其書，大怒，疑臨有惡意，不令得會喪。既葬，收原碧等考問，具服姦、謀殺狀。莽欲祕之，使殺案事使者司命從事，埋獄中，家不知所在。賜臨藥，臨不肯飲，自刺死。使侍中票騎將軍同說侯林賜魂衣璽韍，〔四〕策書曰：「符命文立臨爲統義陽王，此言新室即位三萬六千歲後，爲臨之後者乃當龍陽而起。前過聽議者，以臨爲太子，有烈風之變，輒順符命，立爲統義陽王。在此之前，自此之後，不作信順，弗蒙厥佑，夭年隕命，嗚呼哀哉！迹行賜諡，諡曰繆王。」又詔國師公：「臨本不知星，事從愔起。」愔亦自殺。

〔二〕師古曰：「愔音一尋反。」

〔二〕師古曰：「中讀曰仲。」

〔三〕李奇曰：「中室，臨之母也。」晉灼曰：「長樂宮中殿也。」師古曰：「二說皆非也。中室，室中也。臨自言欲於室中自保全，不可得耳。」

〔四〕師古曰：「說讀曰悅。」

是月，新遷王安病死。初，莽爲侯就國時，幸侍者增秩、懷能、開明。懷能生男興，增秩生男匡、女曄，開明生女捷，皆留新都國，以其不明故也。〔一〕及安疾甚，莽自病無子，爲安作奏，使上言：「興等母雖微賤，屬猶皇子，不可以棄。」章視羣公，〔二〕皆曰：「安友于兄弟，〔三〕宜及春夏加封爵。」於是以王車遣使者迎興等，封興爲功脩公，匡爲功建公，曄爲睦脩任，捷爲睦逮任。孫公明公壽病死，旬月四喪焉。莽壞漢孝武、孝昭廟，分葬子孫其中。

〔一〕師古曰：「言侍者或與外人私通所生子女，不可分明也。」

〔二〕師古曰：「視讀曰示。以所上之章徧示之。」

〔三〕師古曰：「友，愛也。善兄弟曰友。」

魏成大尹李焉與卜者王況謀，況謂焉曰：「新室卽位以來，民田奴婢不得賣買，數改錢貨，徵發煩數，軍旅騷動，四夷並侵，百姓怨恨，盜賊並起，漢家當復興。君姓李，李音徵，徵火也，〔一〕當爲漢輔。」因爲焉作讖書，言「文帝發忿，居地下趣軍，北告匈奴，南告越人。〔二〕江中劉信，執敵報怨，復續古先，四年當發軍。江湖有盜，自稱樊王，姓爲劉氏，萬人成行，〔三〕不受赦令，欲動秦、雒陽。十一年當相攻，太白揚光，歲星入東井，其號當行。」〔四〕又言莽大臣吉凶，各有日期。會合十餘萬言。焉令吏寫其書，吏亡告之。莽遣使者即捕焉，獄治皆死。

〔一〕師古曰：「徵音竹里反。」

〔二〕師古曰：「趣讀曰促。」

〔三〕師古曰：「行音胡郎反。」

〔四〕師古曰：「號謂號令也。」

三輔盜賊麻起，〔一〕乃置捕盜都尉官，令執法謁者追擊長安中，建鳴鼓攻賊幡，而使者隨其後。遣太師犧仲景尚、更始將軍護軍王黨將兵擊青、徐，國師和仲曹放助郭興擊句町。轉天下穀幣詣西河、五原、朔方、漁陽，每一郡以百萬數，欲以擊匈奴。

〔一〕師古曰：「言起者如亂麻也。」

秋，隕霜殺菽，關東大饑，蝗。

民犯鑄錢，伍人相坐，沒入爲官奴婢。其男子檻車，兒女子步，以鐵鎖琅當其頸，傳詣鍾官，以十萬數。〔一〕到者易其夫婦，〔二〕愁苦死者什六七。孫喜、景尚、曹放等擊賊不能克，軍師放縱，百姓重困。〔三〕

〔一〕師古曰：「琅當，長鏁也。鍾官，主鑄錢之官也。」

〔二〕師古曰：「改相配匹，不依其舊也。」

〔三〕師古曰：「重音直用反。」

莽以王況讖言荆楚當興，李氏爲輔，欲厭之，〔一〕乃拜侍中掌牧大夫李棽爲大將軍、揚州牧，賜名聖，〔二〕使將兵奮擊。

〔一〕師古曰：「厭音一葉反。」

〔二〕師古曰：「改其舊名，以聖代讖。棽音所林反。」

上谷儲夏自請願說瓜田儀，〔一〕莽以爲中郎，使出儀。〔二〕儀文降，未出而死。〔三〕莽求其尸葬之，爲起冢、祠室，謚曰瓜寧殤男，幾以招來其餘，〔四〕然無肯降者。

〔一〕服虔曰：「儲夏，人姓也。」

〔二〕師古曰：「說之令自出。」

〔三〕師古曰：「上文書言降，而身未出。」

〔四〕師古曰：「幾讀曰冀。」

閏月丙辰，大赦天下，天下大服民私服在詔書前亦釋除。〔一〕

〔一〕張晏曰：「莽妻本以此歲死，天下大服也。私服，自喪其親。皆除之。」

郎陽成脩獻符命，言繼立民母，又曰：「黄帝以百二十女致神僊。」莽於是遣中散大夫、謁者各四十五人分行天下，〔一〕博采鄉里所高有淑女者上名。

〔一〕師古曰：「行音下更反。」

莽夢長樂宮銅人五枚起立，莽惡之，念銅人銘有「皇帝初兼天下」之文，即使尚方工鐫滅所夢銅人膺文。〔一〕又感漢高廟神靈，〔二〕遣虎賁武士入高廟，拔劍四面提擊，〔三〕斧壞戶牖，〔四〕桃湯赭鞭鞭灑屋壁，〔五〕令輕車校尉居其中，又令中軍北壘居高寢。〔六〕

〔一〕師古曰：「鐫，鑿也，音子全反。」

〔二〕師古曰：「謂夢見譴責。」

〔三〕師古曰：「提，擲也，音徒計反。」

〔四〕師古曰：「以斧斫壞之。」

〔五〕師古曰：「桃湯灑之，赭鞭鞭之也。赭，赤也。」

〔六〕師古曰：「徙北軍壘之兵士於高廟寢中屯居也。」

或言黃帝時建華蓋以登僊，莽乃造華蓋九重，高八丈一尺，金瑵羽葆，〔一〕載以祕機四輪車，〔二〕駕六馬，力士三百人黃衣幘，車上人擊鼓，輓者皆呼「登僊」。莽出，令在前。百官竊言「此似輀車，非僊物也。」〔三〕

〔一〕師古曰：「瑵讀曰爪。謂蓋弓頭爲爪形。」

〔二〕服虔曰：「蓋高八丈，其杠皆有屈膝，可上下屈申也。」師古曰：「言潛爲機關，不使外見，故曰祕機也。」

〔三〕師古曰：「輭車，載喪車，音而。」

是歲，南郡秦豐衆且萬人。平原女子遲昭平能說（經博）〔博經〕以八投，〔一〕亦聚數千人在河阻中。莽召問羣臣禽賊方略，皆曰：「此天囚行尸，命在漏刻。」故左將軍公孫祿徵來與議，〔二〕祿曰：「太史令宗宣典星曆，候氣變，以凶爲吉，亂天文，誤朝廷。太傅平化侯飾虛僞以婾名位，『賊夫人之子』。〔三〕國師嘉信公顚倒五經，毀師法，令學士疑惑。明學男張邯、地理侯孫陽造井田，使民棄土業。犧和魯匡設六筦，以窮工商。說符侯崔發阿諛取容，令下情不上通。宜誅此數子以慰天下！」又言：「匈奴不可攻，當與和親。臣恐新室憂不在匈奴，而在封域之中也。」莽怒，使虎賁扶祿出。然頗采其言，左遷魯匡爲五原卒正，以百姓怨非故。六筦非匡所獨造，莽厭衆意而出之。〔四〕

〔一〕服虔曰：「博奕經，以八箭投之。」

〔二〕師古曰：「與讀曰豫。」

〔三〕師古曰：「論語稱子路使子羔爲費宰，孔子曰『賊夫人之子』，言羔未知政道，而使宰邑，所以爲賊害也。故祿引此而言。」

〔四〕師古曰：「厭，滿也，音一豔反。」

初，四方皆以飢寒窮愁起爲盜賊，稍稍羣聚，常思歲熟得歸鄉里。衆雖萬數，亶稱巨人、從事、三老、祭酒，〔一〕不敢略有城邑，轉掠求食，日闋而已。〔二〕諸長吏牧守皆自亂鬭中兵而死，〔三〕賊非敢欲殺之也，而莽終不諭其故。〔四〕是歲，大司馬士按章豫州，〔五〕爲賊所獲，賊送付縣。士還，上書具言狀。莽大怒，下獄以爲誣罔。因下書責七公曰：「夫吏者，理也。宣德明恩，以牧養民，仁之道也。抑强督姦，捕誅盜賊，義之節也。〔六〕今則不然。盜發不輒得，至成羣黨，遮略乘傳宰士。〔七〕士得脫者，又妄自言『我責數賊「何故爲是？」〔八〕賊曰「以貧窮故耳」。賊護出我。』今俗人議者率多若此。惟貧困飢寒，犯法爲非，大者羣盜，小者偷穴，不過二科，〔九〕今乃結謀連黨以千百數，是逆亂之大者，豈飢寒之謂邪？七公其嚴敕卿大夫、卒正、連率、庶尹，謹牧養善民，急捕殄盜賊。有不同心并力，疾惡黜賊，而妄曰飢寒所爲，輒捕繫，請其罪。」於是羣下愈恐，莫敢言賊情者，亦不得擅發兵，賊由是遂不制。

〔一〕師古曰：「亶讀曰但。言不爲大號。」

〔二〕師古曰：「闋，盡也。隨日而盡也。闋音空穴反。」

〔三〕師古曰：「中，傷也。」

〔四〕師古曰：「不曉此意也。」

〔五〕師古曰：「有上章相告者，就而按治之。」

〔六〕師古曰：「督謂察視也。」

〔七〕師古曰：「傳音張戀反。」

〔八〕師古曰：「數音所具反。」

〔九〕師古曰：「穴謂穿牆爲盜也。」

唯翼平連率田況素果敢，發民年十八以上四萬餘人，授以庫兵，與刻石爲約。赤糜聞之，不敢入界。〔一〕況自劾奏，莽讓況：〔二〕「未賜虎符而擅發兵，此弄兵也，厥辠乏興。〔三〕以況自詭必禽滅賊，故且勿治。」〔四〕後況自請出界擊賊，所嚮皆破。莽以璽書令況領青、徐二州牧事。況上言：「盜賊始發，其原甚微，非部吏、伍人所能禽也。咎在長吏不爲意，縣欺其郡，郡欺朝廷，實百言十，實千言百。朝廷忽略，不輒督責，遂至延曼連州，〔五〕乃遣將率，多發使者，傳相監趣。〔六〕郡縣力事上官，應塞詰對，〔七〕共酒食，具資用，以救斷斬，〔八〕不給復憂盜賊治官事。〔九〕將率又不能躬率吏士，戰則爲賊所破，吏氣寖傷，徒費百姓。〔一〇〕前幸蒙赦令，賊欲解散，或反遮擊，恐入山谷，轉相告語，故郡縣降賊，皆更驚駭，恐見詐滅，因饑饉易動，旬日之間更十餘萬人，此盜賊所以多之故也。今雒陽以東，米石二千。竊見詔書，欲遣太師、更始將軍，二人爪牙重臣，多從人衆，道上空竭，少則亡以威視遠方。〔一一〕宜急選牧、尹以下，明其賞罰，收合離鄉。小國無城郭者，徙其老弱置大城中，積藏穀食，并力固守。

賊來攻城，則不能下，所過無食，勢不得羣聚。如此，招之必降，擊之則滅。今空復多出將率，郡縣苦之，反甚於賊。宜盡徵還乘傳諸使者，以休息郡縣。委任臣況以二州盜賊，必平定之。」莽畏惡況，陰爲發代，遣使者賜況璽書。使者至，見況，因令代監其兵。況隨使者西，到，拜爲師尉大夫。況去，齊地遂敗。

〔一〕師古曰：「麋，眉也。以朱塗眉，故曰赤眉。古字通用。」
〔二〕師古曰：「讓，責也。」
〔三〕師古曰：「擅發之罪，與乏軍興同科也。」
〔四〕師古曰：「詭，責也。自以爲憂責。」
〔五〕師古曰：「延音弋戰反。曼與蔓同。」
〔六〕師古曰：「趣讀曰促。」
〔七〕師古曰：「力，勤也。塞，當也。」
〔八〕師古曰：「交懼斬死之刑也。共讀曰供。」
〔九〕師古曰：「給，暇也。」
〔一〇〕師古曰：「寖，漸也。」
〔一一〕師古曰：「視讀曰示。」

三年正月，九廟蓋構成，納神主。莽謁見，大駕乘六馬，以五采毛爲龍文衣，著角，長三尺。〔一〕華蓋車，元戎十乘在前。因賜治廟者司徒、大司空錢各千萬，侍中、中常侍以下皆封。封都匠仇延爲邯淡里附城。〔二〕

〔一〕師古曰：「以被馬上也。」

〔二〕師古曰：「都匠，大匠也。邯音胡敢反。淡音大敢反。豐盛之意。」

二月，霸橋災，數千人以水沃救，不滅。莽惡之，下書曰：「夫三皇象春，五帝象夏，三王象秋，五伯象冬。皇王，德運也；伯者，繼空續乏以成曆數，故其道駮。〔一〕惟常安御道多以所近爲名。乃二月癸巳之夜，甲午之辰，火燒霸橋，從東方西行，至甲午夕，橋盡火滅。大司空行視考問，〔二〕或云寒民舍居橋下，〔三〕疑以火自燎，爲此災也。〔四〕其明旦即乙未，立春之日也。予以神明聖祖黃虞遺統受命，至于地皇四年爲十五年。正以三年終冬絕滅霸駮之橋，欲以興成新室統壹長存之道也。又戒此橋空東方之道。今東方歲荒民飢，道路不通，東岳太師亟科條，〔五〕開東方諸倉，賑貸窮乏，以施仁道。其更名霸館爲長存館，霸橋爲長存橋。」

〔一〕師古曰：「伯者讀曰霸。」

〔二〕師古曰：「行音下更反。」

〔三〕師古曰：「舍，止宿也。」

〔四〕師古曰：「爒謂炙令腝也。」

〔五〕師古曰：「亟，急也，音己力反。」

是月，赤眉殺太師犧仲景尚。關東人相食。

四月，遣太師王匡、更始將軍廉丹東，〔一〕祖都門外，〔二〕天大雨，霑衣止。長老歎曰：「是爲泣軍！」莽曰：「惟陽九之阸，與害氣會，究于去年。枯旱霜蝗，飢饉薦臻，〔三〕百姓困乏，流離道路，于春尤甚，予甚悼之。今使東嶽太師特進褒新侯開東方諸倉，賑貸窮乏。太師公所不過道，分遣大夫謁者並開諸倉，以全元元。太師公因與廉丹大使五威司命位右大司馬更始將軍平均侯之兗州，填撫所掌，〔四〕及青、徐故不軌盜賊未盡解散，後復屯聚者，皆清潔之，期於安兆黎矣。」〔五〕太師、更始合將銳士十餘萬人，所過放縱。東方爲之語曰：「寧逢赤眉，不逢太師！太師尚可，更始殺我！」卒如田況之言。

〔一〕師古曰：「東謂東出也。」

〔二〕師古曰：「祖道送匡、丹於都門外。」

〔三〕師古曰：「薦讀曰荐。荐，仍也。」

〔四〕師古曰：「之，往也。填音竹刃反。」

〔五〕師古曰：「黎，衆也。」

莽又多遣大夫謁者分教民煮草木爲酪，酪不可食，重爲煩費。〔一〕莽下書曰：「惟民困乏，雖溥開諸倉以賑贍之，〔二〕猶恐未足。其且開天下山澤之防，諸能采取山澤之物而順月令者，其恣聽之，勿令出稅。至地皇三十年如故，是王光上戊之六年也。〔三〕如令豪吏猾民辜而擢之，小民弗蒙，非予意也。〔四〕易不云乎？『損上益下，民說無疆。』〔五〕書云：『言之不從，是謂不艾。』〔六〕咨虖羣公，可不憂哉！」〔七〕

〔一〕師古曰：「重音直用反。」

〔二〕師古曰：「溥與普同。」

〔三〕孟康曰：「戊，土也，莽所作曆名。」

〔四〕師古曰：「辜擢謂獨專其利，而令它人犯者得罪辜也。」

〔五〕師古曰：「益卦象辭也。言損上以益下，則人皆歡悅無窮竟。」

〔六〕師古曰：「洪範之言。艾讀曰乂。乂，治也。」

〔七〕師古曰：「咨者，歎息之言。」

是時下江兵盛，新市朱鮪、平林陳牧等皆復聚衆，攻擊鄉聚。莽遣司命大將軍孔仁部豫州，納言大將軍嚴尤、秩宗大將軍陳茂擊荊州，各從吏士百餘人，乘船從渭入河，至華陰乃出乘傳，到部募士。尤謂茂曰：「遣將不與兵符，必先請而後動，是猶紲韓盧而責之獲也。」〔一〕

〔一〕師古曰：「紲，繫也。韓盧，古韓國之名犬也。黑色曰盧。」

夏，蝗從東方來，蜚蔽天，〔一〕至長安，入未央宮，緣殿閣。莽發吏民設購賞捕擊。

〔一〕師古曰：「蜚，古飛字也。」

莽以天下穀貴，欲厭之，〔二〕爲大倉，置衞交戟，名曰「政始掖門」。

〔二〕師古曰：「厭音一葉反。」

流民入關者數十萬人，乃置養贍官稟食之。〔一〕使者監領，與小吏共盜其稟，飢死者十七八。先是，莽使中黃門王業領長安市買，賤取於民，民甚患之。業以省費爲功，賜爵附城。莽聞城中飢饉，以問業。業曰：「皆流民也。」乃市所賣粱飰肉羹，持入視莽，〔二〕曰：「居民食咸如此。」莽信之。

〔一〕師古曰：「稟，給也。食讀曰飤。」

〔二〕師古曰：「視讀曰示。」

冬，無鹽索盧恢等舉兵反城。〔一〕廉丹、王匡攻拔之，斬首萬餘級。莽遣中郎將奉璽書勞丹、匡，進爵爲公，封吏士有功者十餘人。

〔一〕師古曰：「索盧，姓也。恢，名也。反城，據城以反也。一曰，反音幡。今語賊猶曰幡城。索音先各反。」

赤眉別校董憲等衆數萬人在粱郡，王匡欲進擊之，廉丹以爲新拔城罷勞，〔一〕當且休士養威。匡不聽，引兵獨進，丹隨之。合戰成昌，〔二〕兵敗，匡走。丹使吏持其印韍符節付匡曰：「小兒可走，吾不可！」遂止，戰死。校尉汝雲、王隆等二十餘人別鬬，聞之，皆曰：「廉公已死，吾誰爲生？」馳犇賊，皆戰死。〔三〕莽傷之，下書曰：「惟公多擁選士精兵，衆郡駿馬倉穀帑藏皆得自調，〔四〕忽於詔策，離其威節，騎馬呵譟，〔五〕爲狂刃所害，烏呼哀哉！賜謚曰果公。」

〔一〕師古曰：「罷讀曰疲。」
〔二〕師古曰：「成昌，地名也。」
〔三〕師古曰：「犇，古奔字也。」
〔四〕師古曰：「謂發取也，音徒釣反。」
〔五〕師古曰：「忽謂怠忘也。譟，讙呼也，音先到反。」

國將哀章謂莽曰：「皇祖考黃帝之時，中黃直爲將，破殺蚩尤。今臣居中黃直之位，願平山東。」莽遣章馳東，與太師匡幷力。又遣大將軍陽浚守敖倉，司徒王尋將十餘萬屯雒陽塡南宮，〔一〕大司馬董忠養士習射中軍北壘，大司空王邑兼三公之職。司徒尋初發長安，宿霸昌廄，〔二〕亡其黃鉞。尋士房揚素狂直，乃哭曰：「此經所謂『喪其齊斧』者也！」〔三〕自劾去。莽擊殺揚。

〔一〕師古曰：「塡音竹刃反。」
〔二〕師古曰：「霸昌觀之廄也。三輔黃圖曰在城外也。」
〔三〕應劭曰：「齊，利也。亡其利斧，言無以復斷斬也。」師古曰：「此易巽卦上九爻辭。」

四方盜賊往往數萬人攻城邑，殺二千石以下。太師王匡等戰數不利。莽知天下潰畔，事窮計迫，乃議遣風俗大夫司國憲等分行天下，〔一〕除井田奴婢山澤六筦之禁，即位以來詔令不便於民者皆收還之。待見未發，會世祖與兄齊武王伯升、宛人李通等〔二〕帥春陵子弟數千人，招致新市平林朱鮪、陳牧等合攻拔棘陽。是時嚴尤、陳茂破下江兵，成丹、王常等數千人別走，入南陽界。

〔一〕師古曰：「行音下更反。」

〔二〕師古曰：「世祖謂光武皇帝。」

十一月，有星孛于張，東南行，五日不見。莽數召問太史令宗宣，諸術數家皆繆對，言天文安善，羣賊且滅。莽差以自安。

四年正月，漢兵得下江王常等以爲助兵，擊前隊大夫甄阜、屬正梁丘賜，皆斬之，殺其衆數萬人。初，京師聞青、徐賊衆數十萬人，訖無文號旌旗表識，〔一〕咸怪異之。好事者竊言：「此豈如古三皇無文書號謚邪？」〔二〕莽亦心怪，以問羣臣，羣臣莫對。唯嚴尤曰：「此不足怪也。自黃帝、湯、武行師，必待部曲旌旗號令，今此無有者，直飢寒羣盜，犬羊相聚，不知爲之耳。」莽大說，〔三〕羣臣盡服。及後漢兵劉伯升起，皆稱將軍，攻城略地，既殺甄阜，移書稱說。莽聞之憂懼。

〔一〕師古曰：「文謂文章；號謂大位號也。一曰，號謂號令也。識讀與幟同，音（忒）〔式〕志反。」

〔二〕師古曰：「欲其事成，故云然也。」

〔三〕師古曰：「說讀曰悅。」

漢兵乘勝遂圍宛城。初，世祖族兄聖公先在平林兵中。三月辛巳朔，平林、新市、下江兵將王常、朱鮪等共立聖公爲帝，改年爲更始元年，拜置百官。莽聞之愈恐。欲外視自安，〔一〕乃染其須髮，進所徵天下淑女杜陵史氏女爲皇后，聘黃金三萬斤，車馬奴婢雜帛珍寶以巨萬計。莽親迎於前殿兩階間，成同牢之禮于上西堂。備和嬪、美御、和人三，位視公；嬪人九，視卿；美人二十七，視大夫；御人八十一，視元士：凡百二十人，皆佩印韍，執弓韣。〔二〕封皇后父諶爲和平侯，拜爲寧始將軍，諶子二人皆侍中。是日，大風發屋折木。羣臣上壽曰：「乃庚子雨水灑道，辛丑清靚無塵，〔三〕其夕穀風迅疾，從東北來。〔四〕辛丑，巽之宮日也。巽爲風爲順，后誼明，母道得，溫和慈惠之化也。易曰：『受茲介福，于其王母。』〔五〕禮曰：『承天之慶，萬福無疆。』〔六〕諸欲依廢漢火劉，皆沃灌雪除，殄滅無餘雜矣。百穀豐茂，庶草蕃殖，〔七〕元元驩喜，兆民賴福，天下幸甚！」莽日與方士涿郡昭君等於後宮考驗方術，縱淫樂焉。大赦天下，然猶曰：「故漢氏舂陵侯羣子劉伯升與其族人婚姻黨與，妄流言惑衆，悖畔天命，及手害更始將軍廉丹、前隊大夫甄阜、屬正梁丘賜，及北狄胡虜逆輿(泊)〔洎〕南僰虜若豆、孟遷，不用此書。〔八〕有能捕得此人者，皆封為上公，食邑萬戶，賜寶貨五千萬。」

〔一〕師古曰：「視讀曰示。」

〔二〕師古曰：「禮記月令『仲春之月玄鳥至之日，以太牢祠于高禖，天子親往，后妃率九嬪御，乃禮天子所御。帶以弓韣，授以弓矢，于高禖之前』。韣，弓衣也。帶之者，求男子之祥也，故莽依放之焉。韣音獨。」

〔三〕師古曰：「靚即靜字也。」

〔四〕師古曰：「穀風即谷風。」

〔五〕師古曰：「晉卦六二爻也。介，大也。王母，君母。」

〔六〕師古曰：「禮之祝詞。」

〔七〕師古曰：「蕃，滋也。殖，生也。」

〔八〕師古曰：「輿，匈奴單于名也。洎，及也。若豆、孟遷，蠻僰之名也。言伯升已下，孟遷以上，不在赦令之限也。」

又詔：「太師王匡、國將哀章、司命孔仁、兗州牧壽良、卒正王閎、揚州牧李聖亟進所部州郡兵〔一〕凡三十萬衆，迫措青、徐盜賊。〔二〕納言將軍嚴尤、秩宗將軍陳茂、車騎將軍王巡、左隊大夫王吳亟進所部州郡兵凡十萬衆，迫措前隊醜虜。明告以生活丹青之信，〔三〕復迷惑不解散，皆并力合擊，殄滅之矣！大司空隆新公，宗室戚屬，前以虎牙將軍東指則反虜破壞，西擊則逆賊靡碎，〔四〕此乃新室威寶之臣也。如黠賊不解散，將遣大司空將百萬之師征伐剿絕之矣！」〔五〕遣七公幹士隗囂等七十二人分下赦令曉諭云。囂等既出，因逃亡矣。

〔一〕師古曰：「亟，急也。」

〔二〕師古曰：「措讀與笮同，音莊客反。下亦放此。」

〔三〕師古曰：「生活，謂來降者不殺之也。丹青之信，言明著也。」

〔四〕師古曰：「靡，散也，音武皮反。」

〔五〕師古曰：「剿，截也，音（予）〔子〕小反。」

四月，世祖與王常等別攻潁川，下昆陽、郾、定陵。〔一〕莽聞之愈恐，遣大司空王邑馳傳之雒陽，〔二〕與司徒王尋發衆郡兵百萬，號曰「虎牙五威兵」，平定山東。得顓封爵，政決於邑，除用徵諸明兵法六十三家術者，各持圖書，受器械，備軍吏。傾府庫以遣邑，多齎珍寶猛獸，欲視饒富，用怖山東。〔三〕邑至雒陽，州郡各選精兵，牧守自將，定會者四十二萬人，餘在道不絕，車甲士馬之盛，自古出師未嘗有也。

〔一〕師古曰：「三縣之名也。郾音一扇反。」

〔二〕師古曰：「傳音張戀反。」

〔三〕師古曰：「視讀曰示。」

六月，邑與司徒尋發雒陽，欲至宛，道出潁川，過昆陽。昆陽時已降漢，漢兵守之。嚴尤、陳茂與二公會，二公縱兵圍昆陽。嚴尤曰：「稱尊號者在宛下，宜亟進。〔一〕彼破，諸城自定矣。」邑曰：「百萬之師，所過當滅，今屠此城，喋血而進，〔二〕前歌後舞，顧不快邪！」遂圍城數十重。城中請降，不許。嚴尤又曰：「『歸師勿遏，圍城爲之闕』，〔三〕可如兵法，使得逸出，以怖宛下。」邑又不聽。會世祖悉發郾、定陵兵數千人來救昆陽，尋、邑易之，〔四〕自將萬餘人行陳，〔五〕敕諸營皆按部毋得動，獨迎，與漢兵戰，不利。大軍不敢擅相救，漢兵乘勝殺尋。昆陽中兵出並戰，邑走，軍亂。〔天〕〔大〕風蜚瓦，〔六〕雨如注水，大衆崩壞號諕，〔七〕虎豹股栗，〔八〕士卒犇走，各還歸其郡。邑獨與所將長安勇敢數千人還雒陽。關中聞之震恐，盜賊並起。

〔一〕師古曰：「亟，急也。」
〔二〕師古曰：「喋音蹀。」
〔三〕師古曰：「此兵法之言也。遏，遮也。闕，不合也。」
〔四〕師古曰：「輕易之也。易音亦豉反。」
〔五〕師古曰：「巡行軍陳也。行音下更反。」
〔六〕師古曰：「蜚，古飛字。」
〔七〕師古曰：「諕音火故反。」

〔九〕師古曰：「言戰懼甚。」

又聞漢兵言，莽鴆殺孝平帝。莽乃會公卿以下於王路堂，開所爲平帝請命金縢之策，泣以視羣臣。〔一〕命明學男張邯稱說其德及符命事，因曰：「易言：『伏戎于莽，升其高陵，三歲不興。』〔二〕『莽』，皇帝之名。『升』謂劉伯升。『高陵』謂高陵侯子翟義也。言劉升、翟義爲伏戎之兵於新皇帝世，猶殄滅不興也。」羣臣皆稱萬歲。又令東方檻車傳送數人，言「劉伯升等皆行大戮」。〔臣〕〔民〕知其詐也。

〔一〕師古曰：「視讀曰示。」

〔二〕師古曰：「同人卦九三爻辭也。莽，平草也。言伏兵戎於草莽之中，升高陵而望，不敢前進，至于三歲不能起也。」

先是，衞將軍王涉素養道士西門君惠。君惠好天文讖記，爲涉言：「星孛掃宮室，劉氏當復興，國師公姓名是也。」涉信其言，以語大司馬董忠，數俱至國師殿中廬道語星宿，〔一〕國師不應。後涉特往，對歆涕泣言：「誠欲與公共安宗族，〔二〕奈何不信涉也！」歆因爲言天文人事，東方必成。涉曰：「新都哀侯小被病，功顯君素耆酒，〔三〕疑帝本非我家子也。〔四〕董公主中軍精兵，涉領宮衞，伊休侯主殿中，如同心合謀，共劫持帝，東降南陽天子，可以全宗族；不者，俱夷滅矣！」伊休侯者，歆長子也，爲侍中五官中郎將，莽素愛之。歆怨莽殺其三子，又畏大禍至，遂與涉、忠謀，欲發。歆曰：「當待太白星出，乃可。」忠以司中大贅起武侯孫伋亦主兵，復與伋謀。伋歸家，顏色變，不能食。妻怪問之，語其狀。妻以告弟雲陽陳邯，邯欲告之。七月，伋與邯俱告，莽遣使者分召忠等。時忠方講兵都肄，〔五〕護軍王咸謂忠謀久不發，恐漏泄，不如遂斬使者，勒兵入。忠不聽，遂與歆、涉會省戶下。莽令䵣惲責問，皆服。中黃門各拔刃將忠等送廬，忠拔劍欲自刎，侍中王望傳言大司馬反，黃門持劍共格殺之。省中相驚傳，勒兵至郎署，皆拔刃張弩。更始將軍史諶行諸署，〔六〕告郎吏曰：「大司馬有狂病，發，已誅。」皆令弛兵。〔七〕莽欲以厭凶，〔八〕使虎賁以斬馬劍挫忠，〔九〕盛以竹器，傳曰「反虜出」。下書赦大司馬官屬吏士爲忠所詿誤，謀反未發覺者。收忠宗族，以醇醯毒藥、尺白刃叢(棘)〔棘〕并一坎而埋之。劉歆、王涉皆自殺。莽以二人骨肉舊臣，惡其內潰，〔一〇〕故隱其誅。伊休侯疊又以素謹，歆訖不告，〔一一〕但免侍中中郎將，更爲中散大夫。後日殿中鉤盾土山僊人掌旁有白頭公青衣，〔一二〕郎吏見者私謂之國師公。衍功侯喜素善卦，莽使筮之，曰：「憂兵火。」莽曰：「小兒安得此左道？是乃予之皇祖叔父子僑欲來迎我也。」

〔一〕師古曰：「廬者，宿止之處。道謂說之也。」

〔二〕師古曰：「誠，實也。」

〔三〕師古曰：「耆讀曰嗜。」

〔四〕如淳曰：「言莽母洛薄嗜酒，淫逸得莽耳，非王氏子也。設此詐欲以自別不受誅。」

〔五〕師古曰：「肄，習也，大習兵也。肄音亦二反。」
〔六〕師古曰：「行音下孟反。」
〔七〕師古曰：「弛，放也。」
〔八〕師古曰：「厭，當也，音一葉反。」
〔九〕師古曰：「挫讀曰剉，音千臥反。」
〔一〇〕師古曰：「王涉，骨肉也。劉歆，舊臣。」
〔一一〕師古曰：「訖猶竟也。歆竟不以所謀告之。」
〔一二〕鄭氏曰：「僊人以掌承（露）承（盛）〔露盤〕也。」

莽軍師外破，大臣內畔，左右亡所信，不能復遠念郡國，欲謼邑與計議。〔一〕崔發曰：「邑素小心，今失大衆而徵，恐其執節引決，宜有以大慰其意。」於是莽遣發馳傳諭邑：〔二〕「我年老毋適子，〔三〕欲傳邑以天下。敕亡得謝，見勿復道。」邑到，以爲大司馬。大長秋張邯爲大司徒，崔發爲大司空，司中壽容苗訢爲國師，同說侯林爲衞將軍。莽憂懣不能食，〔四〕亶飲酒，啗鰒魚。〔五〕讀軍書倦，因馮几寐，不復就枕矣。〔六〕性好時日小數，及事迫急，亶爲厭勝。遣使壞渭陵、延陵園門罘罳，曰：「毋使民復思也。」又以墨洿色其周垣。〔七〕號將至曰「歲宿」，申水爲「助將軍」，右庚「刻木校尉」，前丙「燿金都尉」，又曰：「執大斧，伐枯木；流大水，滅發火。」如此屬不可勝記。

〔一〕師古曰：「謼音呼。」

〔二〕師古曰：「謂諭告之。傳音張戀反。」

〔三〕師古曰：「適讀曰嫡。」

〔四〕師古曰：「懣音滿，又音悶。」

〔五〕師古曰：「亶音但。下亦類此。鰒，海魚也，音雹。」

〔六〕師古曰：「馮讀曰憑。」

〔七〕師古曰：「洿染之變其舊色也。洿音一故反。」

秋，太白星流入太微，燭地如月光。

成紀隗崔兄弟共劫大尹李育，〔一〕以兄子隗囂爲大將軍，攻殺雍州牧陳慶、安定卒正王旬，并其衆，移書郡縣，數莽罪惡萬於桀紂。

〔一〕師古曰：「成紀，隴西之縣。」

是月，析人鄧曄、于匡起兵南鄉百餘人。〔一〕時析宰將兵數千屯鄡亭，備武關。〔二〕曄、匡謂宰曰：「劉帝已立，君何不知命也！」宰請降，盡得其衆。曄自稱輔漢左將軍，匡右將軍，拔析、丹水，攻武關，都尉朱萌降。進攻右隊大夫宋綱，殺之，西拔湖。〔三〕莽愈憂，不知所出。崔發言：「周禮及春秋左氏，國有大災，則哭以厭之。〔四〕故易稱『先號咷而後笑』。〔五〕宜呼嗟告天以求救。」莽自知敗，乃率羣臣至南郊，陳其符命本末，仰天曰：「皇天既命授臣莽，何不殄滅衆賊？即令臣莽非是，願下雷霆誅臣莽！」因搏心大哭，氣盡，伏而叩頭。又作告天策，自陳功勞千餘言。諸生小民會旦夕哭，爲設飧粥，〔六〕甚悲哀及能誦策文者除以爲郎，至五千餘人。蘧惲將領之。

〔一〕師古曰：「析，南陽之縣。南鄉，析縣之鄉名。析音先歷反。」

〔二〕師古曰：「鄗音口堯反。」

〔三〕師古曰：「湖，弘農之縣也，本屬京兆。」

〔四〕師古曰：「周禮春官之屬女巫氏之職曰：『凡邦之大災，歌哭而請。』哭者所以告哀也。春秋左氏傳宣十二年『楚子圍鄭，旬有七日，鄭人卜行成，不吉；卜臨于太宮，且巷出車，吉。國人大臨，守陴者皆哭。』故發引之以爲言也。厭音一葉反。」

〔五〕師古曰：「同人九五爻辭。號咷，哭也。咷音逃。」

〔六〕師古曰：「飧，古飡字，音千安反。」

莽拜將軍九人，皆以虎爲號，號曰「九虎」，將北軍精兵數萬人東，內其妻子宮中以爲質。時省中黃金萬斤者爲一匱，尚有六十匱，黃門、鉤盾、臧府、中尚方處處各有數匱。長樂御府、中御府及都內、平準帑藏錢帛珠玉財物甚衆，〔一〕莽愈愛之，賜九虎士人四千錢。衆重怨，無鬭意。〔二〕九虎至華陰回谿，距隘，北從河南至山。于匡持數千弩，乘堆挑戰。鄧曄將二萬餘人從閿鄉南出棗街、作姑，〔三〕破其一部，北出九虎後擊之。六虎敗走。史熊、

王況詣闕歸死，莽使使責死者安在，皆自殺；其四虎亡。〔四〕三虎郭欽、陳翬、成重收散卒，保京師倉。〔五〕

〔一〕師古曰：「御府有令丞，少府之屬官也，掌珍物。中御府者，皇后之府藏也。平準令丞屬大司農，亦珍貨所在也。」

〔二〕師古曰：「重音直用反。」

〔三〕師古曰：「閿讀與聞同。作姑，邪道所由也。」

〔四〕師古曰：「六人敗走，二人詣闕自殺，四人亡。」

〔五〕師古曰：「九人之中，六人敗走，三人保倉也。京師倉在華陰灌北渭口也。翬音暉。」

鄧曄開武關迎漢，丞相司直李松將二千餘人至湖，與曄等共攻京師倉，未下。曄以弘農掾王憲爲校尉，將數百人北度渭，入左馮翊界，降城略地。李松遣偏將軍韓臣等徑西至新豐，與莽波水將軍戰，波水走。韓臣等追奔，遂至長門宮。王憲北至頻陽，所過迎降。〔一〕大姓櫟陽申碭、下邽王大皆率衆隨憲。屬縣斄嚴春、〔二〕茂陵董喜、藍田王孟、槐里汝臣、盩厔王扶、陽陵嚴本、杜陵屠門少之屬，〔三〕衆皆數千人，假號稱漢將。

〔一〕師古曰：「所至之處，人皆來迎而降附也。」

〔二〕師古曰：「屬縣，三輔諸縣也。斄屬右扶風。斄讀與邰同。其人姓嚴，名春。」

〔三〕師古曰：「姓屠門，名少。」

時李松、鄧曄以爲京師小小倉尚未可下，何況長安城，當須更始帝大兵到。即引軍至華陰，治攻具。而長安旁兵四會城下，聞天水隗氏兵方到，皆爭欲先入城，貪立大功鹵掠之利。

莽遣使者分赦城中諸獄囚徒，皆授兵，殺豨飲其血，與誓曰：「有不爲新室者，社鬼記之！」更始將軍史諶將度渭橋，皆散走。諶空還。衆兵發掘莽妻子父祖冢，燒其棺椁及九廟、明堂、辟雍，火照城中。或謂莽曰：「城門卒，東方人，不可信。」莽更發越騎士爲衞，門置六百人，各一校尉。

十月戊申朔，兵從宣平城門入，民間所謂都門也。〔一〕張邯行城門，逢兵見殺。〔二〕王邑、王林、王巡、灃惲等分將兵距擊北闕下。漢兵貪莽封力戰者七百餘人。〔三〕會日暮，官府邸第盡犇亡。二日己酉，城中少年朱弟、張魚等恐見鹵掠，趨讙並和，〔四〕燒作室門，斧敬法闥，〔五〕謼曰：「反虜王莽，何不出降？」〔六〕火及掖廷承明，黃皇室主所居也。莽避火宣室前殿，火輒隨之。宮人婦女嗁謼曰：「當奈何！」時莽紺袀服，〔七〕帶璽韍，持虞帝匕首。天文郎桉栻於前，〔八〕日時加某，莽旋席隨斗柄而坐，曰：「天生德於予，漢兵其如予何！」〔九〕莽時不食，少氣困矣。

〔一〕師古曰：「長安城東出北頭第一門。」

〔二〕師古曰：「行音下更反。」

〔三〕師古曰：「獲莽當得封，故貪之而力戰。」

〔四〕師古曰：「衆羣行讙而自相和也。和音呼臥反。」

〔五〕師古曰：「敬法，殿名也。闥，小門也。謂斧斫之也。」

〔六〕師古曰：「謼音火故反。其下亦同。」

〔七〕師古曰：「䚦，古啼字也。紺，深青而揚赤色也。袀，純也。純爲紺服也。袀音均，又弋旬反。」

〔八〕師古曰：「栻，所以占時日。天文郎，今之用栻者也。音式。」

〔九〕師古曰：「論語稱孔子曰：『天生德於予，桓魋其如予何？』故莽引之以爲言也。」

三日庚戌，晨日明，羣臣扶掖莽，自前殿南下椒除，〔一〕西出白虎門，和新公王揖奉車待門外。莽就車，之漸臺，欲阻池水，猶抱持符命、威斗，公卿大夫、侍中、黃門郎從官尚千餘人隨之。王邑晝夜戰，罷極，〔二〕士死傷略盡，馳入宮，間關至漸臺，〔三〕見其子侍中睦解衣冠欲逃，邑叱之令還，父子共守莽。軍人入殿中，謼曰：「反虜王莽安在？」有美人出房曰：「在漸臺。」衆兵追之，圍數百重。臺上亦弓弩與相射，稍稍落去。矢盡，無以復射，短兵接。王邑父（平）〔子〕、䣕惲、王巡戰死，莽入室。下餔時，衆兵上臺，王揖、趙博、苗訢、唐尊、王盛、中常侍王參等皆死臺上。商人杜吳殺莽，取其綬。校尉東海公賓就，故大行治禮，〔四〕見吳問綬主所在。曰：「室中西北陬間。」〔五〕就識，斬莽首。軍人分裂莽身，支節肌骨臠分，爭相殺者數十人。〔六〕公賓就持莽首詣王憲。憲自稱漢大將軍，城中兵數十萬皆屬焉，舍東宮，〔七〕妻莽後宮，乘其車服。

〔一〕服虔曰：「邪行閤道下者也。」師古曰：「除，殿陛之道也。椒，取芬香之名也。」

〔二〕師古曰：「罷讀曰疲。」

〔三〕師古曰：「間關猶言崎嶇展轉也。」

〔四〕師古曰：「公賓，姓也。就，名也。以先經治禮，故識天子綬也。」

〔五〕師古曰：「陬，隅也，音子侯反，又音鄒。」

〔六〕師古曰：「三輔舊事云，臠，切千段也。」

〔七〕師古曰：「舍，止宿也。」

六日癸丑，李松、鄧曄入長安，將軍趙萌、申屠建亦至，以王憲得璽綬不輒上，多挾宮女，建天子鼓旗，收斬之。傳莽首詣更始，縣宛市，百姓共提擊之，〔一〕或切食其舌。

〔一〕師古曰：「提，擲也，音徒計反。」

莽揚州牧李聖、司命孔仁兵敗山東，聖格死，仁將其衆降，已而歎曰：「吾聞食人食者死其事。」拔劍自刺死。及曹部監杜普、陳定大尹沈意、九江連率賈萌皆守郡不降，爲漢兵所誅。賞都大尹王欽及郭欽守京師倉，聞莽死，乃降，更始義之，皆封爲侯。太師王匡、國將哀章降雒陽，傳詣宛，斬之。嚴尤、陳茂敗昆陽下，走至沛郡譙，自稱漢將，召會吏民。尤爲稱說王莽簒位天時所亡聖漢復興狀，茂伏而涕泣。聞故漢鍾武侯劉聖聚衆汝南稱尊號，尤、茂降之。以尤爲大司馬，茂爲丞相。十餘日敗，尤、茂幷死。郡縣皆舉城降，天下悉歸漢。

初，申屠建嘗事崔發爲詩，〔一〕建至，發降之。後復稱說，〔二〕建令丞相劉賜斬發以徇。史諶、王延、王林、王吳、趙閎亦降，復見殺。初，諸假號兵人人望封侯。申屠建既斬王憲，又揚言三輔黠共殺其主。吏民惶恐，屬縣屯聚，建等不能下，馳白更始。

〔一〕師古曰：「就發學詩。」

〔二〕師古曰：「妄言符命，不順漢。」

二年二月，更始到長安，下詔大赦，非王莽子，他皆除其罪，故王氏宗族得全。三輔悉平，更始都長安，居長樂宮。府藏完具，獨未央宮燒攻莽三日，死則案堵復故。更始至，歲餘政教不行。明年夏，赤眉樊崇等衆數十萬人入關，立劉盆子，稱尊號，攻更始，更始降之。赤眉遂燒長安宮室市里，害更始。民飢餓相食，死者數十萬，長安爲虛，〔一〕城中無人行。宗廟園陵皆發掘，唯霸陵、杜陵完。六月，世祖即位，然後宗廟社稷復立，天下艾安。〔二〕

〔一〕師古曰：「虛讀曰墟。」

〔二〕師古曰：「艾讀曰乂。」

贊曰：王莽始起外戚，折節力行，以要名譽，宗族稱孝，師友歸仁。及其居位輔政，成、哀之際，勤勞國家，直道而行，動見稱述。豈所謂「在家必聞，在國必聞」，「色取仁而行違」者邪？〔一〕莽既不仁而有佞邪之材，又乘四父歷世之權，遭漢中微，國統三絕，而太后壽考爲之宗主，故得肆其姦慝，以成篡盜之禍。〔二〕推是言之，亦天時，非人力之致矣。及其竊位南面，處非所據，顛覆之勢險於桀紂，而莽晏然自以黃、虞復出也。乃始恣睢，奮其威詐，〔三〕滔天虐民，窮凶極惡，〔四〕毒流諸夏，亂延蠻貉，猶未足逞其欲焉。是以四海之內，囂然喪其樂生之心，〔五〕中外憤怨，遠近俱發，城池不守，支體分裂，遂令天下城邑爲虛，〔六〕丘壠發掘，害徧生民，辜及朽骨，自書傳所載亂臣賊子無道之人，考其禍敗，未有如莽之甚者也。昔秦燔詩書以立私議，莽誦六藝以文姦言，〔七〕同歸殊塗，俱用滅亡，皆炕龍絕氣，非命之運，〔八〕紫色蠅聲，餘分閏位，〔九〕聖王之驅除云爾！〔一〇〕

〔一〕師古曰：「論語載孔子對子張之言也。不仁之人假仁者之色，而所行則違之。朋黨比周，故能在家在國皆有名譽。故贊引之。」

〔二〕師古曰：「肆，放也，極也。」

〔三〕師古曰：「睢音呼季反。」

〔四〕師古曰：「滔，漫也。」

〔五〕師古曰：「囂然，衆口愁貌也。音五高反。」

〔六〕師古曰：「虛讀曰墟。」

〔七〕師古曰：「以六經之事文飾姦言。」

〔八〕服虔曰：「易曰『亢龍有悔』，謂無德而居高位也。」蘇林曰：「非命，非天命之命也。」

〔九〕應劭曰：「紫，間色；鼃，邪音也。」服虔曰：「言莽不得正王之命，如歲月之餘分爲閏也。」師古曰：「鼃者，樂之淫聲，非正曲也。近之學者，便謂鼃之鳴，已失其義。又欲改此贊鼃聲爲蠅聲，引詩『匪雞則鳴，蒼蠅之聲』，尤穿鑿矣。」

〔一〇〕蘇林曰：「聖王，光武也。爲光武驅除也。」師古曰：「言驅逐蠲除，以待聖人也。」

校勘記

四一五五頁一五行　莽遣昭君兄子和親侯王歙誘呼（嘗）〔當〕至塞下，景祐、殿、局本都作「當」，此誤。

四一六一頁一三行　予將（新）〔親〕築焉。景祐、殿本都作「親」。王先謙說作「親」是。

四一六三頁一〇行　波音（波）〔彼〕皮反。景祐、殿本都作「彼」，此誤。

四一七〇頁二行　平原女子遲昭平能說（經博）〔博經〕以八投，王念孫說，「經博」當爲「博經」，故服注云「博奕經，以八箭投之」。

四一八〇頁二行　識讀與幟同，音（忒）〔式〕志反。景祐、殿本都作「式」。

四一八一頁二行　及北狄胡虜逆輿（洎）〔泊〕南僰虜若豆、孟遷，　景祐、殿、局本都作「泊」，此誤。

四一八二頁八行　剶，截也，音（予）〔子〕小反。　景祐、殿本都作「子」，此誤。

四一八三頁七行　（天）〔大〕風蜚瓦，　殿、局本都作「大」。　王先謙說作「大」是。

四一八四頁六行　（臣）〔民〕知其詐也。　景祐、殿、局本都作「民」。　王先謙說作「民」是。

四一八五頁八行　叢（僰）〔棘〕　景祐、殿、局本都作「棘」，此誤。

四一八六頁八行　僊人以掌承（露）承（盛）〔露盤〕也。　景祐、殿本都作「僊人以掌承承露盤」，此誤。

四一九一頁一三行　王邑父（平）〔子〕、　景祐、殿本都作「子」。　王先謙說「平」字誤。

漢書卷一百上

敘傳第七十上

師古曰：「自敘漢書以後分爲下卷。」

班氏之先，與楚同姓，令尹子文之後也。子文初生，棄於瞢中，而虎乳之。〔一〕楚人謂乳「穀」，謂虎「於檡」，〔二〕故名穀於檡，字子文。楚人謂虎「班」，其子以爲號。〔三〕秦之滅楚，遷晉、代之間，因氏焉。〔四〕

〔一〕師古曰：「瞢，雲瞢澤也。春秋左氏傳曰：『楚若敖娶於䢵，生鬬伯比。若敖卒，從其母畜於䢵，淫於䢵子之女，生子文焉。䢵夫人使棄諸瞢中，獸乳之。䢵子田，見之，懼而歸，夫人以告，遂使收之。』瞢與夢同，並音莫鳳反，又音莫鳳反。」

〔二〕如淳曰：「穀音構。牛羊乳汁曰構。」師古曰：「穀讀如本字，又音乃茍反。於音烏。檡字或作菟，並音塗。」

〔三〕師古曰：「子文之子鬬班，亦爲楚令尹。」

〔四〕師古曰：「遂以班爲姓。」

始皇之末，班壹避墜於樓煩，〔一〕致馬牛羊數千羣。值漢初定，與民無禁，當孝惠、高后

時，以財雄邊，〔二〕出入弋獵，旌旗鼓吹，年百餘歲，以壽終，故北方多以「壹」爲字者。〔三〕

〔一〕師古曰：「墜，古地字。樓煩，鴈門之縣。」

〔二〕師古曰：「國家不設衣服車旗之禁，故班氏以多財而爲邊地之雄豪。」

〔三〕師古曰：「馬邑人聶壹之類也。今流俗書本多改此傳壹字爲懿，非也。」

壹生孺。孺爲任俠，州郡歌之。孺生長，官至上谷守。長生回，以茂材爲長子令。〔一〕回生況，舉孝廉爲郎，積功勞，至上河農都尉，〔二〕大司農奏課連最，入爲左曹越騎校尉。成帝之初，女爲倢伃，致仕就第，貲累千金，徙昌陵。昌陵後罷，大臣名家皆占數于長安。〔三〕

〔一〕師古曰：「上黨之縣。長讀如本字。」

〔二〕師古曰：「上河，地名。農都尉者，典農事。」

〔三〕師古曰：「占，度也。自隱度家之(日)〔口〕數而著名籍也。占音之贍反。」

況生三子：伯、斿、穉。伯少受詩於師丹。大將軍王鳳薦伯宜勸學，召見宴昵殿，〔一〕容貌甚麗，誦說有法，拜爲中常侍。時上方鄉學，〔二〕鄭寬中、張禹朝夕入說尚書、論語於金華殿中，〔三〕詔伯受焉。既通大義，又講異同於許商，遷奉車都尉。數年，金華之業絕，出與王、許子弟爲羣，在於綺襦紈絝之間，非其好也。〔四〕

〔一〕張晏曰：「親戚宴飲會同之殿。」

〔二〕師古曰：「鄉讀曰嚮。」

〔三〕師古曰：「金華殿在未央宮。」

〔四〕晉灼曰：「白綺之襦，冰紈之絝也。」師古曰：「紈，素也。綺，今細綾也。並貴戚子弟之服。」

家本北邊，志節忼慨，數求使匈奴。河平中，單于來朝，上使伯持節迎於塞下。會定襄大姓石、李羣輩報怨，殺追捕吏，〔一〕伯上狀，因自請願試守期月。〔二〕上遣侍中中郎將王舜馳傳代伯護單于，〔三〕并奉璽書印綬，卽拜伯爲定襄太守。〔四〕定襄聞伯素貴，年少，自請治劇，畏其下車作威，吏民竦息。伯至，請問耆老父祖故人有舊恩者，〔五〕迎延滿堂，日爲供具，〔六〕執子孫禮。郡中益弛。〔七〕諸所賓禮皆名豪，懷恩醉酒，共諫伯宜頗攝錄盜賊，具言本謀亡匿處。伯曰：「是所望於父師矣。」〔八〕乃召屬縣長吏，選精進掾史，〔九〕分部收捕，〔一〇〕及它隱伏，旬日盡得。郡中震栗，咸稱神明。〔一一〕歲餘，上徵伯。伯上書願過故郡上父祖冢。有詔，太守都尉以下會。〔一二〕因召宗族，各以親疏加恩施，散數百金。北州以爲榮，長老紀焉。〔一三〕道病中風，〔一四〕既至，以侍中光祿大夫養病，〔一五〕賞賜甚厚，數年未能起。

〔一〕師古曰：「報私怨而殺人，吏追捕之，又殺吏。」

〔二〕師古曰：「欲守定襄太守。期音基。」

〔三〕師古曰：「傳音張戀反。」

〔四〕師古曰：「卽，就也，就其所居而拜。」

〔五〕師古曰：「請，召也。」

〔六〕師古曰：「酒食之具也。供音居用反。」

〔七〕師古曰：「弛，解也。見伯不用威刑，故自解縱。」

〔八〕師古曰：「齒爲諸父，尊之如師，故曰父師。」

〔九〕師古曰：「精明而進趨也。」

〔一〇〕師古曰：「分音扶問反。」

〔一一〕師古曰：「㮚，古栗字。」

〔一二〕師古曰：「同赴其所。」

〔一三〕師古曰：「紀，記也。」

〔一四〕師古曰：「中，傷也，爲風所傷。」

〔一五〕師古曰：「受其秩俸而在家自養也。」

會許皇后廢，班倢伃供養東宮，〔一〕進侍者李平爲倢伃，而趙飛燕爲皇后，伯遂稱篤。久之，上出過臨候伯，伯惶恐，起眂事。〔二〕

〔一〕李奇曰：「元后，成帝母。」

〔二〕師古曰：「眂，古視字。」

自大將軍薨後，〔一〕富平、定陵侯張放、淳于長等始愛幸，出爲微行，行則同輿執轡；入侍禁中，設宴飲之會，及趙、李諸侍中皆引滿舉白，〔二〕談笑大噱。〔三〕時乘輿幄坐張畫屏風，〔四〕晝紂醉踞妲己作長夜之樂。上以伯新起，數目禮之，〔五〕因顧指畫而問伯：「紂爲無道，至於是虖？」伯對曰：「書云『乃用婦人之言』，〔六〕何有踞肆於朝？〔七〕所謂衆惡歸之，不如是之甚者也。」〔八〕上曰：「苟不若此，此圖何戒？」伯曰：「『沈湎于酒』，微子所以告去也；〔九〕『式號式謼』，大雅所以流連也。〔一〇〕詩書淫亂之戒，其原皆在於酒。」上乃喟然歎曰：「吾久不見班生，今日復聞讜言！」〔一一〕放等不懌，〔一二〕稍自引起更衣，因罷出。時長信庭林表適使來，聞見之。〔一三〕

〔一〕師古曰：「王鳳。」

〔二〕服虔曰：「舉滿桮，有餘白瀝者，罰之也。」孟康曰：「舉白，見驗飲酒盡不也。」師古曰：「謂引取滿觴而飲，飲訖，舉觴告白盡不也。一說，白者，罰爵之名也。飲有不盡者，則以此爵罰之。魏文侯與大夫飲酒，令曰：『不釂者，浮以大白。』於是公乘不仁舉白浮君者也。」

〔三〕師古曰：「矣，古笑字也。噱噱，笑聲也。音其略反。或曰，噱謂脣口之中，大笑則見，此說非。」

〔四〕師古曰：「坐音材臥反。」

〔五〕師古曰：「目視而敬之。」

〔六〕師古曰：「今文尚書泰誓之辭。」

〔七〕師古曰：「肆，放也，陳也。」

〔八〕師古曰：「論語稱孔子曰：『紂之不善，不如是之甚也。是以君子惡居下流，天下之惡皆歸焉。』故伯引此爲言。」

〔九〕師古曰：「微子，殷之卿士，封於微，爵稱子也。殷紂錯亂天命，微子作誥，告箕子、比干而去紂。其誥曰：『用沈酗于酒，用亂敗厥德于下。我其發出狂，吾家耄遜于荒。』事見尚書微子篇。」

〔10〕師古曰：「大雅蕩之詩曰：『式號式謼，俾晝作夜。』言醉酒號呼，以晝爲夜也。流連，言作詩之人嗟歎，而泣涕流連也。而說者乃以流連爲荒亡，蓋失之矣。大雅所以流連，不謂飲酒之人也。謼音火故反。」

〔11〕師古曰：「讜言，善言也，音黨。」

〔12〕師古曰：「懌，悅也，音亦。」

〔13〕孟康曰：「長信，太后宮名也。庭林表，宮中婦人官名也。」師古曰：「長信宮庭之林表也。林表官名耳，庭非官稱也。」

後上朝東宮，太后泣曰：「帝間顏色瘦黑，〔一〕班侍中本大將軍所舉，宜寵異之，益求其比，以輔聖德。〔二〕宜遣富平侯且就國。」上曰：「諾。」車騎將軍王音聞之，以風丞相御史〔三〕奏富平侯罪過，上乃出放爲邊都尉。後復徵入，太后與上書曰：「前所道尚未效，〔四〕富平侯反復來，其能默虖？」〔五〕上謝曰：「請今奉詔。」是時許商爲少府，師丹爲光祿勳，上於是引商、丹入爲光祿大夫，伯遷水衡都尉，與兩師並侍中，〔六〕皆秩中二千石。每朝東宮，常從；及有大政，俱使諭指於公卿。上亦稍厭游宴，復修經書之業，太后甚悅。丞相方進復奏，富平侯竟就國。會伯病卒，年三十八，朝廷愍惜焉。

〔一〕師古曰：「間謂比日也。」

〔二〕師古曰：「比，類也，音必寐反。」

〔三〕師古曰：「風讀曰諷。」

〔四〕張晏曰：「謂上所言『班侍中本大將軍所舉，宜寵異之』。」

〔五〕如淳曰：「富平侯張放復來，太后安能默然不以爲言。」

〔六〕如淳曰：「兩師，許商、師丹。」

斿博學有俊材，左將軍（師）〔史〕丹舉賢良方正，以對策爲議郎，遷諫大夫、右曹中郎將，與劉向校祕書。每奏事，〔一〕斿以選受詔進讀羣書。〔二〕上器其能，賜以祕書之副。時書不布，〔三〕自東平思王以叔父求太史公、諸子書，大將軍白不許。語在東平王傳。〔四〕斿亦早卒，有子曰嗣，顯名當世。

〔一〕師古曰：「斿每奏校書之事。」

〔二〕師古曰：「於天子前讀書。」

〔三〕師古曰：「謂不出之於羣下。」

〔四〕師古曰：「此言東平王求書不得，而斿獲賜祕書，明見寵異。」

穉少爲黃門郎中常侍，方直自守。成帝季年，立定陶王爲太子，數遣中盾請問近臣，〔一〕穉獨不敢答。〔二〕哀帝即位，出穉爲西河屬國都尉，遷廣平相。

〔一〕師古曰：「盾讀曰允。百官表云詹事之屬官也。漢（書）〔舊〕儀云秩四百石，主徼巡宮中。」

〔三〕師古曰：「言其慎。」

王莽少與穉兄弟同列友善，兄事斿而弟畜穉。〔一〕斿之卒也，修緦麻，賻賵甚厚。〔二〕平帝卽位，太后臨朝，莽秉政，方欲文致太平，〔三〕使使者分行風俗，采頌聲，〔四〕而穉無所上。〔五〕琅邪太守公孫閎言災害於公府，大司空甄豐遣屬馳至兩郡諷吏民，〔六〕而劾閎空造不祥，穉絕嘉應，嫉害聖政，皆不道。太后曰：「不宣德美，宜與言災害者異罰。且後宮賢家，我所哀也。」〔七〕閎獨下獄誅。穉懼，上書陳恩謝罪，願歸相印，入補延陵園郎，太后許焉。食故祿終身。由是班氏不顯莽朝，亦不罷咎。〔八〕

〔一〕師古曰：「事斿如兄，遇穉如弟。」
〔二〕師古曰：「送終者布帛曰賻，車馬曰賵。賻音附。賵音芳鳳反。」
〔三〕師古曰：「言欲以文教致太平。」
〔四〕師古曰：「行音下更反。」
〔五〕師古曰：「不稱符瑞及歌頌。」
〔六〕師古曰：「遣言祥應而隱除災害。」
〔七〕師古曰：「班倢伃有賢德，故哀閔其家。」
〔八〕師古曰：「罷，遣也。」

初，成帝性寬，進入直言，是以王音、翟方進等繩法舉過，〔一〕而劉向、杜鄴、王章、朱雲之徒肆意犯上，〔二〕故自帝師安昌侯，諸舅大將軍兄弟及公卿大夫、後宮外屬史許之家有貴寵者，莫不被文傷詆。〔三〕唯谷永嘗言「建始、河平之際，許、班之貴，傾動前朝，熏灼四方，賞賜無量，空虛內臧，女寵至極，不可尚矣；今之後起，天所不饗，什倍於前。」永指以駮譏趙、李，亦無間云。〔四〕

〔一〕師古曰：「論天子之過失。」

〔二〕師古曰：「肆，極也。」

〔三〕師古曰：「詆，毀也，音丁禮反。」

〔四〕師古曰：「雖谷永嘗有此言，而意專在趙、李耳。自餘劉向之徒，又皆不論班氏也。間，非也，音居莧反。」

穉生彪。彪字叔皮，幼與從兄嗣共遊學，家有賜書，內足於財，好古之士自遠方至，父黨揚子雲以下莫不造門。〔一〕

〔一〕師古曰：「造，至也，音千到反。」

嗣雖修儒學，然貴老嚴之術。〔一〕桓生欲借其書，〔二〕嗣報曰：「若夫嚴子者，絕聖棄智，修生保眞，清虛澹泊，歸之自然，〔三〕獨師友造化，而不爲世俗所役者也。漁釣於一壑，則萬物不奸其志；〔四〕棲遲於一丘，則天下不易其樂。不絓聖人之罔，〔五〕不齅驕君之餌，〔六〕蕩然肆志，談者不得而名焉，〔七〕故可貴也。今吾子已貫仁誼之羈絆，繫名聲之韁鎖，〔八〕伏周、孔之軌躅，〔九〕馳顏、閔之極摯，〔一〇〕既繫攣於世教矣，何用大道爲自眩曜？〔一一〕昔有學步於邯鄲者，曾未得其髣髴，又復失其故步，遂匍匐而歸耳！〔一二〕恐似此類，故不進。」〔一三〕嗣之行己持論如此。

〔一〕師古曰：「老，老子也。嚴，莊周也。」

〔二〕師古曰：「桓譚。」

〔三〕師古曰：「澹泊，安靜也。澹音徒濫反。泊音步各反，又音魄。」

〔四〕師古曰：「奸，犯也，音干。」

〔五〕師古曰：「絓讀與挂同。聖人謂周、孔也。」

〔六〕應劭曰：「齅音六畜之畜。」師古曰：「齅，古嗅字也。餌謂爵祿。君所以制使其臣，亦猶釣魚之設餌也。」

〔七〕師古曰：「肆，放也。」

〔八〕師古曰：「韁，如馬韁也，音薑。」

〔九〕鄭氏曰：「躅，迹也。三輔謂牛蹄處爲躅。」師古曰：「躅音丈欲反。」

〔一〇〕劉德曰：「摯，至也，人行之所極至。」

〔一一〕師古曰：「言用老子、莊周之道何爲？但欲以名自炫曜耳。眩音州縣之縣。」

〔一二〕師古曰：「匍音扶。匐音蒲北反。」

〔一三〕師古曰：「言不與其書。」

叔皮唯聖人之道然後盡心焉。〔一〕年二十，遭王莽敗，世祖即位於冀州。時隗囂據壟擁衆，招輯英俊，〔二〕而公孫述稱帝於蜀漢，天下雲擾，〔三〕大者連州郡，小者據縣邑。囂問彪曰：「往者周亡，戰國並爭，天下分裂，數世然後乃定，其抑者從横之事復起於今乎？〔四〕將承運迭興在於一人也？〔五〕願先生論之。」對曰：「周之廢興與漢異。昔周立爵五等，諸侯從政，〔六〕本根既微，枝葉强大，〔七〕故其末流有從横之事，其勢然也。漢家承秦之制，並立郡縣，主有專己之威，臣無百年之柄，至於成帝，假借外家，〔八〕哀、平短祚，國嗣三絶，危自上起，傷不及下。故王氏之貴，傾擅朝廷，能竊號位，而不根於民。〔九〕是以即眞之後，天下莫不引領而歎，十餘年間，外内騷擾，遠近俱發，假號雲合，咸稱劉氏，不謀而同辭。方今雄桀帶州城者，皆無七國世業之資。詩云：『皇矣上帝，臨下有赫，鑒觀四方，求民之莫。』〔一〇〕今民皆謳吟思漢，鄉仰劉氏，已可知矣。」〔一一〕囂曰：「先生言周、漢之勢，可也，至於但見愚民習識劉氏姓號之故，而謂漢家復興，疏矣！昔秦失其鹿，劉季逐而掎之，〔一二〕時民復知漢虖！」既感囂言，又愍狂狡之不息，乃著王命論以救時難。其辭曰：

〔一〕張晏曰：「固不欲言父諱，舉其字耳。」

〔二〕師古曰：「輯與集同。」

〔三〕師古曰：「言盜賊擾亂如雲而起。」

〔四〕師古曰：「抑，語辭。」

〔五〕師古曰：「迭，互也，音大結反。」

〔六〕師古曰：「言諸侯之國各別爲政。」

〔七〕師古曰：「本根謂王室也。枝葉謂諸侯。」

〔八〕師古曰：「假音工暇反。借音子夜反。」

〔九〕師古曰：「言無據援。」

〔一〇〕師古曰：「大雅皇矣之詩也。皇，大也。上帝，天也。莫，定也。言大矣天之視下，赫然甚明，監察衆國，求人所定而授之。」

〔一一〕師古曰：「鄉讀曰嚮。」

〔一二〕師古曰：「掎，偏持其足也，音居蟻反。」

昔在帝堯之禪曰：「咨爾舜，天之曆數在爾躬。」舜亦以命禹。〔一〕臮于稷契，咸佐唐虞，〔二〕光濟四海，奕世載德，〔三〕至于湯武，而有天下。雖其遭遇異時，禪代不同，至于應天順民，其揆一也。〔四〕是故劉氏承堯之祚，氏族之世，著乎春秋。〔五〕唐據火德，而漢紹之，始起沛澤，則神母夜號，以章赤帝之符。由是言之，帝王之祚，必有明聖顯懿之德，豐功厚利積絫之業，〔六〕然後精誠通於神明，流澤加於生民，故能爲鬼神所福饗，天下所歸往，未見運世無本，功德不紀，〔七〕而得屈起在此位者也。〔八〕世俗見高祖興於布衣，不達其故，以爲適遭暴亂，得奮其劍，游說之士至比天下於逐鹿，幸捷而得之，不知神器有命，不可以智力求也。〔九〕悲夫！此世所以多亂臣賊子者也。若然者，豈徒闇於天道哉？又不覩之於人事矣！

〔一〕師古曰：「事見論語。」

〔二〕師古曰：「契讀與卨同，字本作偰。」

〔三〕師古曰：「載，乘也。言相因不絕。」

〔四〕師古曰：「言堯舜以文德相禪，湯武以征伐代興，各上應天命，下順人心。」

〔五〕師古曰：「謂士會歸晉，其處者爲劉氏。」

〔六〕師古曰：「絫，古累字。」

〔七〕師古曰：「不紀，不爲人所記。」

〔八〕師古曰：「屈起，特起也。屈音其勿反。」

〔九〕劉德曰：「神器，璽也。」李奇曰：「帝王賞罰之柄也。」師古曰：「李說是也。」

夫餓饉流隸，飢寒道路，〔一〕思有裋褐之褻，儋石之畜，〔二〕所願不過一金，然終於轉死溝壑。何則？貧窮亦有命也。況虖天子之貴，四海之富，神明之祚，可得而妄處哉？故雖遭罹阨會，竊其權柄，〔三〕勇如信、布，彊如梁、籍，成如王莽，然卒潤鑊伏質，亨醢分裂，〔四〕又況幺麼，尚不及數子，〔五〕而欲闇奸天位者虖！〔六〕是故駑蹇之乘不騁千里之塗，燕雀之疇不奮六翮之用，楶棁之材不荷棟梁之任，〔七〕斗筲之子不秉帝王之重。〔八〕易曰「鼎折足，覆公餗」，〔九〕不勝其任也。

〔一〕師古曰：「隸，賤隸。」

〔二〕師古曰：「褻謂親身之衣也，音先列反。一說云衣破壞之餘曰褻。儋石，解在蒯通傳，音丁濫反。畜讀曰蓄。」

〔三〕師古曰：「罹亦遭也，音離。」

〔四〕師古曰：「質，鍖也，伏於鍖上而斬之也。鍖音竹林反。」

〔五〕鄭氏曰：「麼音麼，小也。」晉灼曰：「此骨偏麼之麼也。」師古曰：「鄭音是也。幺、麼，皆微小之稱也。幺音一堯反。麼音莫可反。骨偏麼自音麻，與此義不相合。晉說失之。」

〔六〕師古曰：「奸音干。」

〔七〕師古曰：「楶即薄櫨，所謂枅也。棁，梁上短柱也。楶音節，字亦或作節。棁音之說反。」

〔八〕師古曰：「斗筲，言小器也，解在公孫劉田傳。筲音山交反。」

〔九〕師古曰：「鼎卦九四爻辭也。餗，食也，音速。」

當秦之末，豪桀共推陳嬰而王之，嬰母止之曰：「自吾爲子家婦，而世貧賤，〔一〕卒富貴不祥，不如以兵屬人，〔二〕事成少受其利，不成禍有所歸。」嬰從其言，而陳氏以寧。王陵之母亦見項氏之必亡，而劉氏之將興也。是時陵爲漢將，而母獲於楚，有漢使來，陵母見之，謂曰：「願告吾子，漢王長者，必得天下，子謹事之，無有二心。」遂對漢使伏劍而死，以固勉陵。其後果定於漢，陵爲宰相封侯。夫以匹婦之明，〔三〕猶能推事理之致，探禍福之機，而全宗祀於無窮，垂策書於春秋，〔四〕而況大丈夫之事虖！是故窮達有命，吉凶由人，嬰母知廢，陵母知興，審此四者，帝王之分決矣。〔五〕

〔一〕師古曰：「而，汝也。」

〔二〕師古曰：「屬，委也，音之欲反。」

〔三〕師古曰：「凡言匹夫匹婦，謂凡庶之人，一夫一婦當相配匹。」

〔四〕師古曰：「春秋，史書記事之總稱。」

〔五〕師古曰：「分音扶問反。」

蓋在高祖，其興也有五：〔一〕一曰帝堯之苗裔，二曰體貌多奇異，三曰神武有徵應，四曰寬明而仁恕，五曰知人善任使。加之以信誠好謀，達於聽受，見善如不及，用人如由己，從諫如順流，趣時如嚮赴；〔二〕當食吐哺，納子房之策；拔足揮洗，揖酈生之說；寤戍卒之言，斷懷土之情；〔三〕高四皓之名，割肌膚之愛；〔四〕舉韓信於行陳，收陳平於亡命，英雄陳力，羣策畢舉：此高祖之大略，所以成帝業也。若乃靈瑞符應，又可略聞矣。初劉媼任高祖而夢與神遇，〔五〕震電晦冥，有龍蛇之怪。及其長而多靈，有異於衆，是以王、武感物而折劵，呂公覩形而進女；秦皇東游以厭其氣，呂后望雲而知所處；〔六〕始受命則白蛇分，西入關則五星聚。故淮陰、留侯謂之天授，非人力也。

〔一〕師古曰：「王命論敍高祖之德，及班氏漢書敍目所稱引，事皆具見本書，不須更解，以穢篇籍。其有辭句隱互，尋覽難知者，則具釋焉。浮汎之說蓋無取也。」

〔二〕師古曰：「鄉讀曰嚮。如嚮之赴聲也。」

〔三〕師古曰：「洛陽近沛，高祖來都關中，故云斷懷土之情也。斷音丁喚反。」

〔四〕晉灼曰：「不立戚夫人子。」

〔五〕師古曰：「任謂懷任也。」

〔六〕師古曰：「厭音一葉反。」

歷古今之得失，驗行事之成敗，稽帝王之世運，考五者之所謂，取舍不厭斯位，符瑞不同斯度，〔一〕而苟昧於權利，越次妄據，〔二〕外不量力，內不知命，則必喪保家之主，失天年之壽，遇折足之凶，伏鈇鉞之誅。〔三〕英雄誠知覺寤，畏若禍戒，〔四〕超然遠覽，淵然深識，收陵、嬰之明分，絕信、布之覬覦，〔五〕距逐鹿之瞽說，審神器之有授，毋貪不可幾，爲二母之所咲，〔六〕則福祚流于子孫，天祿其永終矣。

〔一〕劉德曰：「厭，當也。」師古曰：「音一涉反。」

〔二〕師古曰：「昧，貪也。」

〔三〕師古曰：「鈇音方于反。」

〔四〕師古曰：「若，順也。」

〔五〕師古曰：「分音扶問反。覬音冀。覦音踰。」

〔六〕師古曰：「不可幾，謂不可庶幾而望也。一說，幾讀曰冀。」

知隗囂終不寤，乃避墜於河西。〔一〕河西大將軍竇融嘉其美德，訪問焉。〔二〕舉茂材，爲徐令，以病去官。後數應三公之召。仕不爲祿，所如不合；〔三〕學不爲人，博而不俗；言不爲華，述而不作。

〔一〕師古曰：「墜，古地字。」

〔二〕師古曰：「每事皆與謀。」

〔三〕師古曰：「如，往也。不苟得祿，故所往之處，不合其意。」

有子曰固，弱冠而孤，〔一〕作幽通之賦，以致命遂志。〔二〕其辭曰：

〔一〕師古曰：「謂年二十也。」

〔二〕劉德曰：「致，極也。陳吉凶性命，遂明己之意。」

系高頊之玄胄兮，氏中葉之炳靈，〔一〕繇凱風而蟬蛻兮，雄朔野以颺聲。〔二〕皇十紀而鴻漸兮，有羽儀於上京。〔三〕巨滔天而泯夏兮，考遘愍以行謠，〔四〕終保己而貽則兮，里上仁之所廬。〔五〕懿前烈之純淑兮，窮與達其必濟，〔六〕咨孤矇之眇眇兮，將圮絕而罔階，〔七〕豈余身之足殉兮？愇世業之可懷。〔八〕

〔一〕應劭曰：「系，連也。胄，緒也。言己高陽顓頊之連緒也。顓頊北方水位，故稱玄。中葉，謂令尹子文也。虎乳，故曰炳靈。」

〔二〕應劭曰：「凱風，南風也。朔，北方也。言先祖自楚遷北，若蟬之蛻也。」師古曰：「繇讀與由同。由，從也。蛻音稅。颺讀與揚同。」

〔三〕應劭曰：「十紀，漢十世也。」張晏曰：「易曰『鴻漸于陸，其羽可以為儀』。成帝時，班況女為倢伃，父子並在京師為朝臣也。」晉灼曰：「皇，漢皇也。」

〔四〕應劭曰：「巨，王莽字巨君也。」張晏曰：「彪遇王莽之敗，憂思歌謠也。」師古曰：「滔，漫也，言不畏天也。泯，滅也。夏，諸夏也。考，班固自言其父也。遘，遇也。愍，憂也。徒歌曰謠。」

〔五〕師古曰：「言其父遭時濁亂，以道自安，終遺盛法而處仁者所居也。論語稱孔子曰：『里仁為美，擇不處仁，焉得智？』故引以為辭。」

〔六〕師古曰：「固自言美前人之餘業，窮則獨善，達能兼濟也。濟合韻音子齊反。」

〔七〕師古曰：「眇眇，微細也。圮，毀也。固自言孤弱，懼將毀絕先人之跡，無階路以自成。」

〔八〕師古曰：「殉，營也。愇字與韙同。韙，是也。懷，思也。愇音于匪反。」

靖潛處以永思兮，經日月而彌遠，匪黨人之敢拾兮，庶斯言之不玷。〔一〕魂煢煢與神交兮，精誠發於宵寐，夢登山而迥眺兮，覿幽人之髣髴，〔二〕擥葛藟而授余兮，眷峻谷曰勿墜。〔三〕昒昕寤而仰思兮，心蒙蒙猶未察，〔四〕黃神邈而靡質兮，儀遺讖以臆對。〔五〕

曰乘高而遻神兮，道遐通而不迷，〔六〕葛緜緜於樛木兮，詠南風以爲綏，〔七〕蓋惴惴之臨深兮，乃二雅之所祇。〔八〕既訏爾以吉象兮，又申之以炯戒：〔九〕盍孟晉以迨羣兮？辰倏忽其不再。〔一〇〕

〔一〕（師古）〔蘇林〕曰：「拾音負拾之拾。」應劭曰：「拾，更也。自謙不敢與鄉人更進也。」師古曰：「靖，古靜字也。拾音其業反。玷，缺也。更音工衡反。」

〔二〕張晏曰：「幽人，神人也。」師古曰：「覿，見也，音迪。」

〔三〕師古曰：「擥，執取也。言入峻谷者當攀葛藟，可以免於顚墜，猶處時俗者當據道義，然後得用自立。故設此喻，託以夢也。葛藟，蔓也。一說，藟，葛屬也。葛之與藟，皆有蔓焉。擥音攬。其字從手。藟音力水反。」

〔四〕孟康曰：「昒昕，早旦也。覺寤思念，未知其吉凶也。」師古曰：「昒音忽。昕音欣。」

〔五〕應劭曰：「黃帝善占夢，久遠無從得問，準其讖書，以意求其象也。賈誼曰『讖言其度』。」應劭曰：「譩，詾譩也。」師古曰：「對，合韻音丁忽反。」

〔六〕師古曰：「登山見神，故曰乘高也。遻，遇也，音五故反，又音五各反。」

〔七〕應劭曰：「周南國風其詩曰：『南有樛木，葛藟纍之，樂只君子，福履綏之。』」師古曰：「樛木，下垂之木也。綏，安也。樛音居虯反。纍音力追反。」

〔八〕師古曰：「詩小雅小宛之篇曰：『惴惴小心，如臨于谷。』惴惴，恐懼之貌也。小旻篇曰：『戰戰兢兢，如臨深淵，如履薄冰。』言恐墜陷也。故云二雅之所祇。惴音之瑞反。」

〔九〕師古曰：「諄，告也。烱，明也。諄音稡。烱音公迥反。」

〔一〇〕服虔曰：「盍，何不也。孟，勉也。晉，進也。逌，及也。何不早進仕以及輩也？」師古曰：「辰，時也。倏忽，疾也。言時疾過，不再來也。倏音式六反。」

承靈訓其虛徐兮，竚盤桓而且俟，〔一〕惟天墜之無窮兮，鱻生民之脢在。〔二〕紛屯亶與蹇連兮，何艱多而智寡！〔三〕上聖寤而後拔兮，豈羣黎之所御！〔四〕昔衞叔之御昆兮，昆爲寇而喪予。〔五〕管彎弧欲斃讎兮，讎作后而成己。〔六〕變化故而相詭兮，孰云豫其終始！〔七〕雍造怨而先賞兮，丁繇惠而被戮；〔八〕棗取弔于逌吉兮，王膺慶於所慼。〔九〕畔回穴其若茲兮，北叟頗識其倚伏。〔一〇〕單治裏而外凋兮，張修襮而內逼，〔一一〕欥中龢爲庶幾兮，顏與冉又不得。〔一二〕溺招路以從己兮，謂孔氏猶未可，安慆慆而不萉兮，卒隕身虖世旤。〔一三〕游聖門而靡救兮，顧覆醢其何補？〔一四〕固行行其必凶兮，免盜亂爲賴道；〔一五〕形氣發于根柢兮，柯葉彙而靈茂。〔一六〕恐罔蜽之責景兮，慶未得其云已。〔一七〕

〔一〕孟康曰：「虛徐，懷疑也。」張晏曰：「竚，久也。俟，待也。」

〔二〕晉灼曰：「鱻，古鮮字也。」應劭曰：「脢，無幾也。」師古曰：「墜，古地字也。鱻，少也。言天地長久而人壽短促也。鱻音先踐反。」

〔三〕孟康曰：「世艱難多，智者少，故遇禍也。」師古曰：「易屯卦六二爻辭曰『屯如亶如』，蹇卦六四爻辭曰『往蹇來連』，皆謂險難之時也。亶音竹延反。連音力善反。」

〔四〕師古曰：「黎，衆也。言上聖之人猶遇紛難，覩機能竄，然後自拔。文王羑里，孔子於匡是也。至於衆庶，豈能豫禦之哉？」

〔五〕孟康曰：「御，迎也。昆，兄也。衞叔武迎兄成公，成公令前驅，射殺之。」師古曰：「御音五駕反。衞叔，解在五行志。」

〔六〕師古曰：「謂管仲射桓公中帶鉤，桓公反國，以爲相也。」

〔七〕師古曰：「詭，違也。」

〔八〕師古曰：「雍，雍齒也。丁，丁公也。繇讀與由同。」

〔九〕應劭曰：「㮚，孝景姬也，有子而以妬見廢。王，宣帝王倢伃也，以無子爲憂，而以謹敕得母元帝也。」師古曰：「逌，古攸字也。攸亦所也。」

〔一〇〕師古曰：「畔，亂貌也。回穴，轉旋之意也。叟，老人稱也。淮南子曰：『北塞上之人，其馬無故亡入胡中，人皆弔之。其父曰：「此何詎不爲福？」居數月，其馬將胡駿馬而歸，人皆賀之。對曰：「此何詎不爲禍？」家富馬良，其子好騎，墮而折髀，人皆弔之。對曰：「此何詎不爲福？」居一年，胡夷大入，丁壯者皆控弦而戰，塞上之人死者十九，此獨以跛之故，父子相保。』老子德經曰：『禍兮福所倚，福兮禍所伏。』故頗識其倚伏。倚音於綺反。」

〔一一〕應劭曰：「單，單豹也，靜居其所，以理五內，處深山，爲虎所食。張，張毅也，外修恭敬，斯徒馬圉皆與亢禮，不勝其勞，內熱而死。」師古曰：「襮，表也。單音善。襮音布谷反。」

〔一二〕師古曰：「吹，古聿字也。龢，古和字也。聿，曰也。曰中和之道可以庶幾免於禍難，而顏回早死，冉耕惡疾，爲善之人又不得其報也。」

〔一三〕鄧展曰：「慆慆，亂貌也。蓜，避也。」師古曰：「溺，桀溺也。路，子路也。論語稱『長沮、桀溺耦而耕，孔子過之，使子路問津焉。桀溺曰：「子，孔丘之徒歟？」對曰：「然。」曰：「慆慆者，天下皆是也。而誰以易之？且而與其從避人之士，豈若從避世之士哉？」』言天下皆亂，汝將用誰變易之乎？避人之士謂孔子，避世之士溺自謂也。而子路安之，卒不能避，乃遇蒯聵之亂，身死敵也。慆音土高反。蓜音扶味反，字本作腓，其音同。」

〔一四〕師古曰：「禮記曰『孔子哭子路於中庭。既哭，進使者而問故。使者曰：「醢之矣。」遂命覆醢。』賦言子路游於聖人之門，而孔子不能救之以免於難，雖爲覆醢，無所補益。」

〔一五〕師古曰：「論語稱『閔子侍側，誾誾如也；子路，行行如也。子樂，曰：「若由也，不得其死然。」』又稱『子路曰：「君子尚勇乎？」曰：「君子義以爲上。君子有勇而無義爲亂，小人有勇而無義爲盜。」』賦言子路稟行行之性，其凶必也，所以免爲於亂盜者，賴聞道於孔子也。行行，剛强之貌。行音胡浪反。」

〔一六〕師古曰：「柢，本也。彙，盛也。靈，善也。言草木本根氣强，則枝葉盛而善美；人之先祖有大功德，則胤緒亦蕃昌也。柢音丁計反。茂合韻音莫口反。」

〔一七〕師古曰：「慶，發語辭，讀與羌同。已，止也。莊子云：『罔兩問景曰：「曩子行，今子止，曩子坐，今子起，何其無持操歟？」景曰：「吾有待而然。吾所待，又有待而然。」』賦言景之行止皆隨於形，草木枝葉各稟根柢，人之餘慶資以積善，亦猶此也。」

黎淳耀于高辛兮，芈彊大於南汜；〔一〕嬴取威於百儀兮，姜本支虖三止；〔二〕既仁得其信然兮，卬天路而同軌。〔三〕東山虐而殲仁兮，王合位虖三五；〔四〕戎女烈而喪孝兮，伯徂歸於龍虎；〔五〕發還師以成性兮，重醉行而自耦。〔六〕震鱗漦于夏庭兮，帀三正而滅（周）〔姬〕；〔七〕巽羽化于宣宮兮，彌五辟而成災。〔八〕

〔一〕應劭曰：「黎，楚之先也。（醇）〔淳〕，美也。高辛，帝嚳之號。芈，楚姓。汜，（崖）〔涯〕也。」師古曰：「言黎在高辛之時爲火正，有美光耀，故其後嗣霸有楚國於南方也。汜，江水之別也，音祀。召南之詩曰『江有汜』。芈音弭。」

〔二〕應劭曰：「嬴，秦姓也，伯益之後也。伯益爲虞，有儀鳥獸百物之功，秦所由取威於六國也。姜，齊姓也。止，禮也。齊，伯夷之後。伯夷爲秩宗，典天地人鬼之禮也。」

〔三〕劉德曰：「人道既然，仰視天道，又同法也。」師古曰：「仁得，謂求仁而得仁。卬讀曰仰。」

〔四〕應劭曰：「東厸，紂也。殲，盡也。王，武王也。欲合五位三所，即國語歲日月星辰之所在也。」師古曰：「厸，古鄰字也。仁即三仁也。國語稱泠州鳩對景王曰：『昔武王伐殷，歲在鶉火，月在天駟，日在析木之津，辰在斗杓，星在天黿。星與日辰之位皆在北維，顓頊之所建也，我姬氏出自天黿。又析木者，有建星及牽牛焉，則我皇妣大姜之姓。伯陵之後，逢公之所憑神也。歲之所在，則我有周之分野也。月之所在，辰爲農祥也，我太祖后稷之所經緯也。王欲合是五位三所而用之。』五位，謂歲日月辰星也。三所，謂逢公所憑神，周分野所在，后稷所經緯也。」

〔五〕孟康曰：「伯，晉文公也。歲在卯出，歷十九年，過一周，歲在酉入；卯爲龍，酉爲虎也。」師古曰：「戎女，驪戎之女，謂驪姬也。烈，酷也。孝謂太子申生也。伯讀曰霸，言文公霸諸侯也。徂，往也。言以龍往出，以（獸）〔虎〕歸入也。」

〔六〕師古曰：「發，武王名也。性，命也。武王初觀兵於孟津，八百諸侯不期而會，皆曰紂可伐矣。武王曰：『爾未知天性。』還師二年，紂殺比干，囚箕子，武王乃伐克之，於是成天命也。重謂重耳，晉文公名也。耦，合也。文公初出奔至齊，齊桓公妻之，有馬二十乘。文公欲安之，齊姜乃與子犯謀，醉而遣之。後遂反國，與時會也。」

（七）應劭曰：「易震爲龍，鱗蟲之長也。漦，沫也。」師古曰：「謂褒姒也，解在五行志。三正，歷夏、殷、周也。漦音丑之反。正音之盈反。」

（八）應劭曰：「易巽爲雞，羽蟲也。宣帝時，未央宮路軨廄中雌雞化爲雄，元后統政之祥也。至平帝，歷五世而王莽篡位。」

道悠長而世短兮，敻冥默而不周，（一）胥仍物而鬼諏兮，乃窮宙而達幽。（二）嬀巢姜於孺筮兮，旦算祀于挈龜。（三）宣、曹興敗於下夢兮，魯、衞名謚於銘謠。（四）妣聆呱而刻石兮，許相理而鞫條。（五）道混成而自然兮，術同原而分流。（六）神先心以定命兮，命隨行以消息。（七）斡流遷其不濟兮，故遭罹而贏縮。（八）三欒同於一體兮，雖移盈然不忒。（九）洞參差其紛錯兮，斯衆兆之所惑。（一〇）周、賈盪而貢憤兮，齊死生與祇福，（一一）抗爽言以矯情兮，信畏犧而忌服。（一二）

（一）劉德曰：「敻，遠也。周，至也。冥默，玄深不可通至也。」

（二）應劭曰：「胥，須也。仍，因也。諏，謀也。易曰：『人謀鬼謀，百姓與能。』往古來今曰宙。聖人須因卜筮，然後謀鬼神，極古今，通幽微也。」

（三）應劭曰：「嬀，陳姓也。巢，居也。姜，齊姓也。孺，少也。陳完少時，其父厲公使周史卜，得居有齊國之卦也。」李奇曰：「算，數也。祀，年也。周公卜居洛，得世三十，年七百也。」師古曰：「挈，刻也。詩大雅緜緜之篇曰『爰挈我龜』，言刻開之，灼而卜之。挈音口計反。」

〔四〕應劭曰：「周宣王牧人夢衆魚與旟旐之祥，而中興。曹伯陽國人夢衆君子立于社宮，謀亡曹，而曹亡也。」孟康曰：「魯文成之世，童謡言『禂父喪勞，宋父以驕』。後昭公名禂，遂死於野井。定公名宋，即位而驕。衞靈公掘地得石椁，其銘曰『靈公』，遂以爲謚。」

〔五〕應劭曰：「姒，叔向之母也。石，叔向之子也。聽其嘷聲，知其後必滅羊舌氏。許負相周亞夫，從理入口，當餓死。鞠，窮也。條，亞夫所封也。」師古曰：「鞠，告也。」

〔六〕師古曰：「大道混壹，歸於自然，人之所趨雖有流別，本則同耳。」

〔七〕師古曰：「言神明之道，雖在人心之前已定命矣，然亦隨其所行，以致禍福。」

〔八〕師古曰：「斡，轉也。言人之生，各有遭遇，不能必濟，免於困厄，各隨其所逢以致羸虧也。」

〔九〕孟康曰：「晉大夫欒書，書子黶，黶子盈。書賢而覆黶，黶惡而害盈也。」師古曰：「欒書，欒武子也。黶，欒桓子也。盈，欒懷子也。春秋左氏傳稱秦伯問於士鞅曰：『晉大夫其誰先亡？』對曰：『其欒氏乎！欒黶汰虐以甚，猶可以免。其在盈乎！武子之德在人，如周人之思邵公，愛其甘棠，況其子乎？欒黶死，盈之善未能及人。武子所施沒矣，黶之惡實彰，將於是乎在。』其後至襄公二十一年，終爲范宣子所逐，而出奔楚，自楚適齊。二十三年，自齊入于晉，晉人遂滅欒氏也。」

〔一〇〕師古曰：「衆兆，兆庶也。」

〔一一〕孟康曰：「莊周、賈誼也。貢，惑也。憒，亂也。放盪惑亂死生禍福之正也。」

〔一二〕孟康曰：「莊周不欲爲犧牛，賈誼惡忌服鳥也。」師古曰：「抗，舉也。爽，差也。謂二人雖舉言齊死生，壹禍福，而心實不然，是差謬也。」

所貴聖人之至論兮，順天性而斷誼。〔一〕物有欲而不居兮，亦有惡而不避，〔二〕守孔約而不貳兮，乃輶德而無累。〔三〕三仁殊而一致兮，夷、惠舛而齊聲。〔四〕木偃息以蕃魏兮，申重繭以存荆。〔五〕紀焚躬以衞上兮，皓頤志而弗營。〔六〕侯屮木之區別兮，苟能實而必榮。要沒世而不朽兮，乃先民之所程。〔七〕

〔一〕師古曰：「斷誼，謂以誼斷之。斷音丁喚反。」

〔二〕師古曰：「言富貴人之所欲，不以其道則君子不居；死亡人之所惡，處得其節則君子不避也。」

〔三〕師古曰：「孔，甚也。輶，輕也。言守其甚約，執心不貳，舉德至輕，無所累惑，斯爲可矣。詩大雅烝人之篇曰：『德輶如毛，人鮮克舉之。』輶音弋九反，又音猶。」

〔四〕師古曰：「三仁，紂賢臣也。論語稱『微子去之，箕子爲之奴，比干諫而死』。孔子曰：『殷有三仁焉。』夷，伯夷也。惠，柳下惠也。論語又稱『逸人伯夷、叔齊、虞仲、夷逸、朱張、柳下惠、少連』。賦言微子、箕子、比干所行各異，而並稱仁。伯夷不義武王伐殷，至于不食周粟而死。柳下惠三黜不去，戀父母之邦。志執乖舛，俱有令名。」

〔五〕師古曰：「木，段干木也。客居魏，魏文侯敬而禮之，過其閭未嘗不軾也。秦欲伐魏，或諫曰：『魏君賢者是禮，國人稱(人)〔仁〕，未可圖也。』秦遂止兵。申謂申包胥。荆即楚也。繭，足下傷起如繭也。楚昭王時，吳師入郢，昭王出奔。申包胥如秦乞師，踰越險阻，會繭重胝，立於秦庭，號哭七日。秦哀公出師救楚，而敗吳師。昭王反國，將賞包胥。包胥辭曰：『吾所以重繭，爲君耳，非爲身也。』逃不受賞。」

〔六〕師古曰：「紀，紀信也，脫漢王於難而爲項羽所燒。皓，四皓也，處商洛深山，高祖求之不得，自養其志，無所讋屈。」

〔七〕應劭曰：「侯，維也。」張晏曰：「苟能有仁義之道，必有榮名也。」師古曰：「侯，發語辭也。爾雅曰：『伊、惟，侯也。』程，正也。言人之操行，所尚不同，立德立言，期于不朽，亦猶蘭蕙松栝，各有本性，馨烈材幹，並擅貞芳。此乃古昔賢人以爲正道也。論語稱子夏曰『君子之道，譬諸草木，區以別矣』，故賦引之。」

觀天罔之紘覆兮，實棐諶而相順，〔一〕謨先聖之大繇兮，亦𠃊惪而助信。〔二〕虞韶美而儀鳳兮，孔忘味於千載。〔三〕素文信而底麟兮，漢賓祚于異代。〔四〕精通靈而感物兮，神動氣而入微。養游睇而猨號兮，李虎發而石開。〔五〕非精誠其焉通兮，苟無實其孰信！〔六〕操末技猶必然兮，矧湛躬於道眞！〔七〕

〔一〕應劭曰：「棐，輔也。諶，誠也。相，助也。」師古曰：「尚書大誥曰：『天棐諶辭。』詩大雅蕩之篇曰：『天生烝人，其命匪諶。』易上繫辭曰：『天之所助者，順也。』賦言天道惟誠是輔，唯順是助，故引以爲辭也。棐讀與匪同。諶音上林反。」

〔二〕劉德曰：「𠃊，近也。」師古曰：「謨，謀也。繇，道也。𠃊，古鄰字。詩小雅巧言之篇曰：『秩秩大繇，聖人謨之。』論語稱孔子曰：『德不孤，必有鄰。』易上繫辭曰：『人之所助者信也。』賦言若能謀聖人之大道，有德者必爲同志所依，履信者必獲他人之助。謨音暮，又音莫。」

〔三〕師古曰：「韶，舜樂名也。虞書舜典曰：『簫韶九成，鳳皇來儀。』論語云：『孔子在齊聞韶，三月不知肉味。』賦言孔子去舜千歲也。」

〔四〕應劭曰：「底，致也。孔子作春秋素王之文，有視明禮修之信，而致麟。漢封其後為褒成，又紹嘉公係殷後，為二代之客。」

〔五〕師古曰：「養，養由基也，楚之善射者。游睇，流眄也。楚王使由基射猿，操弓而眄之，猿抱木而號，知其必見中也。李，李廣也，夜遇石，以為猛獸而射之，中石沒羽也。」

〔六〕師古曰：「信，合韻音新。」

〔七〕師古曰：「矧，況也。湛讀曰眈。躬，親也。射者微技，猶能精誠感於猿石，況立身種德，親眈大道而不倦者乎！」

登孔、顥而上下兮，緯羣龍之所經，〔一〕朝貞觀而夕化兮，猶諠己而遺形，〔二〕若胤彭而偕老兮，訴來哲以通情。〔三〕

〔一〕應劭曰：「顥，太顥也。孔，孔子也。羣龍喻羣聖也。自伏羲下訖孔子，終始天道備矣。」孟康曰：「孔，甚也。顥，大也。聖人作經，賢者緯之也。」師古曰：「應說孔、顥，是也。孟說經緯，是也。顥音胡老反。」

〔二〕應劭曰：「貞，正也。觀，見也。諠，忘也。易曰：『天地之道，貞觀者也。』」張晏曰：「言朝觀大道而夕死可也。」師古曰：「形己尚可遺忘，況外物者哉？諠音許元反，又音許遠反。」

〔三〕師古曰：「彭，彭祖也。老，老聃也。言有繼續彭祖之志，升躡老聃之跡者，則可與言至道而通情也。」

亂曰：天造屮昧，立性命兮，〔一〕復心弘道，惟賢聖兮。〔二〕渾元運物，流不處兮，〔三〕

保身遺名，民之表兮。舍生取誼，亦道用兮，〔四〕憂傷夭物，忝莫痛兮！〔五〕昊爾太素，曷渝色兮？〔六〕尚粵其幾，淪神域兮！〔七〕

〔一〕應劭曰：「天道始造萬物，草創於冥昧之中，皆立其性命也。」師古曰：「易屯卦象辭曰『天造草昧』，故賦引之。」

〔二〕應劭曰：「易曰『復其見天地之心乎！』論語曰：『人能弘道。』」師古曰：「復音扶目反。」

〔三〕師古曰：「渾元，天地之氣也。處，止也。渾音胡昆反。」

〔四〕應劭曰：「孟子曰：『生，我所欲也；義，我所欲也。二者不可得兼，舍生而取義也。』」師古曰：「舍，置也。」

〔五〕晉灼曰：「忝，沒也，言死莫痛於是也。」師古曰：「此說非也。忝，辱也。言不達性命，自取憂傷，爲物所夭，既辱且痛，莫過於是。」

〔六〕服虔曰：「守死善道，不染流俗，是爲浩爾太素，何有變渝者哉？」師古曰：「渝音踰。」

〔七〕應劭曰：「尚，上也。粵，於也。易曰：『知幾，其神乎！』淪，入也。」師古曰：「尚，庶幾也，願也。」

永平中爲郎，典校祕書，專篤志於博學，以著述爲業。或譏以無功，又感東方朔、揚雄自諭以不遭蘇、張、范、蔡之時，曾不折之以正道，明君子之所守，故聊復應焉。其辭曰：

賓戲主人曰：「蓋聞聖人有壹定之論，列士有不易之分，亦云名而已矣。〔一〕故太上有立德，其次有立功。夫德不得後身而特盛，功不得背時而獨章，是以聖喆之治，棲棲皇皇，〔二〕孔席不煗，墨突不黔。〔三〕由此言之，取舍者昔人之上務，著作者前列之餘事耳。〔四〕今吾子幸游帝王之世，躬帶冕之服，〔五〕浮英華，湛道德，〔六〕矕龍虎之文，舊矣。〔七〕卒不能攄首尾，奮翼鱗，振拔洿塗，跨騰風雲，〔八〕使見之者景駭，聞之者嚮震。〔九〕徒樂枕經籍書，紆體衡門，〔一〇〕上無所蒂，下無所根。獨攄意虖宇宙之外，銳思於豪芒之內，潛神默記，恆以年歲。〔一一〕然而器不賈於當己，用不效於一世，〔一二〕雖馳辯如濤波，摛藻如春華，〔一三〕猶無益於殿最。〔一四〕意者，且運朝夕之策，定合會之計，使存有顯號，亡有美諡，不亦優虖？」

〔一〕如淳曰：「唯貴得名也。」

〔二〕師古曰：「不安之意也。」

〔三〕師古曰：「孔，孔子；墨，墨翟也。突，竈突也。黔，黑也。言志在明道，不暇安居。」

〔四〕劉德曰：「取者，施行道德；舍者，守靜無爲也。」

〔五〕師古曰：「帶，大帶也。冕，冠也。」

〔六〕師古曰：「湛讀曰沈。英華，謂名譽也。言外則有美名善譽，內則履道崇德也。」

〔七〕孟康曰：「矕，被也。易曰『大人虎變，其文炳也』，言文章之盛久也。」晉灼曰：「矕，視也。言目厭見其文久矣。」師古曰：「尋其下句，孟說是也。矕音莫限反。」

〔八〕師古曰：「攄，申也。洿，停水也。塗，泥也。以龍爲喻也。洿音一故反，又音烏。」

〔九〕師古曰：「嚮讀曰響。見景則駭，聞響則震。合韻音之人反。」

〔一〇〕師古曰：「紆，屈也。衡門，橫一木於門上。」

〔一〕如淳曰：「恒音亘竟之亘。」師古曰：「宇宙之外，言宏廣也。豪芒之內，喻纖微也。恒音工贈反。」

〔二〕劉德曰：「賈，讎也。」師古曰：「當己，謂及己身尚在，猶言當年也。賈音古，又音工暇反。讎音上究反。」

〔三〕師古曰：「大波曰濤。摛，布也。藻，文辭也。」

〔四〕師古曰：「殿音丁見反。」

主人逌爾而咲曰：〔一〕「若賓之言，斯所謂見勢利之華，闇道德之實，守突奧之熒燭，未卬天庭而覩白日也。〔二〕曩者王塗蕪穢，周失其御，侯伯方軌，戰國橫騖，於是七雄虓闞，分裂諸夏，〔三〕龍戰而虎爭。游說之徒，風颺電激，並起而救之，〔四〕其餘猋飛景附，煜霅其間者，蓋不可勝載。〔五〕當此之時，搦朽摩鈍，鈆刀皆能壹斷，〔六〕是故魯連飛一矢而蹶千金，虞卿以顧眄而捐相印也。〔七〕夫啾發投曲，感耳之聲，合之律度，淫䵷而不可聽者，非韶、夏之樂也；〔八〕因勢合變，偶時之會，風移俗易，乖忤而不可通者，非君子之法也。〔九〕及至從人合之，衡人散之，〔一〇〕亡命漂說，羇旅騁辭，〔一一〕商鞅挾三術以鑽孝公，李斯奮時務而要始皇，〔一二〕彼皆躡風雲之會，履顛沛之勢，〔一三〕據徼乘邪以求一日之富貴，〔一四〕朝爲榮華，夕而焦瘁，〔一五〕福不盈眦，旤（益）〔溢〕於世，〔一六〕凶人且以自悔，況吉士而是賴虖！〔一七〕且功不可以虛成，名不可以僞立，韓設辯以激君，呂行詐以賈國。〔一八〕說難既酋，其身乃囚；秦貨既貴，厥宗亦隧。〔一九〕是故仲尼抗浮雲之志，孟軻養浩然之氣，〔二〇〕彼豈樂爲迂闊哉？道不可以貳也。〔二一〕方今大漢洒埽羣穢，夷險芟荒，〔二二〕廓帝紘，恢皇綱，基隆於羲、農，規廣於黃、唐；其君天下也，炎之如日，威之如神，函之如海，養之如春。〔二三〕是以六合之內，莫不同原共流，沐浴玄德，〔二四〕稟卬太和，枝附葉著，〔二五〕譬猶屮木之殖山林，鳥魚之毓川澤，〔二六〕得氣者蕃滋，失時者苓落，〔二七〕參天墬而施化，豈云人事之厚薄哉？〔二八〕今子處皇世而論戰國，耀所聞而疑所覿，〔二九〕欲從旄敦而度高虖泰山，懷氿濫而測深虖重淵，亦未至也。」〔三〇〕

〔一〕師古曰：「逌，古攸字也。攸，咲貌也。」

〔二〕應劭曰：「爾雅，東南隅謂之窔，西南隅謂之奧。」師古曰：「窔、奧，室中之二隅也。熒燭，熒熒小光之燭也。卬讀曰仰。窔音烏了反，其字從穴天聲也。」

〔三〕應劭曰：「七雄，秦及六國也。」師古曰：「虓音呼交反。闞音呼敢反。」

〔四〕師古曰：「颺讀與揚同。」

〔五〕師古曰：「猋，疾風也。煜霅，光貌也。煜音子及反。霅音下甲反。煜又音育。」

〔六〕師古曰：「搦，按也，音女角反。斷音丁煥反。」

〔七〕應劭曰：「魯連，齊人也。齊圍燕，燕將保於聊城。魯連係帛書於矢射與之，爲陳利害。燕將得之，泣而自殺。譏切魏新垣衍，使不尊秦爲帝。秦時圍邯鄲，爲卻五十里，趙遂以安。趙王以千金爲魯連壽，不受。魏齊爲秦所購，迫急走趙，趙相虞卿與齊有故，然愍其窮，於是解相印，間行與奔魏公子無忌也。」李奇曰：「蹶，蹋也，距也。」師古曰：「蹶音厥，又音其月反。」

〔八〕李奇曰：「鼃，不正之音也。」師古曰：「啾發，啾啾小聲而發也。投曲，趣合屈曲也。感耳，動應衆庶之耳也。然而不合律度，君子所不聽也。淫鼃，非正之聲也，不謂鼃黽之鳴也。啾音子由反。」

〔九〕師古曰：「雖偶當時之會，而不可以移風易俗。」

〔一〇〕師古曰：「從音子庸反。」

〔一一〕師古曰：「漂，浮也，音匹遙反。」

〔一二〕應劭曰：「王、霸、富國強兵，爲三術也。」師古曰：「王一也，霸二也，富國強兵三也。」

〔一三〕師古曰：「顚沛，僵仆也。」

〔一四〕師古曰：「徼，要也。據可以要迎之時也。徼音工堯反。徼字或作激。激，發也。」

〔一五〕師古曰：「焦音在消反。瘁與悴同。」

〔一六〕李奇曰：「當富貴之間，視不滿目，故言不盈眦也。」

〔一七〕師古曰：「賴，利也。」

〔一八〕師古曰：「賈，市賈也，音古。」

〔一九〕應劭曰：「酋音酋豪之酋。酋，雄也。說難，韓非書篇名也。呂不韋效千金於秦，立子楚爲王，封十萬戶侯，以陰事自殺也。」師古曰：「呂不韋初見子楚在趙，而云『此奇貨可居』，故班氏謂子楚爲秦貨耳。安說效千金乎？應說失之矣。」

〔二〇〕張晏曰：「孔子云：『不義而富且貴，於我如浮雲。』孟子曰：『我善養吾浩然之氣，而無害，則塞乎天地之間也。』」

師古曰：「浩然，純壹之氣也。」

〔二一〕師古曰「迂，遠也，音于。」

〔二二〕師古曰：「洒音所蟹反，汛也。汛音信。」

〔二三〕師古曰：「函，容也，讀與含同。」

〔二四〕師古曰：「原，水泉之本也。流者，其末流也。」

〔二五〕師古曰：「卬讀曰仰。著音直略反。」

〔二六〕師古曰：「殖，生也，長也。毓與育同。」

〔二七〕師古曰：「苓與零同。」

〔二八〕師古曰：「墬，古地字。」

〔二九〕師古曰：「覿，見也，音徒歷反。」

〔三〇〕應劭曰：「爾雅，前高曰旄丘，如覆敦者敦丘，側出曰氿泉，正出曰濫泉。」師古曰：「敦音丁回反。度音徒各反。氿音軌。」

賓曰：「若夫鞅、斯之倫，衰周之凶人，既聞命矣。敢問上古之士，處身行道，輔世成名，可述於後者，默而已虖？」

主人曰：「何爲其然也！昔咎繇謨虞，箕子訪周，〔一〕言通帝王，謀合聖神；殷說夢發於傳巖，周望兆動於渭濱，〔二〕齊甯激聲於康衢，漢良受書於邳沂，〔三〕皆竢命而神交，匪詞言之所信，〔四〕故能建必然之策，展無窮之勳也。近者陸子優繇，新語以興；〔五〕董生下帷，發藻儒林；劉向司籍，辯章舊聞；揚雄覃思，法言、大玄；〔六〕皆及旹君之門闈，究先聖之壼奧，〔七〕婆娑虖術藝之場，休息虖篇籍之囿，以全其質而發其文，用納虖聖聽，列炳於後人，斯非其亞與！〔八〕若乃夷抗行於首陽，惠降志於辱仕，〔九〕顏耽樂於簞瓢，孔終篇於西狩，〔一〇〕聲盈塞於天淵，眞吾徒之師表也。且吾聞之：壹陰壹陽，天墜之方；〔一一〕乃文乃質，王道之綱；有同有異，聖喆之常。故曰：愼修所志，守爾天符，委命共己，味道之腴，〔一二〕神之聽之，名其舍諸！〔一三〕賓又不聞龢氏之璧韞於荊石，〔一四〕隨侯之珠藏於蚌蛤虖？〔一五〕歷世莫眡，不知其將含景耀，吐英精，曠千載而流夜光也。應龍潛於潢汙，魚黿媟之，〔一六〕不覩其能奮靈德，合風雲，超忽荒，而躆顥蒼也。〔一七〕故夫泥蟠而天飛者，應龍之神也；先賤而後貴者，龢、隨之珍也；旹闇而久章者，君子之眞也。〔一八〕若乃牙、曠清耳於管絃，離婁眇目於豪分；〔一九〕逢蒙絕技於弧矢，班輸榷巧於斧斤；〔二〇〕良、樂軼能於相馭，烏獲抗力於千鈞；〔二一〕龢、鵲發精於鍼石，研、桑心計於無垠。〔二二〕僕亦不任廁技於彼列，故密爾自娛於斯文。」〔二三〕

〔一〕師古曰：「訪亦謀。」

〔二〕師古曰：「說，傳說也。解已在前。望謂太公望，即呂尙也。釣於渭水，文王將出獵，卜之，曰：『所得非龍非螭、非豹非羆，乃帝王之輔。』果遇呂尙於渭陽，與語大悅，曰：『吾太公望子久矣。』故號曰太公望。」

〔三〕鄭氏曰：「五達曰康，四達曰衢。」晉灼曰：「沂，崖也。下邳水之崖也。」師古曰：「齊甯，甯戚也。擊激，謂叩角所歌也。沂音牛斤反。」

〔四〕師古曰：「信合韻音新。」

〔五〕鄭氏曰：「優繇，不仕也。」師古曰：「繇讀與由同。」

〔六〕師古曰：「覃，大也，深也。」

〔七〕應劭曰：「宮中門謂之闈，宮中巷謂之壼。」師古曰：「壼音苦本反。」

〔八〕師古曰：「亞，次也。與讀曰歟。」

〔九〕師古曰：「夷，伯夷也。惠，柳下惠也。辱仕謂爲士師三黜也。」

〔一〇〕師古曰：「謂作春秋止於獲麟也。狩合韻音守。」

〔一一〕師古曰：「墬，古地字。」

〔一二〕師古曰：「共讀曰恭。腴，肥也。」

〔一三〕師古曰：「舍，廢也。諸，之也。言修志委命，則明神聽之，祐以福祿，自然有名，永不廢也。」

〔一四〕師古曰：「龢，古和字也。韞亦藏也，音於粉反。」

〔一五〕師古曰：「蛖即蚌字也，音平項反。蛤音工合反。」

〔一六〕師古曰：「應龍，龍有翼者。潢汙，停水也。媟謂侮狎之也。潢音黃。汙音烏。」

〔一七〕師古曰：「躆，以足據持也。顥，顥天也。元氣顥汙，故曰顥天。其色蒼蒼，故曰蒼天。躆音戟。」

〔一八〕師古曰：「時闇，有時而闇也。」

〔一九〕師古曰：「牙，伯牙也。曠，師曠也。離婁，明目者也。眇，細視也。」

〔二〇〕師古曰：「逢蒙，古善射者也。班輸即魯公輸班也。一說，班，魯班也，與公輸氏為二人也，皆有巧藝也。古樂府云：『誰能為此器，公輸與魯班。』榷，專也，一曰競也。榷音角。」

〔二一〕師古曰：「良，王良也。樂，伯樂也。軼與逸同。相，相馬也。馭，善馭也。烏獲，壯士也。」

〔二二〕孟康曰：「研，古之善計也。桑，桑弘羊也。」師古曰：「和，秦醫和也。鵲，扁鵲也。研，計研也，一號計倪，亦曰計然。垠，厓也。」

〔二三〕師古曰：「密，靜也，安也。」

校勘記

四一九八頁一〇行　自隱度家之(日)〔口〕數　景祐、殿本都作「口」，此誤。

四二〇三頁六行　左將軍(師)〔史〕丹　景祐、殿本都作「史丹」。王先謙說非「師丹」。

四二〇三頁一六行　漢(書)〔舊〕儀云秩四百石，　景祐、殿本都作「舊」，此誤。

四二一五頁四行　(師古)〔蘇林〕曰：　景祐、殿本都作「蘇林」，此誤。

四二一五頁一〇行　應劭曰：　王先謙說兩「應劭」有一誤。

四二一九頁二行　市三正而滅(周)〔姬〕；　文選作「姬」，與下「災」字協韻。此蓋涉注文而誤。

四二二九頁三行　(醇)〔淳〕，美也。氾，(崖)〔涯〕也。殿本作「淳」「涯」。王先謙說殿本是。

四二二九頁一四行　以(獸)〔虎〕歸入也。殿本作「虎」。

四二三三頁一四行　國人稱(人)〔仁〕，景祐、殿、局本都作「仁」，此誤。

四二三七頁一三行　融(益)〔溢〕於世，景祐、殿本都作「溢」。王先謙說「益」字誤。

漢書卷一百下

敍傳第七十下

固以爲唐虞三代，詩書所及，世有典籍，故雖堯舜之盛，必有典謨之篇，然後揚名於後世，冠德於百王，〔一〕故曰「巍巍乎其有成功，煥乎其有文章也！」〔二〕漢紹堯運，以建帝業，至於六世，史臣乃追述功德，私作本紀，〔三〕編於百王之末，廁於秦、項之列。太初以後，闕而不錄，故探篹前記，綴輯所聞，〔四〕以述漢書，起元高祖，終于孝平王莽之誅，十有二世，二百三十年，綜其行事，旁貫五經，上下洽通，〔五〕爲春秋考紀、表、志、傳，凡百篇。〔六〕其敍曰：〔七〕

〔一〕師古曰：「德爲百王之上也。」

〔二〕師古曰：「此篇論語載孔子美堯舜之言也。」

〔三〕師古曰：「謂武帝時司馬遷作史記。」

〔四〕師古曰：「篹與撰同。輯與集同。」

〔五〕師古曰：「固所撰諸表序及志，經典之義在於是也。」

〔六〕師古曰：「春秋考紀，謂帝紀也。而俗之學者不詳此文，乃云漢書一名春秋考紀，蓋失之矣。」

〔七〕師古曰：「自『皇矣漢祖』以下諸敍，皆班固自論撰漢書意，此亦依放史記之敍目耳。史遷則云爲某事作某本紀、某列傳。班固謙，不言（然）〔作〕而改言述，蓋避作者之謂聖，而取述者之謂明也。但後之學者不曉此爲漢書敍目，見有述字，因謂此文追述漢書之事，乃呼爲『漢書述』，失之遠矣。摯虞尚有此惑，其餘曷足怪乎！」

皇矣漢祖，纂堯之緒，實天生德，聰明神武。秦人不綱，罔漏于楚，〔一〕爰茲發迹，斷蛇奮旅。神母告符，朱旗乃舉，粵蹈秦郊，嬰來稽首。革命創制，三章是紀，應天順民，五星同晷。〔二〕項氏畔換，黜我巴、漢，〔三〕西土宅心，戰士憤怨。〔四〕乘釁而運，席卷三秦，割據河山，保此懷民。〔五〕股肱蕭、曹，社稷是經，爪牙信、布，腹心良、平，龔行天罰，赫赫明明。述高紀第一。

〔一〕師古曰：「言秦失綱維，故高祖因時而起。罔漏于楚，謂項羽雖有害虐之心，終免於患也。一說，楚王陳涉初起，後又破滅也。」

〔二〕師古曰：「晷，景也。」

〔三〕孟康曰：「畔，反也。換，易也。不用義帝要，換易與高祖漢中也。」師古曰：「此說非也。畔換，强恣之貌，猶言跋扈也。詩大雅皇矣篇曰『無然畔換』。」

〔四〕劉德曰：「宅，居也。西方人皆居心於高祖，猶係心也。書曰『惟衆宅心』。」晉灼曰：「西土，關西也。高祖入關，約法三章，秦民大悅，皆宅心高祖。」

〔五〕師古曰：「保，安也。懷民，懷德之人也。」

孝惠短世，高后稱制，罔顧天顯，呂宗以敗。〔一〕述惠紀第二，高后紀第三。

〔一〕劉德曰：「罔，無也。顧，念也。顯，明也。言呂氏無念天之明道者，徒念王諸呂，以至於敗亡。」

太宗穆穆，允恭玄默，化民以躬，帥下以德。農不供貢，辠不收孥，〔一〕宮不新館，陵不崇墓。〔二〕我德如風，民應如屮，〔三〕國富刑清，登我漢道。〔四〕述文紀第四。

〔一〕張晏曰：「除民田租之稅，是不供貢也。」

〔二〕師古曰：「墓，合韻音謨。」

〔三〕師古曰：「論語稱孔子曰：『君子之德風，小人之德屮也。』故引以爲辭。」

〔四〕師古曰：「登，成也。」

孝景涖政，諸侯方命，〔一〕克伐七國，王室以定。匪怠匪荒，務在農桑，著于甲令，民用寧康。〔二〕述景紀第五。

〔一〕孟康曰：「尚書云『方命圮族』，言鯀之惡，壞其族類。吳楚七國亦然。」

〔二〕師古曰：「甲令，卽景紀令甲也。」

世宗曄曄，思弘祖業，〔一〕疇咨熙載，髦俊並作。〔二〕厥作伊何？百蠻是攘，〔三〕恢我疆宇，外博四荒。〔四〕武功既抗，亦迪斯文，〔五〕憲章六學，統壹聖眞。封禪郊祀，登秩百神；協律改正，饗茲永年。〔六〕述武紀第六。

〔一〕師古曰：「曄曄，盛貌也。」

〔二〕師古曰：「疇，誰也。咨，謀也。熙，興也。載，事也。謀於衆賢，誰(能)〔可〕任用，故能興其事業也。作，起也。」

〔三〕師古曰：「攘，卻也。」

〔四〕師古曰：「恢，廣也。博，大也。」

〔五〕劉德曰：「迪，進也。」

〔六〕張晏曰：「改正謂從建寅之月也。」

孝昭幼沖，冢宰惟忠。燕、蓋譸張，實叡實聰，〔一〕罪人斯得，邦家和同。述昭紀第七。

〔一〕如淳曰：「譸音輈。」應劭曰：「譸張，誑也。」

中宗明明，寅用刑名，〔一〕時舉傅納，聽斷惟精。〔二〕柔遠能邇，燀燿威靈，〔三〕龍荒幕朔，莫不來庭。〔四〕丕顯祖烈，尚於有成。〔五〕述宣紀第八。

〔一〕鄧展曰：「寅，敬也。」

〔二〕李奇曰：「時，是也。於是時也，選用賢者。」師古曰：「傅讀曰敷。虞書舜典曰『敷納以言』。敷，陳也，謂有陳言者則納而用之。」

〔三〕師古曰：「虞書舜典曰『柔遠能邇』。柔，安也。能，善也。故引之云。燀，熾也，音充善反。」

〔四〕孟康曰：「謂白龍堆荒服沙幕也。」師古曰：「龍，匈奴祭天龍城，非謂白龍堆也。朔，北方也。」

〔五〕師古曰：「丕，大也。烈，業也。」

孝元翼翼，高明柔克，〔一〕賓禮故老，優繇亮直。〔二〕外割禁囿，內損御服，離宮不衛，山陵不邑。〔三〕閹尹之呰，穢我明德。〔四〕述元紀第九。

〔一〕師古曰：「翼翼，敬也。尚書洪範云『高明柔克』，謂人雖有高明之度，而當執柔，乃能成德也。敍言元帝有柔克之姿也。」

〔二〕師古曰：「故老謂貢禹、薛廣德也。優繇謂寬容也。亮直謂朱雲也。繇讀與由同。」

〔三〕張晏曰：「不徙民著縣也。」

〔四〕如淳曰：「任弘恭、石顯使為政，以病其治也。」師古曰：「謂宦人為閹者，言其精氣奄閉不泄也，一曰（王）〔主〕奄閉門者。尹，正也。呰與疵同。」

孝成煌煌，臨朝有光，威儀之盛，如圭如璋。壼闈恣趙，朝政在王，〔一〕炎炎燎火，亦允不陽。〔二〕述成紀第十。

〔一〕師古曰：「趙謂趙皇后及昭儀也。王謂外家王鳳、王音等。」

〔二〕張晏曰：「天子盛威，若燎火之陽，今委政王氏，不炎熾矣。」師古曰：「允，信也。」

孝哀彬彬，克攬威神，〔一〕彫落洪支，底剭鼎臣。〔二〕婉孌董公，惟亮天功，大過之困，實橈實凶。〔三〕述哀紀第十一。

〔一〕師古曰：「彬彬，文質備也。言哀帝忿孝成之時權在臣下，故自攬持其威神也。攬，執取也，其字從手。」

〔三〕服虔曰：「彤落洪支，廢退王氏也。底，致也。周禮有屋誅，誅大臣於屋下，不露也。易曰『鼎折足，其形渥，凶』，謂誅朱博、王嘉之屬也。」晉灼曰：「剭，刑也。」師古曰：「剭者，厚刑，謂重誅也，音握。服言屋下，失其義也。」

〔三〕應劭曰：「以董賢爲三公，乃欲共成天功也。易大過卦『棟橈，凶』，言以小材而爲棟梁，不堪其任，至於折橈而凶也。」師古曰：「婉孌，美貌。亮，助也。尚書舜典曰『貪亮天功』，故引之也。橈，曲也，音女教反。」

孝平不造，新都作宰，不周不伊，喪我四海。〔一〕述平紀第十二。

〔一〕師古曰：「造，成也。遭家業不成。周頌曰『閔予小子，遭家不造』，故引之也。言其自號（寧）〔宰〕衡，而無周公、伊尹之忠也。」

漢初受命，諸侯並政，制自項氏，十有八姓。述異姓諸侯王表第一。

太祖元勳，啓立輔臣，支庶藩屏，侯王並尊。述諸侯王表第二。

侯王之祉，祚及宗子，公族蕃滋，支葉碩茂。〔一〕述王子侯表第三。

〔一〕師古曰：「茂，合韻音莫口反。」

受命之初，贊功剖符，奕世弘業，爵土乃昭。〔一〕述高惠高后孝文功臣侯表第四。

〔一〕師古曰：「贊功，佐命之功也。奕，大也。」

景征吳楚，武興師旅，後昆承平，亦有紹土。〔一〕述景武昭宣元成哀功臣侯表第五。

〔一〕師古曰：「言景、武之時以軍功，故封侯者多，昭、宣以後雖承平，尚有以勳獲爵土者。」

亡德不報，爰存二代，〔一〕宰相外戚，昭韙見戒。〔二〕述外戚恩澤侯表第六。

〔一〕應劭曰：「二代，二王後也。」師古曰：「二代，謂殷、周也。 言德澤深遠，故至漢朝其子孫又受茅土，以奉祭祀。」

〔二〕張晏曰：「韙，是也。 明其是者，戒其非也。」

漢迪於秦，有革有因，〔一〕觕舉僚職，並列其人。〔二〕述百官公卿表第七。

〔一〕劉德曰：「迪，至也。」

〔二〕晉灼曰：「觕音麁觕之觕。」師古曰：「觕音才户反，謂大略也。」

篇章博舉，通于上下，略差名號，九品之敍。 述古今人表第八。

元元本本，數始於一，〔一〕産氣黄鍾，造計秒忽。〔二〕八音七始，五聲六律，〔三〕度量權衡，曆算逌出。〔四〕官失學微，六家分乖，〔五〕壹彼壹此，庶研其幾。 述律曆志第一。

〔一〕張晏曰：「數之元本，起於初九之一也。」

〔二〕劉德曰：「秒，禾芒也。 忽，蜘蛛網細者也。」師古曰：「秒音眇，其字從禾。」

〔三〕劉德曰：「七始，天地四方人之始也。」師古曰：「解在禮樂志。」

〔四〕師古曰：「逌，古攸字也。 攸，所也。」

〔五〕劉德曰：「六家，謂黄帝、顓頊、夏、殷、周、魯曆也。」

上天下澤，春靁奮作，〔一〕先王觀象，爰制禮樂。 厥後崩壞，鄭衛荒淫，風流民化，湎湎紛紛。〔三〕略存大綱，以統舊文。述禮樂志第二。

〔一〕劉德曰：「兌下乾上履，坤下震上豫。履，禮也。豫，樂也。取易象制禮作樂。」師古曰：「易象曰『上天下澤履，雷出地奮豫』，故具引其文。」

〔二〕師古曰：「言上風既流，下人則化也。湎湎，流移也。紛紛，雜亂也。湎音莫踐反。」

靁電皆至，天威震耀，五刑之作，是則是效，〔一〕威實輔德，刑亦助教。季世不詳，背本爭末，〔二〕吳、孫狙詐，申、商酷烈。〔三〕漢章九法，太宗改作，〔四〕輕重之差，世有定籍。述刑法志第三。

〔一〕劉德曰：「震下離上，噬嗑，利用獄。雷電，取象天威也。」師古曰：「易象辭曰『雷電，噬嗑，先王以明罰敕法』，故引之。」

〔二〕師古曰：「不詳謂不盡用刑之理也。周書呂刑曰『告爾詳刑』。」

〔三〕師古曰：「狙音千豫反。」

〔四〕張晏曰：「改，除肉刑也。」

厥初生民，食貨惟先。割制廬井，定爾土田，什一供貢，下富上尊。商以足用，茂遷有無，貨自龜貝，至此五銖。揚搉古今，監世盈虛。〔一〕述食貨志第四。

〔一〕師古曰：「揚，舉也。搉，引也。揚搉者，舉而引之，陳其趣也。搉音居學反。」

昔在上聖，昭事百神，類帝禋宗，望秩山川，明德惟馨，永世豐年。季末淫祀，營信巫史，〔一〕大夫臚岱，侯伯僭畤，〔二〕放誕之徒，緣間而起。〔三〕瞻前顧後，正其終始。述郊祀志第五。

〔一〕鄧展曰：「營，惑也。」

〔二〕鄭氏曰：「臚岱，季氏旅於太山是也。」應劭曰：「僭畤，秦文公造〔四〕〔西〕畤祭天是也。」師古曰：「旅，陳也。臚亦陳也。臚旅聲相近，其義一耳。」

〔三〕師古曰：「謂方士言神仙之術也。」

炫炫上天，縣象著明，〔一〕日月周輝，星辰垂精。百官立法，宮室混成，〔二〕降應王政，景以燭形。〔三〕三季之後，厥事放紛，〔四〕舉其占應，覽故考新。述天文志第六。

〔一〕師古曰：「炫炫，光耀之貌，音胡眄反。縣，古懸字。」

〔二〕張晏曰：「星辰有宮室百官，各應其象以見咎徵也。」

〔三〕張晏曰：「王政失於此，星辰變於彼，猶景之象形。」

〔四〕師古曰：「三季，三代之末也。放，失也。紛，亂也。」

河圖命庖，洛書賜禹，八卦成列，九疇逌敘。〔一〕世代寔寶，光演文武，春秋之占，咎徵是舉。告往知來，王事之表。述五行志第七。

〔一〕李奇曰：「河圖即八卦也。洛書即洪範九疇也。」師古曰：「庖，庖犧也。逌，古攸字。」

坤作墬勢，高下九則，〔一〕自昔黃、唐，經略萬國，(變)〔燮〕定東西，疆理南北。〔二〕三代損益，降及秦、漢，革剗五等，制立郡縣。〔三〕略表山川，彰其剖判。述地理志第八。

〔一〕張晏曰：「易曰『地勢坤』。」劉德曰：「九則，九州土田上中下九等也。」師古曰：「墬，古地字。易象曰：『地勢坤，君子以厚德載物。』高下謂地形也。一曰，地之肥瘠。」

〔二〕師古曰：「(變)〔燮〕，和也。疆理謂立封疆而統理之。」

〔三〕晉灼曰：「剗音剗削之剗。」師古曰：「音初限反。」

夏乘四載，百川是導。〔一〕唯河爲⿱艹喜，災及後代。商竭周移，秦決南涯，〔二〕自茲歫漢，北亡八支。〔三〕文陻棗野，武作瓠歌，〔四〕成有平年，後遂滂沱。〔五〕爰及溝渠，利我國家。述溝洫志第九。

〔一〕師古曰：「四載，解在溝洫志。」

〔二〕服虔曰：「河竭而商亡。移亦河移徙也。」如淳曰：「秦始皇本紀決河灌大梁，遂滅之，通爲溝，入淮、泗。」

〔三〕服虔曰：「本有九河，今塞，餘有一也。」

〔四〕服虔曰：「陻音因。文帝塞河於酸棗也。」張晏曰：「河決瓠子，武帝親臨，悼功不成而作歌。」

〔五〕劉德曰：「成帝治河已平，改元曰河平元年。」

虙羲畫卦，書契後作，〔一〕虞夏商周，孔纂其業，篹書删詩，綴禮正樂，〔二〕彖系大易，因史立法。〔三〕六學既登，遭世罔弘，〔四〕羣言紛亂，諸子相騰。〔五〕秦人是滅，漢修其缺，劉向司籍，九流以別。〔六〕爰著目録，略序洪烈。〔七〕述藝文志第十。

〔一〕師古曰：「虙讀與伏同。」

〔二〕師古曰：「篹與撰同。」

〔三〕師古曰：「謂修春秋定帝王之文。」

〔四〕師古曰：「罔，無也。無能弘大正道也。」

〔五〕師古曰：「騰，馳也。」

〔六〕應劭曰：「儒、道、陰陽、法、名、墨、從横、雜、農，凡九家。」

〔七〕師古曰：「洪，大也。烈，業也。」

上嫚下暴，惟盜是伐，〔一〕勝、廣熛起，梁、籍扇烈。〔二〕赫赫炎炎，遂焚咸陽，宰割諸夏，命立侯王，誅嬰放懷，詐虐以亡。述陳勝項籍傳第一。

〔一〕師古曰：「易上繫辭云：『小人而乘君子之器，盜思奪之矣；上嫚下暴，盜思伐之矣。』引此言者，謂秦胡亥之時。」

〔二〕師古曰：「飛火曰熛。扇，熾也。烈，猛也。言陳勝初起而項羽（益）〔烈〕盛也。熛音必遙反。」

張、陳之交，斿如父子，攜手逯秦，拊翼俱起。〔一〕據國爭權，還爲豺虎，〔二〕耳（諫）〔謀〕甘公，作漢藩輔。述張耳陳餘傳第二。

〔一〕應劭曰：「逯，逃也。」師古曰：「逯，古遯字也。拊翼，以雞爲喻，言知將旦，則鼓擊其翼而鳴也。」

〔二〕師古曰：「言反相吞噬也。」

三枿之起，本根既朽，〔一〕枯楊生華，曷惟其舊！〔二〕橫雖雄材，伏于海隝，沐浴尸鄉，北面奉首，旅人慕殉，義過黃鳥。〔三〕　述魏豹田儋韓信傳第三。

〔一〕劉德曰：「詩云『包有三枿』。爾雅曰『烈、枿，餘也』。謂木斫髡而復枿生也。喻魏、齊、韓皆滅而復起，若髡木更生也。」師古曰：「枿音五葛反。」

〔二〕應劭曰：「易云『枯楊生華』，暫貴之意也。曷惟其舊，言不能久也。」師古曰：「枯楊生華，大過卦九五爻辭也。舊，合韻音臼。」

〔三〕劉德曰：「黃鳥之詩刺秦穆公要人從死，言今橫不要而有從者，故曰過之。」

信惟餓隸，布實黥徒，越亦狗盜，芮尹江湖。〔一〕雲起龍襄，化爲侯王，〔二〕割有齊、楚，跨制淮、梁。〔三〕綰自同閈，鎭我北疆，〔四〕德薄位尊，非胙惟殃。吳克忠信，胤嗣乃長。　述韓彭英盧吳傳第四。

〔一〕張晏曰：「吳芮爲番陽令，在江湖之間。尹，主也。」

〔二〕師古曰：「襄，舉也。」

〔三〕張晏曰：「韓信前王齊，徙楚。英布王淮南，彭越王梁也。」

〔四〕應劭曰：「閈音扞。盧綰與高祖同里，楚名里門爲閈。」師古曰：「左氏傳云『高其閈閎』，蓋通語耳，非專楚也。」

賈廑從旅，爲鎭淮、楚。〔一〕澤王琅邪，權激諸呂。濞之受吳，疆土踰矩，〔二〕雖戒東南，終用齊斧。〔三〕　述荊燕吳傳第五。

〔一〕張晏曰：「劉賈晚乃從軍也。」晉灼曰：「廑，無幾也。」師古曰：「二說皆非也。廑，古以爲勤字。言賈從軍，有勤勞也。」

〔二〕師古曰：「矩，法制也。」

〔三〕張晏曰：「齊斧，越斧也，以整齊天下也。」晉灼曰：「雖戒勿反而反，竟用此斧於吳也。」師古曰：「易云『喪其齊斧』，故引以爲辭。」

太上四子：伯兮早夭，仲氏王代，斿宅于楚。〔一〕戊實淫軼，平陸乃紹。〔二〕其在于京，奕世宗正，〔三〕劬勞王室，用侯陽成。子政博學，三世成名，〔四〕述楚元王傳第六。

〔一〕師古曰：「詩衞風云『伯兮朅兮』，邶風又曰『仲氏任只』。此序方論高祖兄伯及仲，故引二句爲之辭也。」

〔二〕師古曰：「楚王戊爲薄太后服姦，削東海郡，遂與吳共反而誅。景帝更立平陸侯禮，續元王之後也。」

〔三〕師古曰：「正，合韻音征。」

〔四〕師古曰：「謂劉德、劉向、劉歆，俱有名聞。」

季氏之詘，辱身毁節，信于上將，議臣震栗。〔一〕欒公哭梁，田叔殉趙，見危授命，誼動明主。布歷燕、齊，叔亦相魯，民思其政，或金或社。〔二〕述季布欒布田叔傳第七。

〔一〕張晏曰：「申意於上將。上將，樊噲也，欲以十萬衆横行匈奴中，布曰：『噲可斬也。』時議臣皆恐。」師古曰：「信讀曰申。」

〔二〕李奇曰：「魯人愛田叔，死，送之以金。齊貴欒布，爲生立社。」

高祖八子，二帝六王。三趙不辜，淮厲自亡，燕靈絕嗣，齊悼特昌。掩有東土，自岱徂海，支庶分王，前後九子。六國誅斃，適齊亡祀。城陽、濟北，後承我國。〔一〕赳赳景王，匡漢社稷。〔二〕述高五王傳第八。

〔一〕張晏曰：「濟北王志，與楚反後徙王菑川。元朔中，齊國絕，悼惠王後唯有城陽、菑川，武帝乃割臨菑環悼惠王冢，以與菑川，令奉祀也。」師古曰：「適讀曰嫡。」

〔二〕師古曰：「赳赳，武貌，音糾。」

猗與元勳，包漢舉信，〔一〕鎮守關中，足食成軍，營都立宮，定制修文。平陽玄默，繼而弗革，〔二〕民用作歌，化我淳德。漢之宗臣，是謂相國。述蕭何曹參傳第九。

〔一〕劉德曰：「包，取也。」師古曰：「包漢，謂勸高祖且王漢中也。舉信，舉韓信也。信合韻音新。」

〔二〕師古曰：「革，改也。言曹參爲相，守靜無爲，一遵蕭何約束，不變改也。」

留侯襲秦，作漢腹心，〔一〕圖折武關，解阸鴻門。〔二〕推齊銷印，敺致越、信；〔三〕招賓四老，惟寧嗣君。陳公擾攘，歸漢乃安，〔四〕斃范亡項，走狄擒韓，〔五〕六奇既設，我罔艱難。〔六〕安國廷爭，致仕杜門。絳侯矯矯，誅呂尊文。亞夫守節，吳楚有勳。述張陳王周傳第十。

〔一〕劉德曰：「襲秦，椎始皇於博狼沙中。」

〔二〕師古曰：「圖折武關，謂從沛公入武關，說令爲疑兵，又啗秦將以利，勸因其怠懈擊之類也。」

〔三〕師古曰：「敺與驅同。越，彭越也。信亦韓信也。謂於垓下圍項羽時也。信合韻音新。」

〔四〕師古曰：「攘音人養反。」

〔五〕師古曰：「走狄謂解平城之圍也。禽韓，僞游雲夢也。」

〔六〕師古曰：「罔，無也。」

舞陽鼓刀，滕公廄騶，〔一〕潁陰商販，曲周庸夫，攀龍附鳳，並乘天衢。〔二〕述樊酈滕灌傅靳周傳第十一。

〔一〕師古曰：「鼓刀謂屠狗也。」

〔二〕師古曰：「乘，登也。」

北平志古，司秦柱下，〔一〕定漢章程，律度之緒。建平質直，犯上干色；〔二〕廣阿之廑，食厥舊德。〔三〕故安執節，責通請錯，蹇蹇帝臣，匪躬之故。〔四〕述張周趙任申屠傳第十二。

〔一〕師古曰：「志，記也，謂多記古事也。司，主也。」

〔二〕師古曰：「周昌先封建成侯，蓋謂此也。平字當爲成，傳寫誤耳。」

〔三〕張晏曰：「任敖也。吏遇呂后不謹，敖擊傷主吏也。」師古曰：「廑亦勤字也。易訟卦六三爻辭曰『食舊德』，食猶饗也。」

〔四〕師古曰：「易蹇卦六二爻辭曰『王臣蹇蹇，匪躬之故』。此言申屠嘉召責鄧通，請誅朝錯，皆不爲己身，實有蹇蹇之節也。」

食其監門，長揖漢王，畫襲陳留，進收敖倉，塞隘杜津，王基以張。〔一〕賈作行人，百越來賓，從容風議，博我以文。〔二〕敬繇役夫，遷京定都，〔三〕內强關中，外和匈奴。叔孫奉常，與時抑揚，稅介免胄，禮義是創。〔四〕或悊或謀，觀國之光。〔五〕述酈陸朱婁叔孫傳第十三。〔六〕

〔一〕師古曰：「杜亦塞也。謂說令塞白馬津。」

〔二〕李奇曰：「作新語也。」師古曰：「論語稱顏回喟然歎曰『夫子博我以文』，謂以文章開博我也。此言陸賈嘗之越也。從音千容反。風讀曰諷。」

〔三〕師古曰：「繇讀與由同。言劉敬由戍卒而來納說。」

〔四〕師古曰：「稅，舍也。介，甲也。創，始造之也。創，合韻音初良反。」

〔五〕師古曰：「詩小雅小旻之篇曰『或悊或謀』，言有智者，有謀者。易觀卦六四爻辭曰『觀國之光，利用賓于王』。故合而為言。」

〔六〕師古曰：「本傳作朱、劉，終書其賜姓也。此言朱、婁，本其舊族耳。」

淮南僭狂，二子受殃。安辯而邪，賜頑以荒，敢行稱亂，窘世薦亡。〔一〕述淮南衡山濟北傳第十四。

〔一〕師古曰：「窘，仍也。薦讀曰荐。荐，再也。長遷死雍，其子安又自殺也。」

蒯通壹說，三雄是敗，覆酈驕韓，田橫顛沛。被之拘係，乃成患害。〔一〕充、躬罔極，交亂弘大。〔二〕述蒯伍江息夫傳第十五。

〔一〕師古曰：「言伍被初不從王反，王繫其父母，乃進邪謀，終以遇害也。」

〔三〕師古曰：「小雅青蠅之詩云『讒言罔極，交亂四國』。此敍言江充、息夫躬之惡，引以爲辭也。」

萬石溫溫，幼寤聖君，〔一〕宜爾子孫，夭夭伸伸，〔二〕慶社于齊，不言動民。〔三〕衞、直、周、張，淑慎其身。〔四〕述萬石衞直周張傳第十六。

〔一〕鄧展曰：「爾雅『寤、逢，遇也』。」師古曰：「此說非也。言萬石幼而恭謹，感寤高祖，以見識拔也。爾雅云『遻，遇（之）也』，非謂寤也。詩小雅小宛之篇曰『溫溫恭人』。」

〔二〕師古曰：「詩周南螽斯之篇曰『宜爾子孫振振兮』，論語稱孔子『燕居，伸伸如也，夭夭如也』，謂和舒之貌。此言萬石子孫既多，又皆和睦，故引以爲辭也。夭音於驕反。」

〔三〕鄧展曰：「慶爲齊相，齊爲立社也。」

〔四〕師古曰：「衞詩燕燕之篇曰『終溫且惠，淑慎其身』。淑，善也。引此詩言以美四人也。」

孝文三王，代孝二梁，〔一〕懷折亡嗣，孝乃尊光。〔二〕內爲母弟，外扞吳楚，怙寵矜功，僭欲失所，思心既霿，牛𤛕告妖。〔三〕帝庸親親，厥國五分，〔四〕德不堪寵，四支不傳。〔五〕述文三王傳第十七。

〔一〕師古曰：「代孝王參及梁孝王武、梁懷王揖。」

〔二〕師古曰：「折謂夭也。孝亦謂梁孝王也。」

〔三〕師古曰：「霿，憎霿也，音莫候反。解在五行志。」

〔四〕師古曰：「庸，用也。用親親之道，故分梁爲五國，立孝王男五人爲王。太子買爲梁王，次子明爲濟川王，彭離爲濟東王，定為山陽王，不識為濟陰王。」

〔五〕晉灼曰：「（子）〔支〕，父母之四支也。」師古曰：「此說非也。謂孝王支子四人封為王者皆絕於身，不傳胤嗣，唯梁恭王買有後耳。其事具在本傳。」

賈生矯矯，弱冠登朝。〔一〕遭文叡聖，屢抗其疏，暴秦之戒，三代是據。建設藩屏，以彊守圉，〔二〕吳楚合從，賴誼之慮。〔三〕述賈誼傳第十八。

〔一〕師古曰：「矯矯，高舉之貌也，合韻音驕。」

〔二〕師古曰：「圉合韻音御。」

〔三〕師古曰：「勸文帝大封梁、淮陽。梁卒距吳楚，不得令西也。從音子庸反。」

子絲慷慨，激辭納說，〔一〕擥轡正席，顯陳成敗。〔二〕錯之瑣材，智小謀大，〔三〕既如發機，先寇受害。〔四〕述爰盎朝錯傳第十九。

〔一〕師古曰：「爰盎字絲。此加子者，子是嘉稱，以偶句耳。」

〔二〕師古曰：「擥，執取也。其字從手，亦或作掔。」

〔三〕師古曰：「易下繫辭曰：『德薄而位尊，智小而謀大，力少而任重，鮮不及矣。』此敍言朝錯所以及旤。」

〔四〕師古曰：「發機，言其速也。吳楚未敗之前，錯已誅死。」

釋之典刑，國憲以平。馮公矯魏，增主之明。〔一〕長孺剛直，義形於色，下折淮南，上正元服。〔二〕莊之推賢，於茲為德。述張馮汲鄭傳第二十。

〔一〕張晏曰：「矯辭以免魏尙也。」師古曰：「張說非也。矯，正也，正言其事。」

〔二〕師古曰：「淮南王謀反，憚黯正直。武帝不冠不見黯。故云下折淮南，上正元服也。元，首也，故謂冠爲元服。」

榮如辱如，有機有樞，〔一〕自下摩上，惟德之隅。〔二〕賴依忠正，君子采諸。〔三〕述賈鄒枚路傳第二十一。

〔一〕劉德曰：「易曰『樞機之發，榮辱之主也』。」張晏曰：「乍榮乍辱，如辭也。」

〔二〕師古曰：「詩大雅抑之篇曰『抑抑威儀，惟德之隅』，言有廉隅也。此敍言賈山直詞刺上，亦爲方正也。一曰，隅謂得道德之一隅也。」

〔三〕師古曰：「諸，之也。」

魏其翩翩，好節慕聲，〔一〕灌夫矜勇，武安驕盈，凶德相挻，既敗用成。〔二〕安國壯趾，王恢兵首，〔三〕彼若天命，此近人咎。〔四〕述竇田灌韓傳第二十二。

〔一〕師古曰：「翩翩，自喜之貌。」

〔二〕師古曰：「挻謂柔挻也，音式延反。」

〔三〕孟康曰：「易『壯于趾，征凶』。安國臨當爲丞相，墮車，蹇。後爲將，多所傷失而憂死。此爲不宜征行而有凶也。」師古曰：「『壯于趾』，大壯初九爻辭也。壯，傷也。趾，足也。直謂墮車蹇耳，不言不宜征行也。」

〔四〕師古曰：「彼，韓安國也。此，王恢也。壯趾，天命也。謀兵，人咎也。」

景十三王，承文之慶。〔一〕魯恭館室，江都訬輕；〔二〕趙敬險詖，中山淫醟；〔三〕長沙寂漢，廣川亡聲；膠東不亮，常山驕盈。〔四〕四國絕祀，河間賢明，〔五〕禮樂是修，爲漢宗英。述景十三王傳第二十三。

〔一〕師古曰：「言景帝庸主耳，所以子皆得王者，由文帝之德慶流子孫也。慶合韻音卿。」

〔二〕師古曰：「訬謂輕狡也，音初教反。」

〔三〕師古曰：「詖，辯也，一曰佞也。謍，酗酒也，音詠，合韻音榮。」

〔四〕師古曰：「亮，信也。聞淮南謀反，作戰具守備，後辭及之，發病死，是爲不信於漢朝。」

〔五〕李奇曰：「臨江哀王閼、臨江閔王榮、膠西于王端、清河哀王乘皆無子，國除。」

李廣恂恂，實獲士心，控弦貫石，威動北鄰，〔一〕躬戰七十，遂死于軍。敢怨衞青，見討去病。陵不引決，忝世滅姓。〔二〕蘇武信節，不詘王命。〔三〕述李廣蘇建傳第二十四。

〔一〕師古曰：「北鄰謂匈奴也。」

〔二〕師古曰：「忝，辱也。」

〔三〕師古曰：「信讀曰申。」

長平桓桓，上將之元，〔一〕薄伐獫允，恢我朔邊，〔二〕戎車七征，衝輣閑閑，〔三〕合圍單于，北登闐顏。票騎冠軍，猋勇紛紜，〔四〕長驅六舉，電擊雷震，〔五〕飲馬翰海，封狼居山，西規大河，列郡祁連。〔六〕述衞青霍去病傳第二十五。

〔一〕師古曰：「桓桓，武貌也。元，首也。」

〔三〕師古曰：「恢，廣也。」

〔三〕鄧展曰：「輣，兵車名也。」師古曰：「輣音彭。」

〔四〕師古曰：「如猋之勇，紛紜然盛也。」

〔五〕師古曰：「六舉，凡六出擊匈奴也。震合韻音之人反。」

〔六〕張晏曰：「置郡至祁連山。」

抑抑仲舒，再相諸侯，〔一〕身修國治，致仕縣車，下帷覃思，論道屬書，〔二〕讜言訪對，爲世純儒。〔三〕述董仲舒傳第二十六。

〔一〕師古曰：「爾雅云『抑抑，密也』。」

〔二〕師古曰：「屬音之欲反。」

〔三〕師古曰：「讜，善言也。訪對，謂對所訪也。讜音黨。」

文豔用寡，子虛烏有，寓言淫麗，託風終始，〔一〕多識博物，有可觀采，蔚爲辭宗，賦頌之首。〔二〕述司馬相如傳第二十七。

〔一〕師古曰：「寓，寄也。風讀曰諷。」

〔二〕師古曰：「蔚，文綵盛也，音鬱。」

平津斤斤，晚躋金門，〔一〕既登爵位，祿賜頤賢，〔二〕布衾疏食，用儉飭身。〔三〕卜式耕牧，以求其志，忠寤明君，乃爵乃試。兒生亹亹，束髮修學，〔四〕偕列名臣，從政輔治。述公孫弘卜式兒寬傳第二十八。

〔一〕師古曰：「斤斤，明察也。躋，升也。金門，金馬門也。」

〔二〕師古曰：「頤，養也，謂引招賢人而養之。」

〔三〕師古曰：「飭，整也，讀與敕同。」

〔四〕師古曰：「亹亹，勉也。」

張湯遂達，用事任職，媚茲一人，日旰忘食，〔一〕既成寵祿，亦羅咎慝。安世溫良，塞淵其德，〔二〕子孫遵業，全祚保國。述張湯傳第二十九。

〔一〕師古曰：「詩大雅下武之篇曰『媚茲一人，應侯慎德』。一人，天子也。媚，愛也。此敘言張湯見愛於武帝。」

〔二〕師古曰：「詩鄁風燕燕之篇曰『仲氏任只，其心塞淵』。淵，深也。塞，實也。謂其德既實且深也。此敘言子孺亦有之。」

杜周治文，唯上淺深，〔一〕用取世資，幸而免身。延年寬和，列于名臣。欽用材謀，有異厥倫。〔二〕述杜周傳第三十。

〔一〕師古曰：「言觀天子之意。」

〔二〕師古曰：「倫，類也。言異其本類。」

博望杖節，收功大夏；貳師秉鉞，身釁胡社。〔一〕致死爲福，每生作戾。〔二〕述張騫李廣利傳第三十一。

〔一〕李奇曰：「李廣利，胡殺之以血塗社也。」師古曰：「釁者，以血祭耳，非塗之血也。」

〔二〕師古曰：「每，貪也。張騫致死封侯，李廣利求生而死也。」

烏呼史遷，薰胥以刑！〔一〕幽而發憤，乃思乃精，錯綜羣言，古今是經，勒成一家，大略孔明。〔二〕述司馬遷傳第三十二。

〔一〕晉灼曰：「齊、韓、魯詩作薰。薰，帥也，從人得罪相坐之刑也。」師古曰：「晉說近是矣。詩小雅雨無正之篇曰『若此無罪，淪胥以鋪』。胥，相也。鋪，徧也。言無罪之人，遇於亂政，橫相牽率，徧得罪也。韓詩淪字作薰。薰者，謂相薰蒸，亦漸及之義耳。此敍言史遷因坐李陵，橫得罪也。」

〔二〕師古曰：「孔，甚也。」

孝武六子，昭、齊亡嗣。〔一〕燕剌謀逆，廣陵祝詛。昌邑短命，昏賀失據。戾園不幸，宣承天序。〔二〕述武五子傳第三十三。

〔一〕如淳曰：「昭帝及齊王無嗣也。」師古曰：「嗣合韻音祚。」

〔二〕師古曰：「序合韻音似豫反。」

六世耽耽，其欲浟浟，〔一〕文武方作，是庸四克。〔二〕助、偃、淮南，數子之德，不忠其身，善謀於國。〔三〕述嚴朱吾丘主父徐嚴終王賈傳第三十四。

〔一〕師古曰：「六（者）謂武帝也。易頤卦六四爻辭曰『虎視耽耽，其欲浟浟』。耽耽，威視之貌也。浟浟，欲利之貌也。耽音丁含反。浟音滌。今易浟字作逐。」

〔二〕晉灼曰：「方，並也。」師古曰：「言並任文武之臣，是用克開四方也。」

〔三〕師古曰：「淮南，謂淮南王安諫武帝不宜興兵討越也。」

東方贍辭，詼諧倡優，〔一〕譏苑扞偃，正諫舉郵，〔二〕懷肉汙殿，弛張沈浮。述東方朔傳第三十五。

〔一〕師古曰：「詼音恢。」

〔二〕師古曰：「郵與尤同。尤，過也。」

葛繹內寵，屈氂王子。〔一〕千秋時發，宜春舊仕。〔二〕敞、義依霍，庶幾云已。〔三〕弘惟政事，萬年容己。咸睡厥誨，孰爲不子？述公孫劉田楊王蔡陳鄭傳第三十六。

〔一〕師古曰：「公孫賀妻，衞皇后姊，故云內寵也。」

〔二〕張晏曰：「千秋訟衞太子冤，發言值時也。」師古曰：「宜春侯，王訢也。」

〔三〕如淳曰：「若此人等無益於治，可爲庶幾而已也。」師古曰：「敞，楊敞。義，蔡義。」

王孫嬴葬，建乃斬將。雲廷訐禹，福逾刺鳳，〔一〕是謂狂狷，敞近其衷。〔二〕述楊胡朱梅云傳第三十七。

〔一〕師古曰：「逾，遠也。」

〔二〕師古曰：「衷，中也。論語稱孔子曰『不得中行而與之，必也狂狷乎！』此言朱雲以上蓋狂狷耳，云敞之操近於中行也。衷音竹仲反。」

博陸堂堂，受遺武皇，〔一〕擁毓孝昭，末命導揚。〔二〕遭家不造，立帝廢王，權定社稷，配忠阿衡。懷祿耽寵，漸化不詳，陰妻之逆，至子而亡。〔三〕秺侯狄孥，虔恭忠信，〔四〕奕世載德，貤于子孫。〔五〕述霍光金日磾傳第三十八。

〔一〕師古曰：「論語稱孔子曰『堂堂乎張也』，蓋美子張儀形盛也，故引之。」

〔二〕劉德曰：「武帝臨終之命，(也)〔霍〕光能導達顯揚也。」

〔三〕師古曰：「陰謂覆蔽之也。」

〔四〕師古曰：「匈奴休屠王之子，故曰狄孥。秺音妒。信，合韻音新。」

〔五〕師古曰：「貤，延也，音弋豉反。」

兵家之策，惟在不戰。營平皤皤，立功立論，〔一〕以不濟可，上諭其信。〔二〕武賢父子，虎臣之俊。述趙充國辛慶忌傳第三十九。

〔一〕師古曰：「皤皤，白髮貌也，音蒲何反。」

〔二〕師古曰：「春秋左氏傳晏子對齊景公曰：『君所謂可，而有不焉，臣獻其不，以成其可。』此敘言宣帝令擊西羌，充國不從，固上屯田之策也。」

義陽樓蘭，長羅昆彌，安遠日逐，義成郅支。陳湯誕節，救在三哲，〔一〕會宗勤事，疆外之桀。述傅常鄭甘陳段傳第四十。

〔一〕鄭氏曰：「三哲，謂劉向、谷永、耿育皆訟救湯也。」師古曰：「誕節，言其放縱不拘也。」

不疑膚敏，應變當理，〔一〕辭霍不婚，逡遁致仕。〔二〕疏克有終，散金娛老。定國之祚，于其仁考。廣德、當、宣，近於知恥。〔三〕述雋疏于薛平彭傳第四十一。

〔一〕劉德曰：「膚，美也。敏，疾也。言於闕下卒變，定方遂詐，非衞太子也。」師古曰：「詩大雅文王之篇曰『殷士膚敏』，謂微子也，故引以爲辭。」

〔二〕師古曰：「遁讀與巡同。」

〔三〕晉灼曰：「當宣帝時始仕，至元帝時以歲惡民流，便乞骸骨去。此爲知恥。」師古曰：「此說非也。當爲平當也。宣，彭宣也。言廣德、平當、彭宣三人不苟于祿位，並爲知恥也。本傳贊曰『薛廣德保懸車之榮，平當逡巡有恥，彭宣見險而止』，異乎苟患失之者矣。」

四皓遯秦，古之逸民，不營不拔，嚴平、鄭真。〔一〕吉困于賀，涅而不緇；禹既黃髮，以德來仕。〔二〕舍惟正身，勝死善道；郭欽、蔣詡，近遯之好。〔三〕述王貢兩龔鮑傳第四十二。

〔一〕應劭曰：「爵祿不能營其志，威武不能屈其身也。易曰『不可榮以祿』，又曰『確乎不可拔也』。」

〔二〕師古曰：「論語稱孔子曰：『不曰白乎？涅而不緇。』涅，汙泥也。可以染皂。緇，黑色也。言天性潔白者，雖處汙涅之中，其色不變也。緇，合韻音側仕反。」

〔三〕應劭曰：「易曰『好遯君子吉』，言遭暴亂之世，好以和順遯去，不離其害也。」

扶陽濟濟，聞詩聞禮。玄成退讓，仍世作相。〔一〕漢之宗廟，叔孫是謨，革自孝元，諸儒變度。〔二〕國之誕章，博載其路。〔三〕述韋賢傳第四十三。

〔一〕師古曰：「仍，(類)〔頻〕也。」

〔二〕如淳曰：「造迭毀之(義)〔議〕也。」師古曰：「謨，謀也，合韻音慕。」

〔三〕師古曰：「誕，大也。謂憲章之大者，故廣載之。」

高平師師，惟辟作威，圖黜凶害，天子是毗。〔一〕博陽不伐，含弘光大，天誘其衷，慶流苗裔。述魏相丙吉傳第四十四。

〔一〕鄧展曰：「師師，相師法也。」師古曰：「尚書洪範云『惟辟作威』，言威權者，唯人君得作之耳。詩小雅節南山之篇曰：『尹氏太師，惟周之氐，秉國之鈞，四方是維，天子是毗。』言大臣之職，輔佐天子者也。此敍言魏相欲崇君道而黜私權，故引書詩以爲言也。」

占往知來，幽贊神明，〔一〕苟非其人，道不虛行。〔二〕學微術昧，或見仿佛，疑殆匪闕，違衆迕世，〔三〕淺爲尤悔，深作敦害。〔四〕述眭兩夏侯京翼李傳第四十五。

〔一〕師古曰：「易上繫辭曰『神以知來，知以藏往』，言蓍卦之德兼神知也。說卦曰『昔者聖人之作易也，幽贊於神明而生蓍』，言欲深致神明之道，助以成敎，故爲蓍卜也。」

〔二〕師古曰：「下繫之辭也。言人能弘道，非其人則不能傳。」

〔三〕師古曰：「論語稱孔子曰：『多聞闕疑，慎言其餘則寡尤；多見闕殆，慎行其餘則寡悔。』殆，危也。謂有疑則闕之也。此敍言術士不闕疑殆，故遭禍難也。」

〔四〕師古曰：「尤，過也。敦，厚也。」

廣漢尹京，克聰克明；延壽作翊，既和且平。矜能訐上，俱陷極刑。翁歸承風，帝揚厥聲。〔一〕敞亦平平，文雅自贊；〔二〕尊實赳赳，邦家之彥；〔三〕章死非辠，士民所歎。述趙尹韓張兩王傳第四十六。

〔一〕張晏曰：「受任爲右扶風，卒，宣帝下詔褒揚，賜金百斤。」

〔二〕師古曰：「平讀曰便。便，辯也。贊，助也，以文雅助治（述）〔術〕也。一說，贊，進也，以文雅自進也。」

〔三〕師古曰：「赳赳，材勁貌也，音糾。」

寬饒正色，國之司直。豐繄好剛，輔亦慕直。〔一〕皆陷狂狷，不典不式。〔二〕崇執言責，隆持官守。〔三〕寶曲定陵，並有立志。〔四〕述蓋諸葛劉鄭毋將孫何傳第四十七。〔五〕

〔一〕師古曰：「繄，是也，音烏奚反。」

〔二〕師古曰：「典，經也。式，法也。」

〔三〕如淳曰：「崇爲尙書僕射，是言責之官也。哀帝及傅太后欲封從弟商，崇諫不聽也。」晉灼曰：「隆諫武庫兵不宜以給董賢家，此爲持官守也。」

〔四〕鄧展曰：「孫寶曲橈定陵侯淳于長也。」晉灼曰：「何並斬侍中王林卿奴，是立志也。」

〔五〕師古曰：「本傳毋將隆在孫寶下。今此敍云毋將孫何，是敍誤也。」

長倩懊懊，覿霍不舉，〔一〕遇宣乃拔，傳元作輔，不圖不慮，見躓石、許。〔二〕述蕭望之傳第四十八。

〔一〕蘇林曰：「懙懙，行步安舒也。」師古曰：「不肯露索而見霍光，故不得大官也。懙音弋於反。」

〔二〕師古曰：「詩小雅雨無正之篇云『旻天疾威，不慮不圖』也。慮，思也。圖，謀也。言幽王見天之威，不思謀也。此敍言望之思謀不詳，卒爲石顯及許史所顚躓也。躓音竹二反。」

子明光光，發迹西疆，列於禦侮，厥子亦良。述馮奉世傳第四十九。

宣之四子，淮陽聰敏，〔一〕舅氏蘧蒢，幾陷大理。〔二〕楚孝惡疾，東平失軌，〔三〕中山凶短，母歸戎里。〔四〕元之二王，孫後大宗，〔五〕昭而不穆，大命更登。〔六〕述宣元六王傳第五十。

〔一〕師古曰：「敏，疾也，合韻音美。」

〔二〕師古曰：「蘧蒢，口柔，觀人顏色而爲辭佞者也。言淮陽憲王舅張博爲諂辭，幾陷王於大罪也。蘧音渠。蒢音除。幾音鉅依反。」

〔三〕師古曰：「惡疾謂眚病也。軌，法則也。」

〔四〕張晏曰：「戎氏女歸戎氏之里也。」

〔五〕孟康曰：「謂哀、平帝。」

〔六〕鄧展曰：「昭而不穆，有父無子。」張晏曰：「大命，帝位也。」師古曰：「更音工衡反。」

樂安褏褏，古之文學，〔一〕民具爾瞻，困于二司。〔二〕安昌貨殖，朱雲作娸。〔三〕博山惇慎，受莽之疚。〔四〕述匡張孔馬傳第五十一。

〔一〕師古曰：「褏褏，盛貌也，音弋（敍）〔救〕反。學，合韻音下斆反。」

〔二〕師古曰：「詩小雅節南山之篇曰『赫赫師尹，民具爾瞻』，言師尹之任，位尊職重，下所瞻望，而乃為不善乎，深責之也。此敍言匡衡失德，不終相位，故引以為辭耳。二司者，司隸校尉王尊劾奏衡追奏石顯揚著先帝任用傾覆之臣，司隸校尉王駿劾奏衡專地盜土也。司，合韻音先寺反。」

〔三〕晉灼曰：「娸，醜也。」師古曰：「朱雲廷言欲斬張禹，是為醜惡之娸，音欺，合韻音丘吏反。」

〔四〕師古曰：「疚，病也。孔光後更曲意從莽之欲，以病其德行也。」

樂昌篤實，不橈不詘，遘閔既多，是用廢黜。〔一〕武陽殷勤，輔導副君，既忠且謀，饗茲舊勳。高武守正，因用濟身。〔二〕述王商、史丹、傅喜傳第五十二。

〔一〕師古曰：「詩邶柏舟曰『遘閔既多，受侮不少』。遘，遇也。閔，病也。謂見病害甚眾也。此敍言王商深為王鳳所排陷也。」

〔二〕師古曰：「言傅喜不阿附傅太后，故得免禍。」

高陽文法，揚鄉武略，政事之材，道德惟薄，位過厥任，鮮終其祿。〔一〕博之翰音，鼓妖先作。〔二〕述薛宣朱博傳第五十三。

〔一〕師古曰：「鮮，少也，音先踐反。」

〔二〕劉德曰：「易曰『翰音登于天，貞凶』。上九處非其位，亢極，故『何可長也？』位在上高，故曰翰音。博拜時聞有鼓聲也。」師古曰：「『翰音登于天』，中孚卦上九爻辭也。翰音高飛而且鳴，喻居非其位，聲過其實也。」

高陵修儒，任刑養威，用合時宜，器周世資。義得其勇，如虎如貔，進不跬步，宗為鯨䮄。〔一〕述翟方進傳第五十四。

〔一〕師古曰：「半步曰跬，音空蘂反。」

統微政缺，災眚屢發。永陳厥咎，戒在三七。鄴指丁、傅，略窺占術。述谷永杜鄴傳第五十五。

哀、平之卹，丁、傅、莽、賢。武、嘉戚之，乃喪厥身。高樂廢黜，咸列貞臣。述何武王嘉師丹傳第五十六。

淵哉若人！實好斯文。初擬相如，獻賦黃門，輟而覃思，草法篹玄，〔一〕斟酌六經，放易象論，〔二〕潛于篇籍，以章厥身。〔三〕述揚雄傳第五十七。

〔一〕師古曰：「輟，止也。篹與撰同。言止不復作賦，草創法言及撰太玄經也。」

〔二〕師古曰：「放音甫往反。論，論語也。」

〔三〕師古曰：「章，明也。」

獷獷亡秦，滅我聖文，〔一〕漢存其業，六學析分。是綜是理，是綱是紀，師徒彌散，著其終始。〔二〕述儒林傳第五十八。

〔一〕師古曰：「獷獷，麤惡之貌。言無親也。獷音穬，又音九永反。」

〔二〕師古曰：「散謂分派也。」

誰毁誰譽，譽其有試。〔一〕泯泯羣黎，化成良吏。〔二〕淑人君子，時同功異。沒世遺愛，民有餘思。述循吏傳第五十九。

〔一〕師古曰：「論語稱孔子曰：『吾之於人，誰毁誰譽，如有所譽，其有所試。』此敍言人之從政，可試而知，故引以爲辭也。」

〔二〕師古曰：「黎，衆也。言羣衆無知，從吏之化而成俗也。」

上替下陵，姦軌不勝，猛政橫作，刑罰用興。曾是强圉，掊克爲雄，〔一〕報虐以威，殃亦凶終。〔二〕述酷吏傳第六十。

〔一〕師古曰：「詩大雅蕩之篇曰『曾是强圉，曾是掊克』。强圉，强梁禦善也。掊克，好聚斂，克害人也。言任用此人爲虐於下也。掊音平侯反。」

〔二〕師古曰：「尙書呂刑曰『皇帝哀矜庶戮之不辜，報虐以威』，言哀閔不辜之人橫被殺戮，乃報答爲虐者以威而誅絕也。」

四民食力，罔有兼業，大不淫侈，細不匱乏，蓋均無貧，遵王之法。〔一〕靡法靡度，民肆其詐，〔二〕偪上并下，荒殖其貨。〔三〕侯服玉食，敗俗傷化。〔四〕述貨殖傳第六十一。

〔一〕師古曰：「論語稱孔子曰『蓋均無貧』，言爲政平均不相陵奪，則無貧匱之人也，故引之。」

〔二〕師古曰：「肆，極也。」

〔三〕師古曰：「荒，大也。」

〔四〕張晏曰：「玉食，珍食也。」

開國承家，有法有制，家不臧甲，國不專殺。〔一〕矧乃齊民，作威作惠，〔二〕如台不匡，禮法是謂！〔三〕述游俠傳第六十二。

〔一〕師古曰：「殺，合韻音所例反。」

〔二〕師古曰：「矧，況也。齊民，齊等之人也。」

〔三〕如淳曰：「台，我也。我，國家也。」師古曰：「匡，正也。台音怡。」

彼何人斯，竊此富貴！營損高明，作戒後世。〔一〕述佞幸傳第六十三。

〔一〕師古曰：「詩小雅巧言之篇，刺讒人也。其詩曰：『彼何人斯？居河之麋。』賤而惡之也。此敍亦深疾佞幸之人。故引詩文以譏之。營，惑也。」

於惟帝典，戎夷猾夏；〔一〕周宣攘之，亦列風雅。〔二〕宗幽既昏，淫於褒女，〔三〕戎敗我驪，遂亡酆鄗。〔四〕大漢初定，匈奴强盛，圍我平城，寇侵邊境。〔五〕至于孝武，爰赫斯怒，王師雷起，霆擊朔野。〔六〕宣承其末，乃施洪德，震我威靈，五世來服。〔七〕王莽竊命，是傾是覆，備其變理，爲世典式。述匈奴傳第六十四。

〔一〕師古曰：「於，歎辭也。帝典，虞書舜典也。載舜命咎繇作士，戒之曰：『蠻夷猾夏。』猾，亂也。夏，諸夏也。於讀曰烏。」

〔二〕師古曰：「攘，卻也。」

〔三〕師古曰：「宗幽，幽王居宗周也。」

〔四〕張晏曰：「申侯與戎共伐周，敗於驪山下，遂殺幽王。平王東徙都成周。」

〔五〕師古曰：「境合韻音竟。」

〔六〕師古曰：「霆，疾雷也，音廷。」

〔七〕師古曰：「自宣至平凡五帝。」

西南外夷，種別域殊。南越尉佗，自王番禺。攸攸外寓，閩越、東甌。〔一〕爰洎朝鮮，燕之外區。漢興柔遠，與爾剖符。〔二〕皆恃其岨，乍臣乍驕，孝武行師，誅滅海隅。述西南夷兩越朝鮮傳第六十五。

〔一〕師古曰：「攸攸，遠貌。」

〔二〕師古曰：「柔，安也。剖符，謂封之也。」

西戎卽序，夏后是表。〔一〕周穆觀兵，荒服不旅。〔二〕漢武勞神，圖遠甚勤。王師驒驒，致誅大宛。〔三〕姼姼公主，乃女烏孫，〔四〕使命乃通，條支之瀕。〔五〕昭、宣承業，都護是立，總督城郭，三十有六，修奉朝貢，各以其職。述西域傳第六十六。

〔一〕張晏曰：「表，外也。禹就敍以爲外國也。」師古曰：「此說非也。表，明也，明以德化也。」

〔二〕張晏曰：「觀，示也。旅，陳也。犬戎終王而朝周，穆王以不享征之，是以荒服不陳於廷也。」

〔三〕鄭氏曰：「驒驒，盛也。」師古曰：「此說非也。小雅四牡之詩曰：『四牡騑騑，驒驒駱馬。』驒驒，喘息之貌。馬勞則嘽，此敍言漢遠征西域，人馬疲弊也。嘽音它丹反。」

〔四〕孟康曰：「姼音題。姼姼，惕惕，愛也。」師古曰：「此說非也。姼音上支反。姼姼，好貌也。魏詩葛屨之篇曰『好人提提』，音義同耳。女，妻也，音乃據反。言漢以好女配烏孫也。」

〔五〕師古曰：「瀕，涯也，音頻，又音賓。」

詭矣禍福，刑于外戚。〔一〕高后首命，呂宗顛覆。薄姬䃍魏，宗文產德。〔二〕竇后違意，考盤于代。〔三〕王氏仄微，世武作嗣。子夫既興，扇而不終。〔四〕鉤弋憂傷，孝昭以登。上官幼尊，類禡厥宗。〔五〕史娣、王悼，身遇不祥，及宣饗國，二族後光。恭哀產元，夭而不遂。邛成乘序，履尊三世。〔六〕飛燕之妖，禍成厥妹。丁、傅僭恣，自求凶害。中山無辜，乃喪馮、衞。〔七〕惠張、景薄，武陳、宣霍，成許、哀傅，平王之作，事雖歆羨，非天所度。〔八〕怨咎若茲，如何不恪！〔九〕述外戚傳第六十七。

〔一〕師古曰：「詭，違也。言禍福相違，終始不一也。」

〔二〕如淳曰：「薄姬在魏，許負相，當生天子。魏豹聞負言，不與漢，遂禽而死也。」師古曰：「䃍，古墜字。」

〔三〕師古曰：「詩衞風曰『考盤在澗』。考，成也。盤，樂也。此敍言竇姬初欲適趙，而向代，違其本意，卒以成樂也。」

〔四〕師古曰：「扇，熾也。」

〔五〕應劭曰：「詩云『是類是禡』。禮，將征伐，告天而祭謂之類，告以事類也。至所征伐之地，表而祭之謂之禡。禡者，馬也。馬者兵之首，故祭其先神也。言上官后雖幼尊貴，家族以惡逆誅滅也。」師古曰：「禡音莫暇反。」

〔六〕張晏曰：「至成帝乃崩也。」師古曰：「乘序，謂登至尊之處也。」

〔七〕師古曰：「馮昭儀，中山孝王母也，爲傅氏所陷。衞姬，中山孝王后也，爲王莽所滅。」

〔八〕師古曰：「作，起也。度，居也。言惠帝至平帝王皇后七人，時雖處尊位，人心羨慕，以非天意所居，故終用不昌也。度音徒各反。」

〔九〕師古曰：「恪，敬也。」

元后娠母，月精見表。〔一〕遭成之逸，政自諸舅。〔二〕陽平作威，誅加卿宰。〔三〕成都煌煌，假我明光。〔四〕曲陽（敲敲）〔歊歊〕，亦朱其堂。〔五〕新都亢極，作亂以亡。述元后傳第六十八。

〔一〕師古曰：「娠音身。」

〔二〕師古曰：「言成帝貪自逸樂，而委政於王氏。」

〔三〕師古曰：「謂王商及王章也。」

〔四〕師古曰：「煌煌，熾貌。」

〔五〕師古曰：「（敲敲）〔歊歊〕，氣盛也，音許驕反。」

咨爾賊臣，篡漢滔天，行驕夏癸，虐烈商辛。〔一〕僞稽黄、虞，繆稱典文，〔二〕衆怨神怒，惡復誅臻。〔三〕百王之極，究其姦昏。述王莽傳第六十九。

〔一〕張晏曰：「桀名癸，紂名辛。」

〔二〕師古曰：「稽，考也。」

〔三〕張晏曰：「復，周也。臻，至也。十二歲歲星一復，莽稱帝十三歲而見誅也。左氏傳曰『美惡周必復』。」師古曰：「復音扶目反。」

凡漢書，敘帝皇，〔一〕列官司，建侯王。〔二〕準天地，統陰陽，〔三〕闡元極，步三光。〔四〕分州域，物土疆，〔五〕窮人理，該萬方。〔六〕緯六經，綴道綱，〔七〕總百氏，贊篇章。〔八〕函雅故，通古今，〔九〕正文字，惟學林。〔一〇〕述敘傳第七十。

〔一〕張晏曰：「十二紀也。」

〔二〕張晏曰：「百官表及諸侯王表也。」

〔三〕張晏曰：「準天地，天文志也。統，合也。陰陽，五行志也。」

〔四〕張晏曰：「闡，大也。元，始也。極，至也。三光，日月星也。大推上極元始以來，及星辰度數，謂律曆志。」

〔五〕張晏曰：「地理及溝洫志也。」

〔六〕張晏曰：「人理，古今人表。萬方，謂郊祀志有日月星辰天下山川人鬼之神。」

〔七〕張晏曰：「藝文志也。」

〔八〕師古曰：「贊，明也。」

〔九〕張晏曰：「包含雅訓之故，及古今之語。」

〔一〇〕師古曰：「信惟文學之林藪也。凡此總說帝紀、表、志、列傳，備有天地鬼神人事，政治道德，術藝文章。汎而言之，盡在漢書耳，亦不皆如張氏所說也。」

校勘記

四二三六頁四行　不訾(然)〔作〕而改言述，景祐本作「作」。

四二三八頁三行　誰(能)〔可〕任用，景祐、殿本都作「可」。王先謙說作「可」是。

四二三九頁八行　一曰(王)〔主〕奄閉門者。景祐、殿本都作「主」，此誤。

四二四〇頁六行　言其自號(寧)〔宰〕衡，景祐、殿、局本都作「宰」，此誤。

四二四三頁四行　秦文公造(四)〔西〕時祭天是也。殿本作「西」。王先謙說作「西」是。

四二四三頁一六行　(變)〔燮〕定東西，錢大昭說「變」當作「燮」。按景祐、殿、局本都作「燮」。注同。

四二四五頁二行　言陳勝初起而項羽(益)〔烈〕盛也。景祐、殿本都作「烈」。

四二四五頁三行　耳(諫)〔謀〕甘公，錢大昭說「諫」當作「謀」。按景祐、殿本都作「謀」。

四二五一頁四行　遻，遇(之)也。景祐、殿本都無「之」字。

四二五二頁二行　(子)〔支〕，父母之四支也。殿本作「支」。王先謙說作「支」是。

四二五七頁一五行　六(者)謂武帝也。王先謙說「六者」當爲「六世」。按景祐本無「者」字。

四二五九頁五行　武帝臨終之命，(也)〔霍〕光能導達顯揚也。殿本「也」作「霍」。王先謙說殿本是。

四二六一頁一行　仍，(類)〔頻〕也。景祐、殿本都作「頻」，此誤。

四二六一頁二行　造迭毀之(義)〔議〕也。景祐本作「義」，殿本作「議」。王先謙說作「議」是。

四二六二頁五行　以文雅助治(述)〔術〕也。　景祐、殿、局本都作「術」，此誤。

四二六三頁一六行　晉弋(敍)〔救〕反。　景祐、殿本都作「救」，此誤。

四二七〇頁七行　曲陽(歒歒)〔歊歊〕，　景祐、殿本都作「歊」，此誤。